山與水之間

從多瑙河到喀爾巴阡山，跨越中歐大地的偉大壯遊

BETWEEN The WOODS And The WATER

On Foot to Constantinople :
From The Middle Danube to the Iron Gates

派翠克·弗莫
PATRICK LEIGH FERMOR

胡洲賢、黃芳田——譯

目次

眾人消散，
姓名消聲，
晦暗的遺忘之事
展開暗夜般的羽翼
覆蓋了所有族類

——席勒[1]，《墨西拿的新娘》（*Die Braut von Messina*）

我們是一片廣漠狂野的大地：
若你爬上我們城堡頂端，
我知道你的眼光將一望無際；
因為你已經過鄉間的麥田，
葡萄園的葉子凋零，羊群已經圈養，
羊圈通往放牛大地，
放牛大地通往開放獵場，
開放獵場通往山腳
基底，就在那裡以著送葬速度，

環繞，莊嚴且緩慢，
一個接一個，一排接一排，
往上再往上朝松樹而去，
如此這般如黑衣牧師向上，然後
再度翻向另一側，
前往另一處更加廣漠狂野的大地。
——羅勃特・白朗寧[2]，〈公爵夫人的飛行〉（*The Flight of the Duchess*）

---

1 全名為Johann Christoph Friedrich von Schiller（一七五九～一八〇五），十八世紀著名詩人、哲學家、歷史學家和劇作家，德國啟蒙文學的代表人物之一，也是德國文學史上著名的「狂飆突進運動」代表人物。

2 Robert Browning（一八一二～一八八九），英國詩人和劇作家，《吹笛人》是他最為人所熟知的作品之一，其他作品有《戲劇抒情詩》、《環與書》和詩劇《巴拉塞爾士》等。

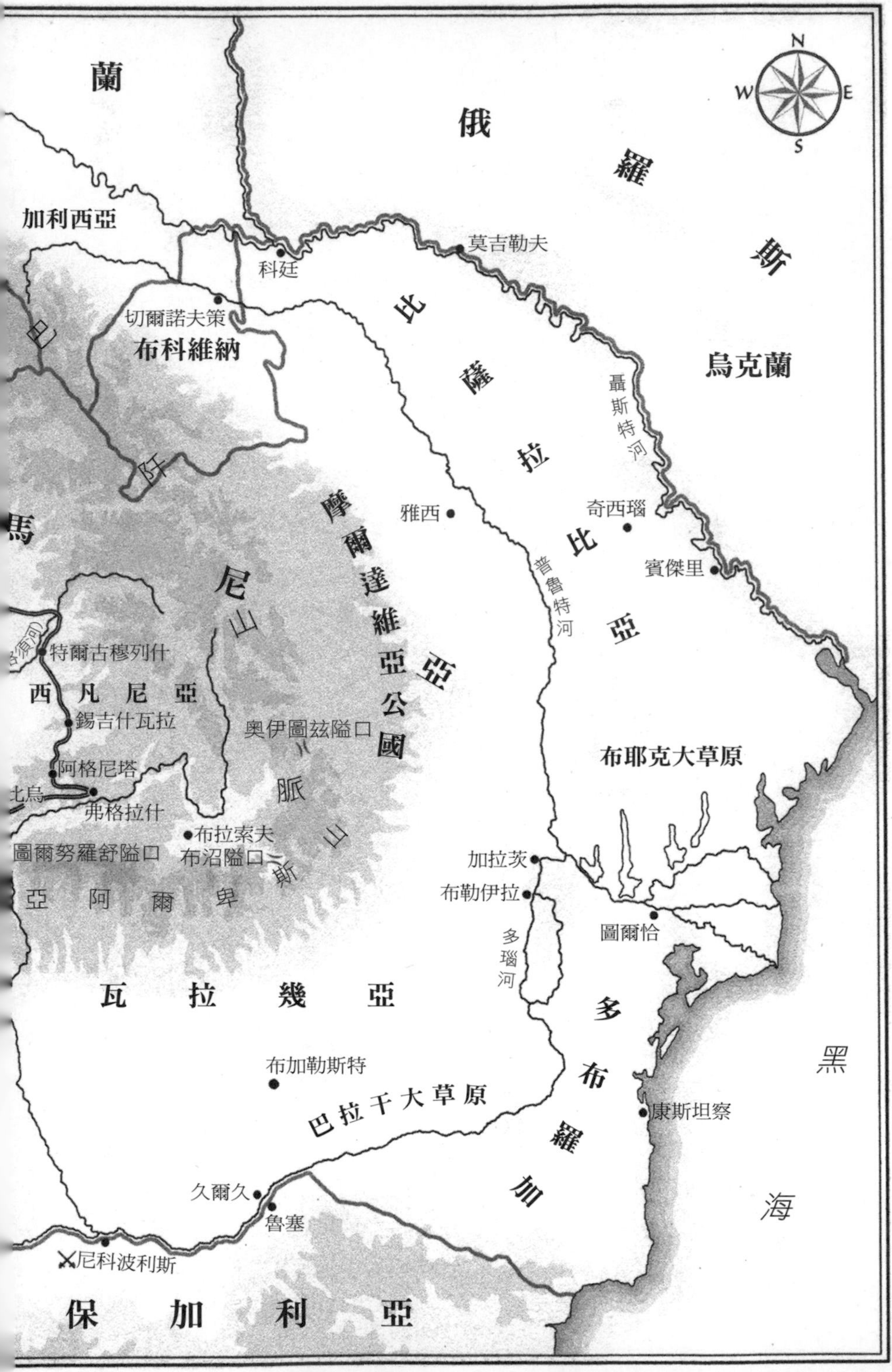
蘭
俄
羅
斯
N
W
E
S
加利西亞
莫吉勒夫
科廷
切爾諾夫策
布科維納
比
薩
拉
比
亞
烏克蘭
聶斯特河
阡
馬
尼
山
摩爾達維亞公國
雅西
奇西瑙
賓傑里
普魯特河
特爾古穆列什
西凡尼亞
錫吉什瓦拉
奧伊圖茲隘口
脈
阿格尼塔
弗格拉什
布拉索夫
圖爾努羅舒隘口
布沼隘口
斯
亞
阿
爾
卑
布耶克大草原
加拉茨
布勒伊拉
圖爾恰
多瑙河
瓦
拉
幾
亞
多
布
羅
加
布加勒斯特
巴拉干大草原
康斯坦察
黑
海
久爾久
魯塞
尼科波利斯
保
加
利
亞

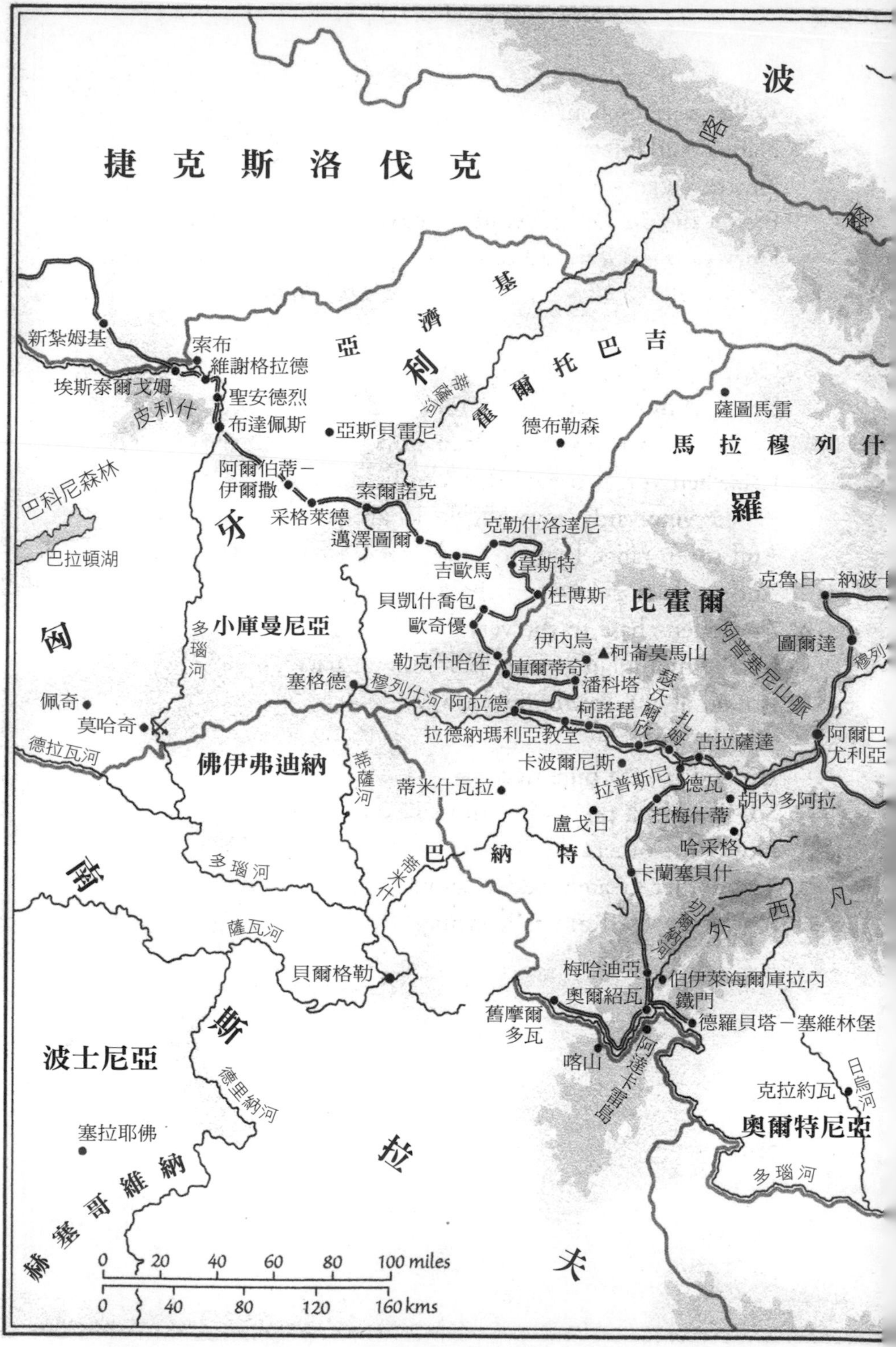

捷克斯洛伐克
波
喀
爾
基
濟
亞
利
吉
巴
托
爾
霍
新紮姆基
索布
維謝格拉德
埃斯泰爾戈姆
聖安德烈
皮利什
布達佩斯
亞斯貝雷尼
蒂薩河
德布勒森
薩圖馬雷
馬拉穆列什
巴科尼森林
阿爾伯蒂－伊爾撒
索爾諾克
采格萊德
羅
牙
邁澤圖爾
克勒什洛達尼
巴拉頓湖
吉歐馬
韋斯特
貝凱什喬包
杜博斯
比霍爾
克魯日－納波卡
多瑙河
小庫曼尼亞
歐奇優
伊內烏
▲柯崙莫馬山
阿普塞尼山脈
圖爾達
匈
勒克什哈佐
庫爾蒂奇
穆列
塞格德
潘科塔
慈沃爾欣
佩奇
穆列什河
阿拉德
柯諾琵
扎姆
莫哈奇
拉德納瑪利亞教堂
古拉薩達
阿爾巴尤利亞
德拉瓦河
佛伊弗迪納
蒂薩河
卡波爾尼斯
拉普斯尼
德瓦
蒂米什瓦拉
胡內多阿拉
托梅什蒂
盧戈日
哈采格
巴
納
特
多瑙河
蒂米什
爾
卡蘭塞貝什
凡
西
外
切爾納河
薩瓦河
梅哈迪亞
伯伊萊海爾庫拉內
貝爾格勒
奧爾紹瓦
鐵門
舊摩爾多瓦
德羅貝塔－塞維林堡
斯
喀山
阿達卡雷島
波士尼亞
德里納河
克拉約瓦
日烏河
奧爾特尼亞
塞拉耶佛
拉
納
維
哥
塞
赫
多瑙河
夫
0 20 40 60 80 100 miles
0 40 80 120 160 kms

引言

給桑・菲爾汀的信

親愛的桑[1]：

這則敘事的第一部《時光的禮物》，結束在斯洛伐克和匈牙利之間多瑙河的某座橋上。因為在中游才改變肯定會讓運氣不好，所以請容我如先前一樣，以給你的一封信來開始第二部。這不會是最後一部，因為還有一本書會帶著我們走到旅程的終點，以及終點之後的點滴。

一九三四年從荷蘭出發的我，原本打算隨遇而安地只和熟人或浪跡天涯的同胞混，但幾乎是在不知不覺中，在到了匈牙利和外西凡尼亞的時候，我發現自己比預期或計畫的還要隨意自在許多：騎著借來的馬閒逛，從一棟鄉間屋舍輾轉住到另一棟，在那些有耐心、或許長期受苦卻總是好客之人的屋頂下，經常停留數週或甚至是幾個月。其間有許多事情讓旅程這部分顯得與眾不同，充滿了喜悅；所有的一切似乎都老到不可考，同時卻又是嶄新到全然未知，且拜我前進的磨蹭速度以及長時間的逗留，持久的友誼方能滋長。

偶爾我也會因為發現截至目前為止，行程似乎偏離了初衷而頓感不安，但是在我把那幾個月書寫在一起之後，回頭去看時，這些不安都不見了。其後十年，這偏遠的鄉間安居世界將掃除殆盡，讓我明白自己是多麼幸運，得見箇中風貌那麼久的時間，甚至共享過一段時光。引導著這段旅程的，幾乎可說是出於一種潛意識的智慧；而當旅程到了多瑙河南部暫告一段落時，我忽然想起早先爬山越過巴爾幹隘口的輕快步伐，而我剛剛走過的這個地區是多麼地非比尋常：它們已經開始散發出一種在半個世紀間予以強化的魔法光暈，令人追憶不已。

涵蓋這段期間的筆記本在二次世界大戰開打時，便在摩爾達維亞公國[2]遺失了，卻又運氣極佳地在幾年前尋獲。它當然幫助很大，卻已經不再扮演理應具備的支援功能。當我滯留在那些長期居留地時，寫作也告停頓：在書寫旅遊日誌時，我誤以為沒有什麼好記的。開始繼續前行時，又常常緩於重新執筆；而就算重新撰寫，也是以草草的筆記取代了延續性的敘事。開始寫目前這本書時，由於擔心一些細節可能已無法再照著原有的順序，因此我用了一堆但書和模稜兩可的對策來環繞這些段落。但接著，這本書並非指南的說法說服了我，讓我認同其實這並沒有多大關係，所以就讓這個故事順其自然地呈現，免於受到這些微弱的警示提醒吧。

關於這一部分歐洲的書籍，主要都傾向、有時甚至是完全集中在政治上，而這種豐富性大大減輕了政治在我這本書裡顯得那麼微不足道而產生的罪惡感；唯有在會直接衝擊到旅程時，政治的議題才會出現。我必須提出一些有關於我認為歷史如何影響了外西凡尼亞生活的說明——餘波全是關乎我個人的——雖有根有據，但怯懦提出的只是我沒有結論的思考。沒有什麼比這更不專業或更不「歐洲內幕」的了。而我人生早期對政治的遲鈍，在《時光的禮

1 Xan Fielding，原全名為Alexander Wallace Fielding（一九一八～一九九一年），英國作家、翻譯家、記者和旅行者，在二戰期間擔任克里特島、法國和遠東的特殊戰務執行官。

2 Moldavia，原蘇聯加盟共和國，一九九一年獨立，現為獨立國協及聯合國會員國。位於東歐內陸，夾在羅馬尼亞、烏克蘭和聶斯特汀沿岸之間。

物》（第一五八～一六六頁）中已經有所觸及。嚴峻事件的消息不斷自外面的世界滲入，但這些山谷和山脈間的某些氛圍則削弱了其衝擊力。這些事件是個預兆，且是邪惡的，但是還要再三年才能毫無疑問地指向五年後的動亂。

地名的問題雖小，卻挺惱人的。那些知名的，我一直堅持使用歷史最悠久所形成的地名；至於沒那麼知名的，就依照它們在我旅行期間的有效名稱來稱呼。政治風尚已經改變了許多地名，後來的改變又更多；羅馬尼亞文的拼法改造過，更早些的主權轉移更影響到三個不同地名的優先順序，而多重地名經常讓最小的村莊都為之增色不少。我曾試圖先引用官方名稱，接著才視需要與否再放上其他名字。雖然知道這樣做不時會出現混淆，但因為這並非一本旅遊指南，所以不會有人因而陷入迷路的風險之中。我必須為這些缺失致歉，希望能清楚說明這與黨派偏見毫無關係。有些人的名字經過更改，這看似便宜行事，其實我非常謹慎，他們通常是一些仍舊在檯面上活躍的朋友，而其他許多人則已經消失不見。全書中的「Von」[3]皆改為「v.」。

像這樣的一本書，作者所背負的恩情是龐大又長期的。但願我沒有因為健忘或不知感激而遺漏感謝每一位我應該感謝的人。老友埃勒梅爾・馮・克洛布西基（Elemer v. Klobusicky）和梅朗家族（Meran family）對我始終有深恩；亞歷山大・莫洛奇（Alexander Mourouzi）和康斯坦丁・蘇佐（Constantine Soutzo）亦然。我也要感謝史蒂芬・朗希曼（Steven Runciman）在第一部之後的鼓勵話語，感謝迪米特里・奧博連斯基（Dimitri Obolensky）在我撰寫本部時的明智建議，以及大衛·西爾維斯特（David Sylvester）、布魯斯·查特文（Bruce Chatwin）、妮可·瓦西拉基斯（Niko Vasilakis）、伊娃·貝卡西·馮·傑瑟（Eva Bekássy v. Gescher）和一如以往的約翰·克拉克斯頓（John Craxton）。此外，回溯過往，非常感激巴拉夏·康塔庫傑尼（Balaşa Cantacuzène）很久以前用摩爾達維亞文翻譯《密歐里札》（*Mioritza*）[4]。魯道夫·費雪（Rudolf Fischer）給予我的幫忙，我難以償還。他的無所不知和督促的熱情，在我寫這本書的過程中，不斷帶給我喜悅和激勵；他的警覺免除了許多錯誤，我甚至覺得若還有錯誤，可能正是因為他沒有盯到的關係。

非常感謝史黛拉·戈登（Stella Gordon）那一如商博良[5]和文特里斯[6]的天賦，耐心地為一個無力辨識的人解碼。

最後，要感謝芭芭拉和尼可·吉卡夫妻（Barbara and Niko Ghika）在科孚島的涼廊和滿是成群燕子那幾個星期的親切相待，並為煩躁的文詞修改期間提供了避風港，本書即題獻給

3 Von是德語中姓名常見字，類似英文的「of」，通常置於姓和名之間，原為貴族姓氏獨有，但在中譯中經常直接以音譯呈現。

4 羅馬尼亞民謠，敘述牧羊人密歐里札的故事。

5 全名為Jean-François Champollion（一七九〇～一八三二），法國著名歷史學家、語言學家和埃及學家，是第一位識破古埃及象形文字結構，並破譯羅塞塔石碑的學者，因而成為埃及學的創始人。

6 全名為Michael Ventris（一九二二～一九五六），英國語言學家和建築師，因成功釋讀線形文字B而聞名。

他們。感謝傑妮塔和賈米・帕拉德夫妻（Janetta and Jaime Parladé）提供位於西班牙特拉莫爾的安達魯西亞式庇護所。謝謝英國德比郡貝克韋爾附近男士理髮廳的店主們，容我在那裡進行狂熱的修訂，以及建議用《香克的歐洲》（*Shank's Europe*）作為這幾本書的總標題，讓人無法抗拒。還要感謝強哥[7]和黛安娜・墨瑞夫妻（Jock and Diana Murray）在最後階段的耐心編輯和庇護。最後，親愛的桑，感謝你和馬高許（Magouche）在塞拉尼亞德隆達讓我得以與世隔絕地安心隱居。

派 敬上

一九八六年二月二日於卡爾達米利（Kardamyli）

7 即約翰・墨瑞（John Murray）的小名。

第一章

橋道

發現黯影往斯洛伐克和匈牙利岸邊聚攏，我驀然驚覺也許自己在橋上已經停留了太久。快速奔流其中的黯淡多瑙河正沖刷著埃斯泰爾戈姆老城區的碼頭，陡峭的山丘將其上的大教堂上舉推入暮色之中。教堂的圓柱圈頂著宏偉的圓頂和兩座帕拉第奧式鐘樓，此刻正敲打出比較短的叮噹聲，俯瞰著綿延數里格[1]漸暗的光景。突然間，碼頭和通過大主教宮殿的陡峭道路已空無一人。邊境哨站設在橋的盡頭，所以我加快腳步進入匈牙利：為復活節週六而聚集在河邊的人群，已經往上移動到大教堂廣場。我發現他們漫步樹下，滿心期待地交談著。往下降去的是層層的屋頂，接著是在朦朧之中，奔向最後一抹夕色的森林、河流和沼澤。

有個朋友已經寫信給埃斯泰爾戈姆市市長：「請善待這位即將徒步前往君士坦丁堡的年輕人。」我打算第二天去拜訪市長，於是先找了個人問市長辦公室在哪，結果就在我還沒搞清楚發生了什麼事，外加滿頭霧水之際，這個人已經帶著我到市長本人面前。市長身邊圍繞著我曾在多瑙河畔看到的那些穿著華麗，令我深感賞心悅目的顯貴要人。我試著解釋說我正是那個他一直被警告要留意的流浪漢。他先是禮貌地表示不解，然後靈光乍現地搞懂了。他和其中某位大人物快言快語又顯然滑稽的聊過以後，便把我交託給那個人，自己則快速穿過廣場去執行更重要的職務。那位督導一臉興味地接受了這份委託；八成是因為他絕佳的英語才不得不接收了我。他的節日盛裝色暗卻燦爛，短彎刀滿不在乎地掛在肘彎間，左眼在無框單片眼鏡後方閃爍著。

就在這個時候，所有的眼光都轉向了下坡路。市長在噠噠的馬蹄和馬具叮噹聲的召喚下，來到鋪上紅地毯的人教堂階梯。教士和執燭者行禮如儀地聚集過來。馬車停下，但見一團火紅身影從中而出——樞機主教，即身兼埃斯泰爾戈姆大主教和匈牙利首席主教的塞拉迪主教（Monsignor Serédy）慢慢走下車，朝群眾伸出他戴著戒指的手，眾人依次單膝下跪。他的隨從跟著他進入這座宏偉的建築；然後一名執事引導市長的隊伍前往垂墜著鮮紅色布飾的前排座位。我想過要偷偷溜到比較普通的位置去，但我的督導態度堅定：「你在這裡會看得比較清楚。」

聖週六[2]讓廣大的大教堂半滿，我可以認出很多是之前在河邊的人：穿上他們最好衣服的市民們、身著黑衣腳踏靴子的農民們、髮型繁複的女孩們以彩裙搭配上有刺繡花樣的白色褶袖；同樣的這批人帶著百合、水仙和金鳳花花束，匆匆過橋。還有穿著黑白兩色服裝的道明會修士[3]、幾名修女和一小群打扮相同的人，近大門處是一群彩衣撩亂的吉普賽人，雙手叉腰斜倚著輕聲細語。看到跟著他們的一頭熊緩緩晃進來，把爪子伸入一個如巨大骨螺的巴洛克式聖水杯中，並且屈膝跪拜，真是令人無法不驚喜。

1 league，一里格約等於五點五六公里。

2 Holy Saturday，又稱神聖週六，是耶穌受難日的隔天，復活節的前一天，也是聖週的最後一天，為紀念耶穌死後，屍體放在墓穴的那一天，天主教基督徒會在這一天守夜。

3 Dominican，正式名稱為「宣道兄弟會」，天主教托缽修會的主要派別之一。會士均披黑色斗篷，因此又有一稱為「黑衣修士」。

與前兩晚熄燈禮拜[4]鬼魅般的氛圍多麼不同啊！隨著每個燭芯從火尖拔除，陰影便更深一分，直到這小小的斯洛伐克風教堂全面籠罩在黑暗之中為止。此時，這座偉大的建築裡充滿了光，禮拜堂內漂浮著簇簇嶄新的燈芯，復活節蠟燭[5]自唱詩班中往下降，蠟燭頂端那些不閃爍的星芒亮光矗立，有如沿著高聳祭壇挺立的長矛。除了前面的座位是紅色的之外，大教堂、教士、祝禱的神父和他的執事們，以及所有的隨從都是一身白。從鮮紅色的樞機主教變身的大主教，現在是一身的白金教袍，登上紋飾華蓋下的座位。他的小教廷成員們排成一排座落在台階上，最低台階上的是沉重牧杖的守護者，他的身後還站著另一個人，準備好在儀式進行時舉起高高的白色主教冠替換，此人一次又一次地把垂飾理好，順墜在覆蓋著白羊毛大披肩的肩膀上。與此同時，通道前方林立著半軍事風的華麗顯貴們，穿著五顏六色的絲綢、錦緞和毛皮製品，配戴黃金和白銀的鍊子，腳踩或藍或深紅或藍綠色的長筒軍靴，上有鍍金馬刺，頭戴鑲鑽扣環，裝飾著白鷺羽毛、老鷹羽毛和鶴羽的熊皮尖頂氈帽，完全符合教會的金碧輝煌，適切一如《歐貴茲伯爵的葬禮》[6]中的裝備：黑色盛裝——像我新朋友的打扮，外加現存於托雷多那幅畫中的騎士盔甲[7]——這點讓人印象最深刻。那些鍍金的象牙十字架，以及靠放在座位上、裝飾寶石刀鞘的彎刀，肯定是來自土耳其戰爭所遺留下來的傳家寶吧？當它們的主子們為了《信經》[8]而叮噹作響的起身時，其中一把劍噹啷地掉落在大理石地板上。在橫跨平原區的古戰役中，這樣的刀刃，極速旋轉地收走了土耳其人的頭顱；當然，匈牙利人的頭顱也是如此……

在一陣靜默之後，很快地風琴管束轟隆作響，吹奏出上達天聽的訊息。唱詩班的樂聲飆升，哈利路亞出現在側翼，翻騰的焚香煙雲環著柱頭的雕刻葉板於高處捲繞，並消失在穹頂的陰影中，而新動靜依然不斷。在十字架的前導下，一團手執蠟燭的教士和侍祭的先鋒已經走到通道的半途。接下來是一座頂篷，下放聖體匣中的聖餐；接著是大主教、市長、達官貴人中年紀最大、重重倚靠著痲六甲藤拐杖跛行的白鬍子老爺爺，後面跟著其他人。我在友善的催促下，加入了緩慢行進的人潮，很快地，彷彿是煙霧和聲音將我們全部吹拂過門似的，大家全到了外頭。

因為是滿月的隔夜，皓月碩大，將大地照得如白晝一樣明亮。遊行隊伍走下階梯，緩慢地出發；但是當準備好的樂隊移入我們身後，並開始演奏慢板進行曲的幾小節前奏，音符卻瞬間遭到淹沒。高架車輪吱吱作響，木頭發出呻吟，多種語言伴隨著近乎狂亂的鏗鏘鈴聲，

4 Tenebrae，指復活節前一週最後三天的早課經和讚美經，舉行禮拜時會將燈燭逐次熄滅。

5 Paschal Candle，白色大蠟燭，用於如羅馬天主教會、英國聖公會、路德教會等的儀式中，每年於復活節祈福後點燃。也會用於一些如葬禮和洗禮的重要禮儀中。

6 Burial of Count Orgaz，西班牙文藝復興時期畫家艾爾．葛雷柯（El Greco）的作品，一般咸認此畫作為他最傑出的作品，現存於西班牙托雷多聖多默教堂。

7 指《歐貴茲伯爵的葬禮》畫作中，死者歐貴茲伯爵身上的黑色騎士盔甲。

8 Creed，早期基督教會宣告信仰要義的內容，可理解為基督教信仰的摘要，或是信仰中最重要內涵的陳述。

翻滾入夜色之中；然後，在這些銅管樂的巨響之間，出現另一個像持續不斷的拍手聲，讓我們都抬起了頭。兩隻從非洲遠道而來疲憊不堪的鸛，停在其中一座鐘樓下一個蓬亂的巢裡，人人都看著牠們安頓於內。現在，受到喧鬧聲的驚擾，牠們拚命地拍打著翅膀，伸長了頸子再次起飛，紅色的腳往後伸。黑色羽毛沿著牠們巨大的白色翼尖展開，在我們的凝視下，以不慌不忙的穩定拍翅聲，騰升到栗樹樹葉上，飛入空中。「牠們挑了個美好夜晚搬進來。」在我們下階梯時，我聽見身旁的人如此說。

除了成千上萬沿著窗台而出、以及從等候的人群手中散發出的燭光閃爍之外，鎮上不見一絲光亮。男人們頭上空無一物，女人們則蓋著帕巾，從捧成杯形的手掌中發出的光芒反轉了白天的明暗對比，框出了下巴和鼻孔的線條，在眉毛下留下了些月牙光影，並把除了這些明亮面具之外的其他一切，都籠罩在陰影之中。火焰靜靜林立過一條又一條的街道，一旦隊伍最前端行到眼前，每個人都跪下，只有在火焰經過面前之後幾秒鐘，他們才會起身。然後，我們置身在排排白楊樹的微光之間，莊嚴的音樂間或中斷。誦經一停，便聽見難以數計的青蛙呱呱聲加入了香爐鏈的叮噹聲，以及大主教的牧師敲擊在鵝卵石上的權杖聲之中。鎮上的鸛被鐘聲和音樂聲喚醒，漂浮著飛過頭頂，俯視著我們這一小串光上山，再度進入大教堂。此刻的強度、歌唱、蠟燭火焰和焚香，春天的感覺、盤旋的鳥兒、田野的氣味、鐘聲、燈心草間的合唱、稀薄的影子和缺乏真實感的林上之月，以及潮水銀波等等這所有的一切，都以一種偉大的良善和力量迷咒，賦予了這夜晚神聖的氣息。

等一切結束，人們又再次出現在教堂階梯上。馬車等待著；穿著樞機主教教袍的大主教回來了，慢慢登上車，寬大的貂皮斗篷顯示出他跟采邑主教一樣世俗化。他的侍衛在一個喉結明顯、戴著鼻夾眼鏡的牧師，以及一個穿著輕騎兵制服的左駕馬車夫協助下，正在隊伍裡收集，一碼又一碼，就像帶著魚網的漁夫，直到馬車裡滿滿都是天竺葵色的波紋綢。牧師先上車坐在對面，然後是侍衛打直了背坐著，戴著黑色手套的手按在短彎刀的刀柄上。左駕馬車夫收起了梯子，戴著高頂毛帽的小夥子大力關上上面畫有一頂流蘇帽下紋徽的門。待兩人都從後面跳上車後，頭戴相似皮帽的馬車夫便拉了一下鞍繩，鴕鳥羽毛輕點，四匹灰馬便啟程出發。隨著馬車及侍從搖搖擺擺地晃下山丘，掌聲迴盪在聚集的人群中，所有人都脫下帽子，窗邊出現了一隻戴著紅手套、散發出田園風的手，揮舞著祝福。

月光下的階梯上，但見人人相互擁抱，互道復活節的問候並親吻手與臉頰。男人戴上他們的毛皮帽，重新調整了斗篷的角度。經過幾小時的拉丁語後，馬札爾語終得以抑揚頓挫地歡樂爆出。

「讓我們看看這些鳥是怎麼來的。」我的督導用絲質印花大手帕擦著他的單片眼鏡說。他從容地漫步到階梯邊，倚靠著他那根彷若摺疊手杖的劍，仰望夜空。兩隻鳥嘴並排著從枝椏旁伸出來，讓我們剛好看到重新安頓下來的鳥兒在陰影下迅速入睡。「好極了！」他說：「牠們可以安心睡個覺了。」

我們重新加入其他人，他拿出菸盒來敬周圍的人，自己也小心地選了一根，然後敲了敲粗糙的金色那頭，接著三縷輕煙圍繞他的打火機火焰，短暫地形成個金字塔型，隨即又消散無蹤。他深吸了一口氣，停頓幾秒鐘，然後呼出口長氣，讓煙在月光下緩緩逸去。「我一直期待這啊！」他說：「這是我打從懺悔日[9]後的第一根菸。」

結果那天晚上的句點在假市長官邸舉行的晚宴中畫下——以*barack*（桃子酒）開啟了貫穿整場的酒池洪流，接著是托考依貴腐甜酒[10]，最後在那群華麗顯要環繞的朦朧意識裡作終。之後，市長跟我抱歉說由於房子裡已經擠滿了人，所以幫我找到鄰居家的一個房間。我的蹣跚腳步不成問題了！第二天早上，我那位熱愛鸛的朋友，穿著樸素粗花呢和高圓翻領運動衫，把我帶到一輛很威的布加迪跑車[11]旁，只有他後座行李包包間的彎刀透露著昨晚的燦爛時光。我們去參觀大主教宮殿內的照片；然後他說，何不搭他的車？我們很快就會抵達布達佩斯。但我還是勉強堅守我的原則：除非天氣惡劣，否則絕不搭車；並計畫在首都碰面。他一揮手就呼嘯著離去，而在告別了市長之後，我也收拾好東西出發，並不斷揣想著是否整個匈牙利之旅都會像這樣。

～

從沿著森林邊緣攀升的那條小徑回望，會看見沼澤、樹木和一大片高高的燈心草，大河鬆散地繞著一連串的島石分道又合流。我可以看到水鳥騰飛而起，像一陣微塵雨般盤旋，再度落下時，以無數的水花點畫潟湖。然後，高地取代了牠們。另一頭的丘陵陡直拔升，較少的山丘相互層層相疊著往下游而去，絨毛狀的樹梢轉換成石灰岩和斑岩峭壁，綠色河流在兩者交融之處深深地快速奔流。

下頭會出現一座村莊，鸛獨腳站立在茅屋和煙囪間的枝椏老巢裡。飛向空中的牠們發出慌張的拍翅聲，而當牠們降落到與樹頂平行，橫越河流進入斯洛伐克時，陽光攫住了牠們的翅膀上方；緊接著牠們又傾斜轉向飛回匈牙利，幾乎連一根羽毛都文風不動。牠們嘴裡叼著枝椏往下降，沿著屋頂選路，黑色的翼尾羽就像走鋼索者的手指般摸索著平衡。作為瘖啞鳥類的牠們會把身子往後拉，紅喙一開一闔，以一種像是拍打扁棍的高速啪嗒聲，即興唱出求愛歌曲：一打這樣的求偶者在河邊村莊一唱，聽起來就像數量龐大的響板。若突然受到驚動而起，牠們會在空中跳躍幾碼，再混亂的落地，岌岌可危地滑向茅草屋頂。前一天晚上，牠們精采的行列延伸過天空，綿延數哩遠；如今簡直是無所不在，但在接下來的幾個星期，我卻始終無法習慣牠們；牠們古怪的激烈咯咯聲變成了旅途上的流行主調，而牠們在隨後的區

9 Shrove Tuesday，基督徒思罪懺悔的節日，為大齋節首日，在聖灰星期三之前的星期二舉行，也是在四旬節禁食期之前得以飲食的最後一天。

10 托考依（Tokay）是地名，毗近匈牙利。因為此地的貴腐甜酒最道地美味，所以也成了貴腐甜酒的別稱。貴腐酒名為「貴腐」，是因為一種名叫「貴腐」的細菌會令葡萄感染後，糖分濃縮乾萎，用這種葡萄釀出來的酒十分甘甜，就稱為「貴腐酒」。

11 Bugatti，法國超級跑車車廠，以生產世界上最好及最快的車聞名於世。

域所投下的魔法，一直持續到保加利亞山區的八月，我才終於看見其中一群在遠方漸次消失縮小，飛向了非洲。

一九三四年四月一日復活節：滿月之後兩天，春分後十一天，是我十九歲生日過後四十七天，也是我啟程之後的第一百一十一天，不過離我跨越邊界還不到二十四小時。遠處的河岸還是斯洛伐克，不過再流淌約莫一、兩哩，會有條支流盤繞穿越索布這個名字聽起來哀傷的小鎮北部的山丘、瓦屋頂和鐘樓，標示出兩條河流的匯流處。邊境往北蜿蜒流入這座山谷，從此開始第一次，多瑙河的兩岸都在匈牙利了。

這趟旅程行經之處大多是雪景；冰柱懸垂，且經常掩藏在紛紛飄落的雪花之後。但最近三個禮拜，這一切都改變了。雪已經縮小成幾片褪色的補丁，多瑙河上的冰已然破裂。當冰依舊堅實時，融解的聲音聽起來像是一連串的雷聲。巨大的冰層破裂時，我雖然已在聽不見的下游，但突然間，偶爾水流會堵塞住，擠滿了爭先恐後的冰塊碎片，以致不太可能維持一定的速度：奔流過去的三角形和多邊形冰塊互相推擠衝撞，每天邊緣都會再磨鈍一些、碰撞再輕微一些，直到它們像薄酥餅般輕薄脆弱；終於在某個早晨，它們全都不見了。這些似乎都是溫和的預兆。一旦太陽威力全開，從遠處看去，阿爾卑斯山冰河和喀爾巴阡山脈高峰頂端那永恆的冰雪並未改變；但靠近來瞧，就會發現整個歐洲的冰封心臟可能正在融解當中。成千上萬的溪流傾倒下山，溪水氾濫，河流本身鬆動，漫漫淹過牧草地，甚至淹死牛羊，連根拔起草垛和樹木，把它們全部捲進洪流當中，最後不是堵在最高和最粗壯的橋樑那裡，就是全部帶著走。

春天已如起跑信號槍般蓄勢待發，百鳥瘋狂爭鳴，築巢的熱度開始，短短一夜之間，燕子和雨燕已經到處飛掠。毛腳燕正在整治牠們的舊巢，在石頭上閃爍的蜥蜴，於蘆葦叢中繁殖築巢，塞滿了淺灘。青蛙用一種外來者的姿態潛入水中，很快地又浮出水面，聽起來像是每隔一小時就加入一千個新聲音來增強似的；只要陽光持續普照，牠們就會繼續清空蒼鷺集結孵卵的地方。蒼鷺本身或是低低滑翔，以抽動果斷的步態跋涉過菖蒲叢，或是如鸛般警覺地單腳站立，姿態一如靈巧的植物。停滯的死水裡塞滿了菖蒲，夕陽中，菖蒲粗壯的草莖將驢蹄草撐高在閉闔的粉白兩色睡蓮之間。

在河岸和紅紫色的懸崖之間，山楊與白楊木在閃爍的陰影中縮小又膨脹，樹根鬆軟的柳樹則彎垂向快速的水流。緊縮的鑲邊迫使黃色水流疊成皺褶或渦漩畫圈，而沿著多瑙河畔走了幾週之後，我已經看得出來那些一圈又一圈緩慢迴旋的水紋波褶，正訴說著淹沒在水流中的騷亂。

小徑往上攀升，隨著炎熱的下午過去，我還是難以相信，匈牙利這個近乎神祕的國家終究環臥在我的四周；更別提是匈牙利皮利什山丘遠遠不在我所期待範圍內的部分。往上的攀升讓多瑙河退出了視線，山丘和樹林吞沒了小徑，陽光透過朝氣蓬勃的橡樹枝椏斜照進來。所有的東西都帶著蕨叢和苔蘚的味道，榛子和山毛櫸的小樹枝向外伸展，腐爛的落葉讓小徑變得柔軟，蜿蜒在披覆著地衣巨樹樹根間的是野生紫羅蘭和報春花。當樹林開展一、兩哩後，陡峭的草地往左右兩旁延伸向上至因為叢林密布而變暗的山頂，以及長滿水田芥、清澈快奔在山谷中的溪流。在我踏著墊腳石橫越其中一條時，響起咩咩羊叫和一陣鈴鐺聲，接著還爆出了咆哮。三隻齜牙咧嘴、露出犬齒的惡犬衝了下來，隨即被牠們的牧羊人叫回腳邊去。他的羊群正走過一片高度到牠們肚子的雛菊；看樣子母羊的產期約在聖誕節前後，而有些已經剪過毛了。我已經好幾天都只穿著襯衫，但是牧羊人卻肩披長到腳跟的羊皮斗篷；農民冬衣脫得慢。我大喊一聲：「Jó estét kívánok（晚安）！」這已經占掉我匈牙利語彙的四分之一了；接著就聽到相同的夜晚致意回傳過來，伴隨著微微舉起窄邊黑帽的行禮如儀。（打從在斯洛伐克南部遇見匈牙利人之後，我就一直渴望能有某種帽子來回應這種莊嚴的致敬禮。）到我看見一支不同的牧群時，他的羊群已經成了模糊的白色斑點和遙遠的叮噹聲了。那是尚未長出茸角的一群小鹿，沿著森林邊緣穿越山谷放牧中，太陽在牠們的另一側下山，將牠們的影子投射過斜坡並拉出無限的長度：穿過靜謐空中的腳步聲，讓牠們全部抬起了頭，並且就這樣一直凝視直到我離開了視線。

我一直想著露宿野外，還有毛被剪光的那些羔羊；和風煦煦，樹葉幾乎完全靜止不動。兩個晚上前在斯洛伐克，我首度嘗試露宿，結果以走私販子的嫌疑遭到短暫的逮捕；但其實再沒有比高於高危險邊界的林木區這裡更安全的地方了。

看到一堆營火出現在黃昏時分一處空地的那頭時，我正在尋覓庇護所，那邊有白嘴鴉正吵吵鬧鬧地準備入睡。只見一棵巨大橡樹下有木樁和小樹枝圍成柵欄，猶如森林裡的隔間，一名養豬人正在兩股柳條中間插入木樁加固，鬈毛糾結的黑豬正為爭奪地盤而吵鬧不休。隔壁的小屋以蘆葦覆頂，一待我現身，兩個身在火光中的養豬人都一臉疑惑地抬起頭來看：我是誰？打哪兒來的？用匈牙利語「Angol」和馬札爾語「Angolország」回答說：「英國人」，對他們沒有多大意義；但一掏出我的杏子白蘭地[12]，他們的臉龐立刻為之一亮，那是從在埃斯泰爾戈姆分別的朋友身上搶來的戰利品。第三張樹根墊子已為我備妥。

他們外頭包裹著像粗絨呢般堅硬的粗糙白色羊毛衣。他們不使用尖頭棒或曲柄杖，取而代之的是因珍惜長期觸摸而漸漸變細的發亮木棍，上頭還加著小斧頭；腳踩著我第一次在布拉提斯拉瓦看到斯拉夫人穿的那種軟皮鞋：已經磨得變白的生牛皮卡努伊鞋底在腳尖翻轉往上，然後用皮繩穿過並纏繞，綁住包裹著護墊的脛骨，直至小腿肚；同時內襯溫暖包覆著白色毛氈，雙腳便依此越冬，直到第一隻杜鵑鳥鳴。

年輕的那個是個長相粗野的男孩，瞪著眼睛，頭髮凌亂。他向鄰近村莊的斯瓦布人學到了大約十個德語字詞（只是我後來聽說，這些人其實是定居在附近的斯瓦比亞人），而且他有著相當瘋狂的感染性笑聲。他那位滿頭白髮的父親則只會說馬札爾語，而隨著我們一路喝下去，他那雙深陷在皺紋裡的眼睛也失去了所有的專注力。我只能靠著他用手指頭比畫形容「沒有鹿角」，了解到那些鹿屬於一位*föherceg*（後來才搞清楚那個字是指「大公」）。年輕的

12 barack，一種匈牙利水果白蘭地，以杏子製成或用杏子調味。

養豬人繼續用手語，伴隨咕嚕嘟噥聲，緊繃著一張臉，曲起兩根食指來代表潛藏在附近的野豬獠牙；接著又把手指扭曲成螺旋狀，這肯定就只是意味著南歐野山羊。當他快活地暗示野豬如何破欄而入，趴到馴服的母豬身上，並在豬圈內撒下混種豬仔時，手語變得越來越混亂模糊。我奉獻了一些煮得過熟的蛋，搭配他們美味的燻豬肉晚餐：他們在上面灑了紅椒粉，我們配著黑麵包、洋蔥和一些硬得有如化石的乳酪吃。

養豬人名叫巴林特和賈札，他們的名字我牢記在心，只因為第一次聽到時，發現他們有著非常奇怪的腔調。火光讓他們看起來像是和《末日審判書》[13]同時代的人，所以我們應該要以手相互傳遞飲酒號角，而不是我那支不合時宜的瓶子。無視言語交談，等到酒瓶空了時，我們都無能為力的狂笑。某種原始的交流已經清除了所有障礙，其餘的便交給酒和男孩具感染力的精神去包辦。火差不多要熄了，林間空地也開始產生變化；看起來幾乎不遜於前一晚滿月的月亮，正爬上樹梢後方。

他們那窒息的窩裡實在沒有太多空間，但一搞清楚我想露宿野外後，馬上用草為我鋪了個草堆作為庇護處。老人先把手放在草上，然後再按在我手上，眼中滿是憐憫：草堆整個被露水沾濕了。他做了個把自己包裹起來的手勢，於是我把所有的衣物都穿上，他們則回屋內去睡了。

互道晚安後，我就躺下來盯著月亮看。樹林的陰影猶如剪裁下來的布般穿過空地，附近的貓頭鷹在互相打信號，豬圈裡有著或因作夢、或因消化不良而發出的瞌睡呼嚕聲，而且三不五時會有豬因為夜半飢餓而在午夜醒來，半夢半醒的幸福咀嚼。

～

我們起床的時候，還是夜晚時分，且如之前所說的渾身潮濕。年長的巴林特在我們吃著麵包和奶酪之際，拉開了豬圈的插栓。豬隻先是歇斯底里的衝出來，然後就溫和些地安頓在樹下四散的橡子和山毛櫸堅果之間，進行日常的拱土活動。為了讓我走上正確的路，賈札親自帶著我穿過樹林。在人步走過蕨叢時，吹著口哨的他還旋轉長戰斧，扔往空中，再伸手攫住；等他離去後，我自己藉著月光走了兩個小時，終於在破曉時分來到一座長滿樹林的巨大城堡廢墟。森林陡降一千多呎，在樹葉覆蓋的群山之間，多瑙河谷從東往上游盤繞，向南超越城垛，一哩之後又轉向西邊，仍然深藏在陰影之中，最後在更遠處的綠色森林山肩之間消失無蹤。小徑沿著一堵城牆往下通過滿是山毛櫸和榛樹的斜坡，在小山丘上的一座巨塔前變平；最後，一段濕漉漉的混亂跑跳把我帶進了維謝格拉德[14]。

13 Domesday Book，諾曼人征服英格蘭期間，在征服者威廉的命令下，於一〇八六年完成的一次大規模調查紀錄，以中世紀拉丁文寫成。調查內容類似於後來的人口普查，主要目的是清查英格蘭各地人口和財產情況。

14 作者註：如果我是幾個月後才走那條路，應該就會看到馬加什國王宮殿的殘片被挖出來。但當時我也可以說已經看到：宏偉的文藝復興遺址提供了一個明確的概念，讓我得以想像在土耳其人征服之前，皇家匈牙利的模樣。

有人跟我說過這座城堡。

馬札爾人最早在九世紀末，以殘忍的異教侵略者之姿入駐中歐。四百年後，他們之中至少有三位深受敬重，他們的國家也已經成為偉大的基督教王國，由阿爾帕德大公[15]統領，至今已然成為戰士帝王、立法者、十字軍和聖徒的古代王朝，與大部分偉大的基督教家族都有結盟。貝拉四世王[16]，也就是聖伊麗莎白[17]的哥哥，且是最能幹的一位；他生在動盪的時代。近幾十年來，成吉思汗[18]和他的子孫已經從南海到烏克蘭一路征戰，荒廢了整片亞洲，而在一二四一年春天，凶險的威脅消息傳到匈牙利：在燒了基輔之後，成吉思汗的孫子拔都[19]，正揮軍逼近東部的隘口。貝拉王雖試圖準備防禦，但通過喀爾巴阡山脈的蒙古人，其猛攻來得如此迅速，開進昏昏欲睡的馬札爾貴族之間，驚動四方，鐵蹄隨即踏遍匈牙利大平原，一整個夏天都在焚燒並淨空城鎮。蒙古人承諾農民只要送上收成就能保住性命，卻在打穀之後的秋天將他們屠殺殆盡，並在聖誕節那天橫越冰封河流，前往西部地區。少數城鎮因為城牆或周圍的沼澤而得以倖存，但埃斯泰爾戈姆卻被燒毀，大部分城鎮很快就成為灰燼，居民或遇害或被迫成為奴隸。

突然間，四周陷入一片死寂。使者帶訊來到蒙古人營地，說成吉思汗那遠在八千公里外哈拉和林的繼承者窩闊台[20]去世了；頃刻間，在西伯利亞和越過中國長城的行軍間、在哈里發王國[21]的斷垣殘壁間、在克拉科夫、桑多梅日、摩拉維亞松林、以及冒著煙的馬札爾城市廢墟之間，一群滿臉稚氣的野蠻王子將細眼轉向中國韃靼[22]；繼承的競爭蠢蠢欲動；到了三月中旬，他們全都消失不見。從達爾馬提亞一個避難島嶼回來的貝拉四世，發現他的王國已成一片廢墟。死亡和俘虜削減了一半的人口，倖存者開始小心翼翼地從樹林裡探出頭來。他的任務類似於建立一個新王國，第一步就是確保安全，能夠抵禦蒙古人。因此，就有了我在維謝格拉德大步穿越的這座城堡。他一路打造這龐大的要塞，以及接下來類似的堡壘；等到蒙古人下一次入侵，就被擊退了。

15 Arpáds，生年不詳，卒於九〇七年，匈牙利的第一位大公，也是阿爾帕德王朝的創建者。

16 King Béla IV（一二〇六～一二七〇年），匈牙利阿爾帕德王朝國王（一二三五～一二七〇年在位）。值得一提的是，其配偶是拜占庭公主瑪麗亞．拉斯卡里娜，兩人的後裔後來又與歐洲各王室通婚，使得現存所有歐洲君王都具備了拜占庭血統。

17 St Elizabeth（一二〇七～一二三一年），匈牙利阿爾帕德王朝公主。十四歲結婚，二十歲喪偶。丈夫去世後，便將孩子送走並重新獲得了嫁妝，再用這筆錢建造了一家醫院，親自為病人服務。二十四歲去世後成為基督教慈善的象徵，並於一二三五年被封聖。

18 名鐵木真（一一六二～一二二七年），即元太祖。蒙古人，蒙古帝國奠基者、政治家、軍事統帥及皇帝。

19 Batu（一二〇八～一二五五年），鐵木真長子朮赤的次子，允文允武，金帳汗國（又稱為欽察汗國）的開創者。

20 Ogodai（一一八六～一二四一年），成吉思汗的第三子，大蒙古國大汗，亦是蒙古帝國第二位大汗。

21 Caliphate，哈里發為伊斯蘭教執掌政教大權的領袖稱號，意為繼承者。哈里發王國就是由哈里發領導的伊斯蘭國。

22 Chinese Tartary，一個古代地理名詞，特別用於中國清代時期。

在謝格拉德半夢半醒的碼頭上，聽到的德語和馬札爾語一樣多，因為說話的是賈札所說的斯瓦比亞人。在土耳其人被趕出去時，數以千計的德國南部農民家庭便登上平底小船，從多瑙河上游的城市，主要是烏姆出發；他們往下游航行，在人口銳減的地區上岸，永久的定居下來。他們的語言和節慶盛裝，據說打從在瑪麗亞．特蕾莎女王[23]治下於此地落腳之後，就一直維持不變。我想，這當中一定有很多通婚，但因為開心得注意到不少亞麻色或烏黑的頭髮，所以我認為——當然也可能弄錯啦——我可以從典型的馬札爾人中認出典型的德國人。

當小徑沿著多瑙河向東轉，晨光順著山谷流瀉而出。很快地，一座妝點著柳樹、布滿新嫩麥田圖案的細長島嶼岬角，便將河流一分為二。漁網從這支流出現到那支流，漁船停泊在山楊、白楊和柳樹的樹幹旁，白鑞色樹幹襯著河邊樹林比較深色的葉子，浮升起一片銀白淺綠的朦朧。小島循著這條河繞了近三十二公里。一艘裝飾輪船不時地引起潮流，隨著時間的推移，駁船的稀疏交通量也隨之增加。

不過在一、兩個小時內，河流會開始以十一週前我們在烏姆的雪中首度相會時，前所未有的方式前進。（只有十一個星期！好像已經過了半輩子了！）事實上，是河流最初從黑森林的菲爾斯滕貝格親王公園地底冒出開始。因為在畫過兩個一致的半圓之後，多瑙河轉向正南；並且會繼續這樣前進，明確的流過匈牙利兩百九十公里——如同過往以來那樣，從地圖頁面的頂部到底部——直到再次轉向，並在貝爾格勒的城垛下往東流。這一刻委實令人激動。

接近傍晚時分，我來到了一整天都陪著我的島嶼末端，抵達了聖安德烈這個有著巷弄、鵝卵石街道、瓦片屋頂和洋蔥圓頂鐘樓的巴洛克風鄉村小鎮。山丘現在稍微低矮了些；葡萄園和果園已取代了山崖和森林，並出現一種接近一座偉大城市時的氛圍。鎮民是三個世紀前逃離土耳其人的塞爾維亞後裔；至今仍聊著塞爾維亞的事，並在他們祖先所建造的希臘東正教教堂做禮拜。他們是在德國的希臘東方正教，與更東邊的聯合東方天主教不同，只不過希臘天主教是堅守東正教儀式且認可教宗。後來我從房間牆上掛的是聖像而非十字架嗅出了端倪。

23 Maria Theresa（一七一七～一七八〇），霍布斯堡君主國史上唯一的女性統治者，亦為霍布斯堡王朝末代君主。透過通婚，其亦為洛林公爵夫人、托斯卡納大公夫人及神聖羅馬皇后。

第二章

布達佩斯

幾天後，當上午十點左右的陽光照上我的眼皮時，我幾乎想不起來自己身在何處。咖啡香和牛角麵包香漂浮在拱形天花板下；家具用蜂蠟費勁地打得光亮；數以百計的書本往上堆疊；一件晚宴外套隨意拋在一張椅子的扶手上，那張椅子繡著漂亮的織錦，但見一隻猖狂藍色獅子的獅尾開叉、舌頭猩紅。鏡子上頭垂掛著一條晚禮服領結，高跟鞋四散於各個角落，一件漿過但現在已皺巴巴的襯衫（那時候仍搭配著黑色領結），手勢絕望的橫躺在地毯上，借來的鍊子猶在袖口上閃閃發光。這所有漂亮異國衣物的景象，跟我一般醒來時眼睛所見風塵僕僕的衣物實在是大相逕庭，根本是一連串的難解之謎。

然後，突然間，茅塞頓開。我人在布達佩斯啊！

~

聖安德烈之旅的殘存印象不多：鵝卵石小徑、電車軌道的起點、一些陡峭的街道和多瑙河及其橋樑的空中景觀，以及尋找布達（Buda）小丘的過程。之後的舒適豪華，全託住在慕尼黑的波羅的海—俄羅斯朋友轉折一、兩回之福，他們的親切在最近幾個星期裡，開始為我簡陋的旅程，提供諸如此類舒適的住處。

我重新回到住在陡峭布達小丘（Vár，城堡之意）上的男爵們之間，這小丘將空置的皇宮高舉在多瑙河右岸之上。「Uri utca」（烏里街），德文名為「Herrengasse」（紳士），是一條蜿蜒起伏的街道，兩旁有著凸窗、瓦頂和徽章拱門的建築，沿路直上這城堡小丘的頂峰。

這城堡一定是從土耳其人手中奪回這座城鎮後不久的一六八六年就建造了，所以許多房子的地基都有險惡的土耳其地下室貫穿。這個貴族區坐落在首府的喧囂之上，有著一種鄉村小鎮的沉靜。幾代以來都為同一家族居住的房屋被稱為「宮殿」等等，收留我的迷人之屋也包括在內。「當然，現在全都破敗了。」我的女主人說；她主要是在英國長大。「在匈牙利，我們似乎很迷戀雄偉的風格。其實這就是一棟非常普通的聯建住宅。」

蒂博爾和貝爾塔都四十來歲。因為事前已經被仔細關照過，所以他們真的是徹底把我帶到羽翼之下，以符合埃斯泰爾戈姆這個地方一直都有在做的某種準備；匈牙利人創造的好客之風，似乎已成為反覆出現的奇蹟。蒂博爾是馬上禁衛隊上尉。儘管他服役過整場一次世界大戰，但職位依然這麼低，全拜《特里阿農條約》[1]之後，匈牙利軍隊縮減所賜。深受大家喜歡的貝爾塔十分逗趣，有時可說是犀利，難以容忍廢話，經常穿著花呢外套和裙子，高大秀美，黑髮中有一縷灰白。她的父親是位尊貴的「Graf」（伯爵），或更準確地用匈牙利語說是「gróf」，戰前一直是阜姆自由邦[2]的總督。當我們搭著她的小轎車開車穿過布達佩斯

1 Treaty of Trianon，一九二〇年簽訂，是一項制定匈牙利邊界的條約。第一次世界大戰結束前，奧匈帝國滅亡，奧地利帝國的夥伴匈牙利王國宣布獨立。由於奧匈帝國包含數個不同種族，所以需要重新界定匈牙利、奧地利及其他剛剛獨立之新國家的邊界。

2 Fiume，即現在的克羅埃西亞城市里耶卡，位於亞得里亞海克瓦內爾灣畔。Fiume是「河流」的意思。

時，她告訴了我許多關於第里雅斯特[3]、阜姆、普拉[4]和伊斯特里亞半島[5]那些已經失落世界的有趣故事。就像其他家族，這個家族現在也過得相當艱困，一部分的房子已分租出去；她參加了許多委員會，總是忙個不停。我被趕著去參加她的活動，陪她去購物考察，順便觀光。如果她覺得有趣味或有娛樂可找，我就隨傳隨到的陪著她一起去。幾天後，附近某個人家要舉辦舞會，她幫我取得邀請，並讓我從蒂博爾、甚至是鄰居的衣櫥裡去挑選組合當晚要穿的衣物。我詢問她是否要去的時候，她笑著說：「被你看穿啦！其實我不去。不過你會樂在其中的。」而我也確實是。

舞會是真正的舞會模樣，而且正如貝爾塔所指出的，這場舞會是在真正的宮殿裡舉辦的；在通往宴會廳的階梯上，有人友善地輕輕碰了我的手肘一下，原來是我那位喜愛鸛的埃斯泰爾戈姆盟友，並且迅速恢復了他督導的角色。舞會以轉成吉普賽曲調作結，並讓許多舞者跳起了查爾達什舞[6]。我看到一對年輕人，男生雙手放在舞伴的臀上，女生雙手則搭著他的肩，兩人以一陣絕妙的激烈和活潑的跺腳投入舞曲中，頭髮宛如馬鬃一般揚起。當一切好似都告一段落後，我和愛鸛人、他美麗的舞伴、我緊黏不放的一個名叫安娜瑪莉亞的女孩及其他幾個人，分別擠進幾輛汽車裡並開下坡，穿過鏈橋[7]，進入我所見過最迷人的夜總會那閃爍的洞穴中。亞利桑那的樓板真的在旋轉嗎？好像是這樣。瞬間，雪白駿馬奔跑著，鬃毛翻飛：有人說他在那裡看過駱駝，甚至大象……稍後，一身閃亮的雜技演員飛越過點燃的煙霧圈、翻筋斗、以自己為軸心旋轉、伸展雙臂滑行，剛好接住從暫時暗下去的一旁飛來的套環；最後，他們在一個全身亮片的巨人二頭肌上立成一座人造寶塔，從彼此的肩膀上跳過，直到一個身穿褶裙的纖細人影從天花板某處的頂點跳出來，她的眉心上閃耀著一顆星，不斷的送出飛吻。這個金髮美女和微笑的團隊，感覺有些熟悉……突然間，我認出來了：他們是我在維也納匆匆畫下素描的那些老朋友，即曾經間接贊助了康拉德和我十幾瓶「himbeergeist」（樹莓精靈）[8]的科什卡兄弟[9]！是他們耶，現在改排成金字塔型，完美得光彩奪目！（在我待在這些剩餘時光裡，他們海報上的字「讚歎科什卡！」，不斷給予我的雙眸友好的撞擊。）之後，我們又在烏博齊街的某間房子裡喝了些酒，直到安娜瑪莉亞為我指出烏里街附近的歸途時，我們已經不確定將我們的影子投射在鵝卵石上的，究竟是月光還是黎明了。

3 Trieste，義大利東北部靠近斯洛維尼亞邊境的港口城市，位於亞德里亞海第里雅斯特灣最深處。

4 Pola，位於克羅埃西亞伊斯特里亞半島南端，是該半島上最大的城市，曾是奧匈帝國海軍最大的軍港。

5 Istrian peninsula，亞德里亞海東北岸的三角形半島，西臨威尼斯灣。

6 csárdás，匈牙利民俗舞蹈，源自馬札爾人和吉普賽人，特色是慢與快的節奏變化。通常以慢節奏開始，並結束於快節奏。

7 Chain-Bridge，全名為塞切尼鏈橋，位於布達佩斯，跨越多瑙河，以資助者伊斯特凡．塞切尼伯爵為名，全長三百七十五公尺，一八四九年完工啟用，是九座連結布達（西岸）和佩斯（東岸）橋樑中最古老的一座。

8 一種以德國和法國阿爾薩斯地區為主的水果型白蘭地。

9 作者註：參見《時光的禮物》中文版，頁二六四。

也就難怪當十一點鐘的陽光映照並撞擊銀色咖啡壺的一邊時，會像無聲的砲火般引爆……門打開，一個名叫提姆的黑皮膚阿爾薩斯人走進來，快速湊到我床邊。後頭跟著他的老闆，也就是這戶人家的兒子米奇（匈牙利文：Miklós）。十四、五歲的米奇穿著丁丁[10]燈籠褲，是個非常任性又相當有趣的男孩。「給你，」他一手遞給我一杯水，另一手給了我一瓶「我可舒適發泡錠」[11]，「我媽媽說，你或許需要這些東西。」

~

我已經漂浮進一個如夢遊般的場景，逗留在布達佩斯期間經常是這樣被叫醒的。生活似乎完美無缺：在一個迷人的城鎮中，不吹毛求疵的善良主人家，光彩奪人又漂亮的新朋友；讓人振奮的新語言，令人驚奇又強烈的酒，食物像美味的篝火，以及一種即使我想要也難以抗拒的微妙和強烈的氛圍。這地方知名的樂事令我興奮，特別是某些樂音像布達斜坡上的「Kakuk」（杜鵑）般陰魂不散，每到深夜時分，就會有半打左右的吉普賽人向客人致敬，他們彎下了腰，猶如把一切包容在獨特音樂中的微笑烏鴉。他們的演奏很糟糕，聽起來像黏呼呼的糖蜜和破瓶爛罐，而且曲調可能也不是真正的匈牙利樂曲——巴爾托克[12]和高大宜[13]對他們的吉普賽音樂很堅持，而且要非源自馬札爾的——但是他們能騙過李斯特[14]，並且俘虜了我。在緩慢的樂段中，大揚琴的琴槌在琴弦上顫抖和猶豫著，小提琴陷入昏迷倦怠中，只有在琴槌和琴弓轉成兩倍速時，才會重新揚起驟然的切分音。在首席小提琴手的手指以一種盲目的糾纏撥弄琴弦時，揚琴手變得狂亂，俯擊過一個又一個聽眾的耳朵，並與他的樂器緊緊相纏，就像次重量級選手用手臂緊鉗著對手一樣，讓人覺得這些演奏只可能有兩種結局：不是狂喜忘我，就是暈厥倒地。飆升的滑奏、層層堆積的帕戈[15]：軟木塞一拔開，所有人的眼睛便像軟木塞一樣變得越來越迷濛濕潤……所有的錢誰付？當然不是我。我光是做出一個要幫忙的手勢都會被嬉鬧地推開，好像連口舌都不值得浪費似的。（抵達後的第二天，我就已經到左爾坦街的領事館去領取了一封掛號郵件，裡頭有自維也納以來最高的六鎊鉅額。）

這些人當中有很多都說英語；出現例外時，用的則是德語，我勉強地認為這是因為歷史的關係；不過它畢竟是一般的第二外國語。即便算起來對方是朋友的朋友的陌生人，自動使

---

10 Tintin，漫畫《丁丁歷險記》的主角，是由比利時漫畫家喬治．勒米以筆名「艾爾吉」所創作的一系列二十四部漫畫作品，是二十世紀最受歡迎的歐洲漫畫之一。

11 Alka Seltzer，一種助消化劑，泡水飲用時會產生氣泡。

12 全名Bartók Béla Viktor János（一八八一～一九四五年，匈牙利姓名特別之處在於先姓後名），匈牙利作曲家，堪稱二十世紀最偉大的作曲家之一，是匈牙利現代音樂的領袖人物。

13 全名Kodály Zoltán（一八八二～一九六七年），匈牙利作曲家、民族音樂家、語言學家、音樂教育家與哲學家。

14 全名Liszt Ferenc（一八一一～一八八六年），匈牙利作曲家及鋼琴演奏家，浪漫主義音樂的主要代表人物之一，其所創作的鋼琴曲以難度極高而聞名。

15 pengös，匈牙利舊貨幣，流通於一九二七至一九四六年間，之後被福林（froint）取代。

用「Du」（德語：你），還是讓人覺得很驚訝。「Sie」（德語：您）則似乎意味著身分降級到外圍的黑暗中，我還知道人們會為這種事而揮劍相向。（事實上，匈牙利仍頻頻出現決鬥，不僅是學生式的狹路相逢，也有用馬刀互砍的激烈纏鬥，產生了一種《羅宮祕史》（*Prisoner of Zenda*）[16]般的夢幻氛圍，而且毫無疑問地很快就在我心裡形成一種極端不準確的畫面。）他們的隨和就像奧地利人一樣，有種老派拘謹的僵硬感。（我喜歡親吻女性的手，不過由家務傭工或農人正式親吻男性的手似乎很奇怪。這是整個東歐的慣例，而且經過了一段時間，似乎已不像過時的奴隸制度，反而比較像是存在的古老儀式，如同封建時代就有的忠誠，而感覺也真的就是如此。）這群特別的匈牙利人很在乎服裝。他們是注重打扮的強悍民族，精心搭配出被認為是英式風格的服裝，但是對於我的一身簡陋卻完全沒有放在心上。我能夠穿出場的最好服裝是一件花呢外套、灰色帆布褲，搭配上乾淨的襯衫和藍色領帶，看起來差不多見得了人；不過鞋子卻降低了我的品味，因為我一直都是穿運動鞋或網球鞋，以何者比較乾淨來決定。但真的沒關係。

在一輩子跟不上學校教育，成績單超爛之後，我的運氣似乎在一夕之間突然改變。打從在慕尼黑停留以來，來自我那位波羅的海—俄羅斯朋友善意的敦促信件[17]，隨著收到這些信函的朋友一路往東，而等我趕上來之後，他們便以滿懷的溫暖和無限的殷勤相待。我非常感謝這些貴人，也很愛他們，但我不認為我真正想過為什麼我會這麼幸運。一旦他們的朋友拜託他們幫忙，我想他們就無法袖手旁觀；但是，他們熱情好客的主要原因，是一種對年輕人和破產者的普遍感受。國籍碰巧也是個幫助，尤其是彼時：我認為匈牙利人對英國有一種絕對親切的看法。吸收和享受是迷人的，而我對生活的態度就類似海獅對投過來的鯡魚的感覺。他們對我旅途中的種種深感興趣：有人說但願他們也做過同樣的事情，並且對我只在天氣惡劣時才搭車這一點印象深刻。當時沒有人像我這樣旅行，所以這趟遠征有著稀罕的價值：幾乎超越了信仰。然而在我整趟旅程中，我只碰見過另一個以相同方式啟程的人。

幾個月前，在烏姆和奧格斯堡途中，我從暴風雪中脫身，走進一間偏僻的客棧，在那裡避難的唯一另一位客人，是一個年紀大約與我相當、長相奇怪的男孩，他穿著黑色燈芯絨外套和一件黃銅鈕扣鮮紅背心，正用前臂拍掉已經嚴重磨損的大禮帽上的雪，帽子往後歪斜的戴在他頭上，使他給人一種山姆．威勒[18]的感覺。在我們灌下杜松子酒[19]的同時，他告訴我，他穿的是漢堡掃煙囪工人的傳統制服，象徵遍及歐洲的祕密掃除工人團體，這身穿著可以確保各地同僚的歡迎。他將圓環形刷子和開槽的竹棒綁在背包底部，以防萬一。在解說他

16 英國律師作家安東尼．霍普於一八九四年出版的小說，故事敘述即將加冕的國王遭弟弟陷害，幸好有貌似他的主角瓜代入宮，化險為夷，間以國王未婚妻察覺有異，愛上瓜代者的浪漫情節。因內容豐富，曾多此改編為電影。

17 作者註：參見《時光的禮物》中文版，頁一四二。

18 Sam Weller，狄更斯第一部小說《匹克威克外傳》中的角色。

19 schnapps，這種酒的形式多變，包括蒸餾水果白蘭地、草藥利口酒等，經由添加水果、糖漿、香料或人工香料來中和穀物的酒味。

正南向前往因斯布魯克和布倫納隘口、進入義大利的同時，他在桌上打開他的地圖，手指沿著波札諾、特倫托、阿迪傑河、加爾達湖、維洛那、曼切華、摩德納、波隆那，以及通往佛羅倫斯的亞平寧山脈隘口而行。當他口中說出這些燦爛的名字，手跟著揮舞，彷彿義大利就環繞在我們周圍似的。「Kommst du nicht mit（你不跟我一起去嗎）？」

為什麼不？這很誘人，而且他是個有趣的傢伙。接著，我想到了我渴望的掛號信正在慕尼黑等著我，還有所有那些我可能會錯過的東歐奧祕。「Schade!」他說：真可惜！再喝一、兩口杜松子酒暖身之後，我們互相幫忙對方揹好行李，然後他出發前往提洛邦、羅馬，以及開著檸檬樹花的土地（Dahin〔到那裡去〕！）。揮舞著大禮帽的他，穿越落雪，身影變得越來越模糊。我倆頂著風聲，吶喊著一路順風的祝福。拖著腳步朝巴伐利亞和君士坦丁堡出發的我，睫毛上滿是雪花，心裡不斷轉著不曉得自己是否做了正確決定的念頭。

~

烏里街的房子裡有很多有用的書。最重要的是有《大英百科全書》（*Encyclopaedia Britannica*）和《邁耶百科詞典》（*Meyers Konversationslexikon*）[20]，兩部都是整趟旅程中堅實的備用品，而我找到了一個寬大的窗邊座位可以堆疊它們。還有一本匈牙利語學習書，我胡亂的摸索過，然而我的詞彙始終沒有超過一百字左右，而且大多數是名詞。

來自遠方且與被包括在內的條頓語、拉丁語和斯拉夫語言完全無關的匈牙利語，至今仍奇蹟般地維持其完整性。關於這個語言的一切都不同，不僅是單字本身，還有形成的方式、語法和文法，以及凌駕一切讓這語言存在的心態。我知道馬札爾語屬於烏戈爾—芬蘭[21]語系，是偉大的烏拉爾—阿爾泰[22]語系的一部分，「就是像，」一個新朋友告訴我：「英語屬於印歐語系一樣。」接下來，他說最接近匈牙利語的語言是芬蘭語。

「有多接近？」

「喔，非常接近！」

「就像義大利語和西班牙語嗎？」

「呃，不是，也沒有那麼接近……」

「那麼是多接近？」

經過一番深思熟慮的停頓後，他終於說：「大概就像英語和波斯語。」

20 德國學者、出版商約瑟夫 邁耶出版的一部百科全書，由他本人創立的萊比錫文獻學研究所出版。共收二十五萬個條目，並且首創在百科全書中編入地圖卷。

21 Ugro-Finnic，烏拉爾語系的一支，多數語言學家認為芬蘭語、匈牙利語和愛沙尼亞語都包含在此語族中。

22 Ural-Altaic，只是部分歷史語言學家提出的假說，尚未被普遍接受。該假說認為，現已被普遍接受的阿爾泰語系和烏拉爾語系之間有內在聯繫，應被歸入同一語系。

但是，漢特人[23]和曼西人[24]的語言似乎要更接近些。這些人數只有數千、穿著毛皮的善良族群，住在西伯利亞西部烏拉河上游和鄂畢河的沼澤和苔原之間。他們居住在半地下小屋和樺樹皮棚子裡，雪深及腰地在森林裡獵熊。熊既是他們的神祇，也是獵物，此外他們也會敬神。冰雪融化時，他們會捕魚、設陷阱，橫越苔原放牧麋鹿，用心地將牠們與遠房表親薩摩耶人[25]數目龐大的鄰近鹿群隔離開來。首先，我學到了學習馬札爾語沒有任何幫助的道理。馬札爾語的共鳴是快速、敏銳又清晰的，是一種黏結的語言，只會讓人感覺像是滿嘴太妃糖般的喃喃自語。這意味著此語言從來不像在歐洲那樣變化過，意義上的變化全靠黏在第一個詞尾上的連續音節來表達；所有的母音都模仿了它們的韻頭，而主音節上不變的強音則設定了一種「強弱弱」或「弱弱強」的緩慢速度，對聽不慣的人來說，這一點讓馬札爾語聽來既狂野又陌生。所以在舞會上，當我聆聽我那位單身、喜愛鸛的埃斯泰爾戈姆朋友，一邊把威士忌從雕花玻璃瓶中倒出來，一邊對著他漂亮的舞伴說本國語，而她正用一種老練的慵懶，從金色珠皮菸盒中抽出一根香菸，再啪地以一顆翡翠扣闔起，並透過菸霧回答他時，實在無法不去揣想在不可測的沼澤、沙漠和森林的風景間，當馬札爾語開始擺脫原始的烏拉爾語源時，這些可能是最先發出的聲音。

在印刷文字上，看來凶猛的句子並沒有對宗旨流露出任何暗示。那些S和Z的糾結啊！注視著一長串的分音符和所有搖擺的尖重音的波紋，全都像風吹過玉米般朝同一個方向搖擺歪斜，我還真想知道自己是否能勉強推敲出個意義來。

我第一個努力令人沮喪。距離聖三一廣場（我只能辨識出Szent Háromság Tér）步行不到一分鐘，有家舒適的「kávéház」（咖啡館）（要是所有的馬札爾語都像這麼簡單就好了！），在陣雨的天氣裡，我就以看書和寫字度過一整個上午。從咖啡館的窗戶看出去，可以俯瞰古老的宮殿和加冕教堂修復過的高大哥德式尖頂。而就在前頭，但見從鵝卵石中蹦出一個底座，其上高舉著名叫安德拉斯・哈迪克[26]的青銅騎士，沐浴在雨滴之中。他是「七年戰爭」[27]的指揮官，躲過腓特烈大帝[28]的軍隊，帶領一隊輕騎兵橫掃柏林，以閃電般的速度

---

23 Ostiak，俄羅斯的一個原住民族，主要居住在古稱「尤格拉」的漢特—曼西自治區。

24 Vogul，居住在西伯利亞西部鄂畢河流域的原住民族。

25 Samoyeds，指居住在西伯利亞、使用烏拉爾語系薩摩耶語族的一些民族的總稱，是以語言、而非民族或文化所作的分類。

26 Andreas Hadik（一七一〇～一七九〇年），霍布斯堡軍隊的匈牙利貴族和元帥，在七年戰爭期間以奪取普魯士首府柏林而聞名。

27 Seven Years War，發生在一七五四至一七六三年，而其主要衝突集中於一七五六至一七六三年，起因於歐洲列強之間的對抗，當時世界上的主要強國幾乎都參與了這場戰爭，其影響遍及歐洲、北美、中美洲、西非海岸、印度和菲律賓。在有些國家的歷史中，一七六三年法國、西班牙與英國簽訂的《巴黎和約》，以及薩克森、奧地利與普魯士簽訂的《胡貝圖斯堡條約》，共同標誌著七年戰爭的結束。

28 Frederick the Great，全稱謂為Friedrich II von Preußen, der Große（一七一二～一七八六年），即普魯士國王腓特烈二世（一七四〇～八六年在位）。腓特烈二世是歐洲歷史上最偉大的名將之一，也是歐洲「開明專制」君主的代

奪下這座城市，再度馳騁而去。隔桌坐著咖啡館裡除了我之外的唯一客人，身材矮小、滿頭白髮的他正在看《除害新聞報》（*Pesti Hírlap*）。我無法將自己的目光從頭條上挪開，上面寫著：「O boldog Angolország!」我知道最後一個字意味著英格蘭，其餘的字顯而易見，意思就是：「喔，牛頭犬英格蘭！」、「喔，英國鬥牛犬！」，或類似的文字。下面的照片是威爾斯親王[29]，身穿鮮明菱形圖案的高爾夫球套頭衫，頭戴花呢帽；但是令人困惑、同時也搶盡照片風頭的是他手臂下那隻成了一個謎的狗，因為那是一隻獵狐㹴；他們一定是搞錯品種了。我實在忍不住，便用德語請教那個讀報人，不曉得自己有沒有正確弄懂那些字。他笑了起來，用英語回答。不，跟狗無關，「boldog」的意思是「快樂的」，這標題的意思是「喔，幸運的英國！」，而這篇文章的要點是英格蘭運氣真好，確定有個王儲；我鄰座的朋友懊惱地補充說，匈牙利也是一個王國，但他們只有一位攝政王，羅馬教皇的冠冕徒然空置。

羅馬教皇的冠冕……我已經聽了很多關於它的事。它反覆複製在建築物、硬幣、旗幟、帽子的徽章和鈕扣上，以及所有公共告示上面，幾乎是到處可見。直到未來某場加冕時，應該有需要它，但是是誰？又是何時呢？皇冠在皇宮裡被堅守著。幾個世紀以來，霍布斯堡王朝[30]精明的婚姻政策吸收了大部分的鄰國，直抵匈牙利為止；最後的君主是卡爾國王[31]和齊塔王后，當然，他們也是末代的奧地利皇帝和皇后。第一次世界大戰結束，他們失去這兩國的王位，短暫和非法返回匈牙利又告失敗之後，對王朝的眷念已經斷念；而今，流亡的國王已經過世。在許多照片中，他的兒子奧圖大公[32]，即現在主張自己為王的人，通常穿得像匈牙利權貴；但這些照片在他的故國奧地利，比在這裡更常見。然而，在霍爾蒂將軍[33]攝政下，這個國家在憲法上仍然是一個王國。美麗的伊麗莎白皇后[34]，即倒數第二位皇后，於一八九八年在瑞士遭無政府主義者暗殺之後，至今仍然是他們的最愛。在書桌和大鋼琴上，都

表人物，並且為啟蒙運動時期的文化名人，在政治、經濟、哲學、法律和音樂等方面都頗有建樹，為啟蒙運動的重要人物。

29 Prince of Wales，為一個稱號，是威爾斯公國的元首，自一三〇一年英格蘭吞併威爾斯起，英王便將這個頭銜賜與王儲。根據本書記錄的年代來算，這裡提到的威爾斯親王應該是之後以「不愛江山愛美人」聞名，為娶辛普森夫人而退位的愛德華八世。

30 Habsburg，歐洲歷史上最為顯赫、統治地域最廣的王室之一，藉著聯姻在全歐開枝散葉。後來分為奧地利和西班牙兩個分支，並在十八世紀初及中期分告絕嗣，後裔分別定居於奧地利、列支敦斯登和德國，現時族長是卡爾·馮·霍布斯堡。

31 全稱謂為Karl I（一八八七～一九二二年），霍布斯堡王朝與奧匈帝國的末代皇帝。作為奧地利皇帝稱卡爾一世，作為匈牙利國王稱卡洛伊四世，作為波希米亞國王則稱卡萊爾五世。

32 Archduke Otto，即奧圖·馮·霍布斯堡（一九一二～二〇一一年），在世時是霍布斯堡家族族長，奧匈帝國的末代皇儲。

33 全稱謂為Admiral Horthy Miklós（一八六八～一九五七年），匈牙利軍人與政治人物。一九二〇至一九四四年為攝政，掌握軍政實權。

34 全稱謂為Empress Elizabeth Amalie Eugenie（一八三七～一八九八年），德語稱之為「奧匈帝國的伊麗莎白」或俗稱「奧地利的伊莉莎白」，以美貌和魅力征服了整個歐洲，被世人稱為「世界上最美麗的皇后」。

可見相框裡的她穿著十九世紀的加冕袍，在樹下讀書，清除了北安普敦郡或米斯郡的可怕柵欄，或者沉思地凝視並撫摸她的巨型狼犬「影子」。她一直熱愛匈牙利和匈牙利人，不但學習馬札爾語，對於任何有關匈牙利防衛的討論亦熱衷趕赴；最重要的是，她勇敢無畏、技巧高超地投入他們對馬術的追求。她的愛受到關注的回應，並且在她被暗殺三十六年之後，仍然受到如柏克[35]對瑪麗・安東妮[36]那種全然的鍾愛。

現在只剩下了皇冠，那是匈牙利最神聖的物件。苦惱滄桑變幻莫測，崎嶇前行無路可逃。以鍛造的黃金精製、十字架斜置於冠頂的這頂皇冠，正是教宗思維二世[37]送給聖史蒂芬[38]，並且在西元一千年讓他加冕為匈牙利第一位國王。但是隨後添加的琺瑯牌、金鍊和吊墜寶石，無疑帶給皇冠一種拜占庭風的外觀，人們會認為這頂皇冠適合博斯普魯斯海峽或義大利拉溫納的馬賽克[39]元首，而不是戴在西方的君主頭上。這也難怪：黃金琺瑯圈圈是拜占庭皇帝送給後來君主的禮物，他們則迅速地把它環繞於教宗送給他們祖先的原始禮物上，閃閃發亮的混合物是匈牙利王國早期一種恰如其分的象徵，因為來自東方及西方的甜言蜜語，帶著一種海市蜃樓的矛盾，在匈牙利大平原上忽隱忽現。

~

除了城堡裡的那些陰濕地窖，徘徊在陡峭和令人振奮的城市，讓我發掘了土耳其人長期逗留的稀少痕跡：一些鄂圖曼片斷、玫瑰丘上一座伊斯蘭苦行僧的墳墓、散布四處的澡堂圓頂，其後是到處出現在這省分的清真寺。這個城鎮已經收復回來兩個半世紀了；或許，已經久到足以用浪漫環繞那段土耳其插曲，並且提醒馬札爾人，從族譜的角度來說，如果回溯得夠遠直到史前亞洲史，那麼這些種族都算是遠親。但在探索的過程中，委實難以想像眼前這有著密集圓頂、清真寺尖塔和飄揚著新月旗的天際線，會是洛林的查理[40]和他的夥伴們，於一六八六年再度征服戰勝並包圍布達時所凝視的。

外國軍隊湧向了匈牙利戰爭，其中不只一位斯圖亞特王朝的人站錯了邊，從十六歲的貝

35 全名Edmund Burke（一七二九～一七九七年），愛爾蘭政治家、作家、演說家、政治理論家和哲學家，曾任英國下議院議員。最為後人所知的事蹟包括了反對英王喬治三世和英國政府、支持美國殖民地以及後來的美國革命，以及他後來對於法國大革命的批判。這裡說的就是他在一七九〇年發表的《對法國大革命的反思》中，對皇后的死亡和一個時代逝去的哀悼。

36 Marie Antoinette（一七五五～一七九三年），先為奧地利女大公，後為法國皇后。法國大革命爆發後，路易十六被廢，法國宣布廢除君主制，王室先是遭拘於聖殿塔內，後在夫婿路易十六遭處決九個月後，魂斷斷頭台。

37 Pope Sylvester II（約九五〇～一〇〇三年），因提倡學術而知名。

38 St Stephen（約九七〇至九七五～一〇三八年），匈牙利阿爾帕德王朝大公和第一位國王。

39 因為拜占庭國家擅長且習慣用馬賽克磁磚來裝飾建築物，所以以此代稱拜占庭國家。

40 Charles of Lorraine，指洛林公爵查理五世（一六四三～一六九〇年），生於維也納的他一直是霍布斯堡王朝軍人，戰功彪炳。

里克公爵[41]開始，他是詹姆斯二世[42]和馬爾博羅公爵[43]姊姊阿拉貝拉[44]的兒子。在襲擊布達時，他狂野的勇猛，震驚了受困的軍隊；兩年後，他的堂兄聖奧爾本斯[45]，也就是查理二世[46]和妮爾・瑰恩[47]的十八歲長子，也在貝爾格勒突襲戰中英勇奮戰。他們在英格蘭幾乎不為人知，但這些遙遠的戰役總是匯集了來自不列顛群島的活躍及古怪份子：各種冒險家、像電影《野天鵝追殺令》中的傭兵、氏族首領、拒絕服從國教的天主教徒、詹姆斯黨[48]流亡者，以及拖著強大長矛的傭兵，全都趕到雙鷹旗幟下，因為這些戰爭有著所有十字軍東征的魅力。菲利普・西德尼爵士[49]是不同的類型，那時他正在大使休假期間，去匈牙利四處旅行；但除此之外，我能找到最早來到的英國人就是理查德・格倫維爾爵士[50]，他在「復仇號」海戰前二十五年便與蘇里曼一世[51]展開陸戰。下一位是湯瑪斯・亞倫德爾[52]，儘管宗教信仰不同，仍為伊麗莎白女王[53]所喜愛。他在為帝國服務時，贏得了偉大的榮耀，並在一五九五年的埃斯泰爾戈姆突襲中強行攻下水塔，親手奪得敵人的旗幟：這項戰功，讓魯道夫二世[54]立即封

41 Duke of Berwick，全名James Fitz-James（一六七〇～一七三四年），為詹姆斯二世婚前的私生子。一六八七年由詹姆斯二世封為「特威德河畔的貝里克公爵」，次年任樸資茅斯總督。父親被罷黜後，他遠走法國，成為路易十四最偉大的將領之一，指揮法軍在一七三四年波蘭王位繼承戰爭中贏得勝利，自己卻戰死沙場。

42 James II and VII（一六三三～一七〇一年），蘇格蘭稱為詹姆斯七世。一六八五至一六八八年間是英格蘭、蘇格蘭和愛爾蘭國王，為最後一位信奉天主教的英國國王。其臣民不信任其宗教政策，反對他的專權，使他在光榮革命中被剝奪王位。

43 全稱謂為John Churchill，1st Duke of Marlborough（一六五〇～一七二二年），英國軍事家、政治家。靠著妻子薩拉．詹寧斯與安妮女王的私密友誼，以及他個人卓越的軍事和外交才能，讓他在一七〇二年成為英國最有權力的男人。在英國軍事史上，與納爾遜及威靈頓鼎足齊名，三人被視為偉大的民族英雄。

44 全名Arabell Churchill，詹姆斯二世的情婦。

45 全稱謂為Charles Beauclerk，1st Duke of St Albans（一六七〇～一七二六年），為查理二世和妮爾．瑰恩的私生子。

46 Charles II（一六三〇～一六八五年），蘇格蘭、英格蘭和愛爾蘭國王，屬於斯圖亞特家族，生前獲得多數英國人的喜愛，有「歡樂王」和「快活王」之稱。

47 Nell Gwyn（一六五〇～一六八七年），查理二世的情婦。

48 Jacobite，支持斯圖亞特王朝君主詹姆斯二世及其後代奪回英國王位的一個政治、軍事團體，多為天主教教徒所組成。

49 Sir Philip Sidney（一五五四～一五八六年），英國詩人、學者和士兵，是伊麗莎白時代最著名的人物之一。

50 Sir Richard Grenville（一五四二～一五九一年），英國水手和軍人、殖民者、探險家，擔任皇家海軍第一艘戰艦「復仇號」艦長，於一五九一年與西班牙艦隊的海戰中殉國。

51 Suleiman the Magnificent（一四九四～一五六六年），鄂圖曼帝國第十位、也是在位時間最長的蘇丹，兼任伊斯蘭教最高精神領袖哈里發。由於蘇里曼一世強大的文治武功，在西方普遍被譽為「蘇里曼大帝」。

52 Thomas Arundell（約一五六〇～一六三九年），在與土耳其人的戰役中戰功彪炳，結果卻是禍福相倚。

53 全稱謂為Queen Elizabeth I（一五三三～一六〇三年），英格蘭和愛爾蘭女王，是都鐸王朝的第五位、也是最後一位君主。她一生未婚，因此有「童貞女王」之稱，亦稱「榮光女王」或「賢明女王」。

54 Rudolf II（一五五二～一六一二年），霍布斯堡王朝的神聖羅馬帝國皇帝，也是匈牙利國王、波希米亞國王和奧地利大公。他雖被認為是一個碌碌無為的統治者，政治失誤還直接導致了三十年戰爭的爆發；但同時也是文藝復興藝術的忠實愛好者，還熱衷神祕藝術和知識，促進了科學革命的發展。

他為神聖羅馬帝國的伯爵。回到家鄉後，他快樂的炫耀此頭銜，刺激了英國貴族，此舉導致位階只是騎士的父親馬修爵士精神失常，還激怒了女王（「……除了我自己的項圈外，我的狗不能戴別人的……」），她把他送到艦隊監獄去軟禁了一段時間。也許是為了停止所有外界的胡說和傳言，詹姆斯一世[55]後來封他為「沃爾夫的亞倫德爾爵士」[56]。

後來在里爾克[57]的《騎兵旗手克里斯多福・里爾克的愛情與死亡之歌》（*Weise von Liebe und Tod des Cornets Christoph Rilke*）中，我喚回了記憶裡這些古老的土耳其戰役，突然間讓所有的編年史都活靈活現了起來。這首詩是在紀念一個晦暗不明、也許是詩人虛構的男家屬，是一六六三年騎兵隊裡一名年輕的旗手兼號手。有個晚上，投宿在拉布外一個匈牙利邊境城堡裡的他，被瘋狂的馬嘶和號令騎兵上馬的小號聲吵醒，還聽見了隆隆的燃燒聲。敵人已經包圍了城堡，並且放火。他把自己抽離年輕堡主夫人的懷抱後，只來得及抓住悶燒的旗幟，衝下石階；等他衝入那些包著頭巾的軍隊中時，旗幟已經變成了一片火海，最後他在十六道的彎刀閃光下，迷失了視線。

~

我和米奇與高大的黑膚色阿爾薩斯人提姆一起探索了城堡，也就是布達的堡壘，開始熟悉這高聳的區域，以及那裡的老房子、車道、教堂和陡峭的街道；它們往下降，就像沉默牆壁間的溝渠，枝椏和藤蔓在那牆頂四處蔓延。在一趟搭巴士前往北方兩、三公里的羅馬古城阿奎因庫姆的旅途中，加入一個十四歲的美麗女孩哈麗，她有部分克羅埃西亞人血統，部分波蘭人及匈牙利人血統。提姆在石棺、破碎的牆壁和毀壞的露天劇場裡跑跑跳跳，並在太陽神神殿[58]中挖掘找骨頭；在博物館裡，我們注視著其中一個讓人不安的淺浮雕：戴著佛里幾亞帽[59]的密特拉[60]，正往公牛的喉嚨插入匕首。（這個神祇總是露出一臉難以忍受的痛苦，彷

55 全稱謂為James I and James VI（一五六六～一六二五年），英格蘭和愛爾蘭國王，稱詹姆士一世；同時也是蘇格蘭國王，稱詹姆士六世。

56 作者註：這個神聖羅馬帝國榮譽在幾代之後又再次出現，那是他傑出且同樣勇敢的後代，即探險家理查·伯頓爵士的妻子伊莎貝爾·亞倫德爾。她在伯頓於第里雅斯特擔任領事期間，符合奧地利習慣地利用其伯爵夫人身分，神氣活現地營運當地的英國皇家防止虐待動物協會（RSPCA）。由於這座城市仍屬於奧地利，這可能是個精明的舉動。她的其他消遣是跟丈夫一起游泳、騎馬和擊劍，不過後來她燒掉了他的遺稿，實在可惜。

57 全名Rainer Maria Rilke（一八七五～一九二六年），以德語創作的詩人，也撰寫小說、劇本，以及一些雜文和法語詩歌，書信集亦是他文學作品中的重要組成部分。里爾克對十九世紀末的詩歌裁體和風格，以及歐洲頹廢派文學都有深厚的影響。

58 Unconquered Sun，即Sol Invictus，音譯為大家所熟悉的太陽神索爾，古羅馬神話中職司太陽的神祇之一，長期在古羅馬高層得到崇拜並進行供奉，其事蹟與藝術形象反映於相關銘文和硬幣等文物中，受到學界的關注與矚目。

59 Phrygian cap，與頭部緊密貼合的軟帽，帽尖前彎，通常為紅色。

60 Mithras，羅馬神祇，相傳是從岩石中出生，曾在神殿中殺了一頭公牛。此神後來發展為獨立教派，在羅馬軍隊中很受歡迎，常與太陽神索爾一起共享宴會。

彿插的是自己的喉嚨；一隻獵犬跳下來喝血，然後下面是隻凶猛的蠍子正在對陰囊開戰。）這是軍團的最愛，他一直受到邊界的崇拜，在英國卡萊爾到黑海之間，幾乎沒有一座軍營沒有他的神殿。

這裡是阿爾卑斯山脈的最後一口氣，也是羅馬潘諾尼亞行省[61]的最後一座堡壘，帝國在此河岸邊止步。駐紮在這裡的伊比利亞[62]騎兵，疑惑不安的對峙著：在賽爾特人[63]、夸迪人[64]或薩爾馬提亞人[65]模糊的定居點外，嚴酷的平原無邊無際地延伸出去。格皮德人[66]、汪達爾人[67]，以及最後取而代之的匈人，輪番上陣，直到羅馬帝國崩潰，黑暗時代[68]進駐為止。接下來出現的是阿瓦爾人[69]。*Deserta Avororum!*（沙漠先祖！）他們的名字蒼涼地懸於荒野之上，度過了好幾世紀的隱晦不明，直到被查理曼大帝[70]驅逐，並且在不了解的情況下，清出了一處空間，提供了保加爾人[71]最西端的定居點。新國家在真空中短暫出現，直到——終於！——馬札爾人出擊的時刻到來。經過數百年在亞洲如幽靈般的漫遊，他們傾巢而出，並且永遠定居在中央舞台上。

除了沿著對岸的舊城區外，現代的佩斯直到上個世紀才真正存在。它貪得無厭地橫越平原，我幾乎像是看到倫敦偉大的牛津街區，如安德拉什大街和拉寇茲大街，切割街道以穿過繁榮的城市；跟我同側這邊的寧靜要塞，老早以前就已經被超越了。布達和佩斯如同名字一般地分為兩地，不穩定的以船隻或每年短暫的結冰相連結，直到一八四〇年代才彼此相連。人們經常被告知的是，巨大又壯觀的塞切尼鏈橋是由克拉克兄弟這兩個蘇格蘭人建造的。

61 Pannonia，中歐歷史地名，大致相當於今日匈牙利西部、奧地利東部、斯洛維尼亞、克羅埃西亞、波赫和塞爾維亞北部。

62 Iberian，伊比利亞有分語言和地理上的兩種意義，這裡應該是地理上的，泛指生活在當今伊比利亞半島上的所有常住民族，特別是其中的兩大主體民族：今之西班牙人和葡萄牙人。這兩個民族的語言都屬於印歐語系義大利語族，可被看作是以古凱爾特人和早期伊比利亞原住民的後裔為主體，結合了大量羅馬人和少量日耳曼人成分而形成的民族。

63 Celt，也常譯為凱爾特人或居爾特人等，是西元前兩千年活動於西歐的一些有著共同文化和拉丁語特質的民族統稱。

64 Quadi，羅馬帝國時期生活在今摩拉維亞地區的蘇伊士日耳曼部落。

65 Sarmatian，上古時期位於斯基泰人西部的一個游牧部落聯盟。在薩爾馬提亞人鼎盛時期，幅員廣大，是欽察人的族源之一。

66 Gepid，東日耳曼哥特族部落。

67 Vandals，古代一個東日耳曼部族，在民族大遷徙中，於西元四二九年占領今北非突尼西亞一帶，建立了汪達爾王國，後來為東羅馬帝國所滅。

68 Dark Ages，編史工作上是指在西歐歷史上，從羅馬帝國的滅亡到文藝復興開始，一段文化層次下降或者社會崩潰的時期。

69 Avar，居住在中東歐的部落，有可能是中國柔然人的後裔。

70 Charlemagne（七四二～八一四年），歐洲中世紀早期法蘭克王國的國王。自羅馬帝國以來，查理曼首度統一了西歐大部分地區，為後世的法國、德國以及低地諸國成為一個政治實體奠下了基石。

71 Bulgar，從西元二世紀起，在歐洲不同地區定居的游牧民族，分散生活在歐洲東部和東南部地區，為巴爾卡爾人與保加利亞人、楚瓦什人、塔塔族的先祖，亦是突厥人的一支。

除了幾條老街和廣場、漂亮的多瑙河宮飯店、快樂愉悅的海濱——特別是位於詩人弗洛斯馬提[72]雕像旁那家有如倫敦岡特茶館般華麗的聚會地點：葛寶糕餅店——外，我對於佩斯的喜愛遠遠不及我所待的城鎮那一區，但我從來不厭倦從漁人堡上俯瞰它。位於加冕教堂旁的這個制高點，可一路俯瞰層層疊疊、鬱鬱蓊蓊的樹木街道陡降，然後橫過六座橋，掃過多瑙河。聖瑪格麗特島往上游擴大，國會大廈隱約出現在對岸。建於世紀之交、雕像群集的這棟瘋狂奇妙的高大建築物，是一座有著高大陡峭屋頂的哥德式中殿，環繞已久的是以中世紀的鍍金和蔓草花紋雕飾裝飾的尖塔群；在袖廊相交的頂點，則是蓋上肋樑和蛋形圓頂，果不出所料的是這種穹頂主導了托斯卡尼文藝復興時期城鎮的屋頂風貌——除非圓頂頂端就是鋒利地豎立的哥德式尖頂。建築的銳氣幾乎已經無法再更上層樓了。

經過一段段階梯和有著拱形屋頂的斜迴廊，從這個城堡迂迴下坡，我似乎總是氣喘吁吁艱苦的往上爬，或是整個人傾斜的往下衝，衝過塞切尼鏈橋，遲了佩斯的某個約會；那是某個特殊場合，約在另一邊的約茲夫廣場七號吃午餐。

接待我的女主人系出有希臘血統的第里雅斯特家族，她住在下奧地利邦的法式城堡[73]中。十九歲生日那天，我就在這個城堡裡讓自己出了糗。她已經給布達佩斯的朋友和認識的人寫了信，其中一位是前總理保羅・泰勒基伯爵[74]，他出身自外西凡尼亞一個知名且浪漫的家族。一名新近加入但血統相當遙遠的家族成員去衣索比亞探險，發現了魯道夫湖，並用命運多舛的大公名字命名；而其南端的火山則被稱為泰勒基山（但可能已不再這樣稱呼了）。

喔，保羅伯爵也是一位著名的地理學家，曾將日本列島繪製成地圖。他隔著桌子告訴我們在協助畫美索不達米亞邊界時，在土耳其人和阿拉伯人之間旅行的故事。之後旋即驟然改口，轉而生動地描述阿卜杜勒．哈米德[75]和斯拉汀帕夏[76]。斯拉汀帕夏是個奇怪的盎格魯—奧地利人，曾被囚禁多年，擔任那個部落馬赫迪[77]的隨車馬夫。保羅伯爵的角質框眼鏡後面，有著五官明顯的機敏臉龐，因為機靈、聰慧和熱忱的態度而閃閃發亮，有著一種近乎中國人的模樣。很難想像有任何人會比他親切。作為匈牙利的首席斥候，他把我的旅行計畫放在心上，攤開地圖，指出通道和路線，順著河流，提議替代方案，並在這過程中添加他所經歷過的軼事和旁白，說得栩栩如生。他曾任外交部長，後來成為首相，時間相隔不到一年；後來

---

72 全名Mihály Vörösmarty（一八〇〇～一八五五年），匈牙利詩人，詩歌風格結合愛國主義與古典主義手法。

73 作者註：波藤布倫，在聖波爾坦附近。參見《時光的禮物》中文版，頁二四一。

74 Count Paul Teleki（一八七九～一九四一年），曾任匈牙利首相，也是著名的地理學家、大學教授、匈牙利科學院院士。在匈牙利歷史上是位具爭議性的人物。

75 全稱謂為Abdul Hamid II（一八四二～一九一八年），鄂圖曼帝國的蘇丹和哈里發。即位後，在宰相米德哈特帕夏主持下，頒布帝國第一部憲法，又稱《米德哈特憲法》。惜晚年恢復專制制度，建立恐怖統治，推行泛伊斯蘭主義，迫害少數民族。

76 Slatin Pasha，全名Rudolf Anton Carl Freiherrvon Slatin（一八五七～一九三二年），是英—奧軍人和蘇丹統治者，一生歷練傳奇。帕夏是昔日對鄂圖曼帝國文武百官或土耳其高級官員的尊稱。

77 Mahdi，部落首領稱謂，意思是救世主。

他在霍爾蒂將軍派兵去阻止卡爾國王返國時，辭職回家去從事自己的地理工作。他邀請我回去過好幾次，他所有的家人也都以各種方式親切款待我；待我要離開時，他還跟外西凡尼亞認識的人推薦我，甚至寫了封信，讓我帶給一位住在博斯普魯斯海峽亞洲這邊海岸的土耳其老帕夏，此事驟然讓我的旅程終點似乎不再只是個抽象地名[78]。

由於我在舞會上認識的那個漂亮女性朋友安娜瑪莉亞學的是藝術史，熟知每一家畫廊和博物館；拜她所賜，我才得以常去那些地方。指出庫爾貝[79]一幅出色但非典型的摔跤比賽畫作給我看的人，一定是她（但是在哪裡呢？）；而且在前往一個有長長房間的私人住所時，她也扮演了「芝麻開門」的角色——裡頭空無一人，只有半打巨幅的葛雷柯[80]畫作。我遇到了很多人，生活節奏加快。某次試探性的暫訪上流社會生活，引領我進入一位前統治階級美女的客廳，她的外表和其高貴的階級同樣聞名。後來貝爾塔問及我的想法，我說她是長得很美，但她算不算是個刻意隱藏自己的寶藏呢？貝爾塔大笑起來：「戰爭時，我們當護士的時候，」她說：「艾拉堅持只在盲人病房工作，她說：『一定得這樣，你曉得吧！換作在其他病房，他們都會愛上我，而我絕對不要再增加這些可憐男孩的痛苦了。』」

蒂博爾習慣每天開車到佩斯外的軍隊馬廄去鍛鍊一匹自己最喜歡的戰馬。有天早上他問我是否想要一起去：他已經拿到了另一匹馬。於是我們便快步和慢步的繞著圓形軌道跑馬，還做了幾個簡單的跳躍；然後前往圍場，我在那裡看著他在全神貫注的靜默中，以一種最神祕難解的步伐，外加幾近維也納西班牙騎術學校的專家那麼完美的技巧策馬。我認為出遊是對我的一種溫和測試，而我肯定通過了，因為在回程中他說他們或許能夠幫我找匹座騎，讓我往東騎一段旅程，那段路程會經過某位朋友的地，而他有很多馬，也許可以借我一匹騎兩、三天。「這是遊覽草原的正確方法。」我對前景是那樣的興奮，以至於幾乎不敢口出一語。

～

平凡的小事總是亮在記憶中。多瑙河碼頭上有個賣花女，每當我經過她身旁時，她總是叫著：「Virágot! Szép v rágot!」——「花，可愛的花朵！」（virágot是virág〔花〕的複數）。兩年後，我第一次閱讀《尤利西斯》時，看到了「Nagyságos uram Lipóti Virág」，這是馬札爾語，差不多是「利奧波德・布盧姆・艾克斯」（Leopold Bloom Esq.）的意思。在書中，主

---

78 作者註：戰爭逼近時，泰勒基伯爵再次成為總理，希望從匈牙利可怕的緊縮艱難困境中救出一些東西。他內心深深的親英，但迫於情勢，不得不採取他最不願意的選擇後，於一九四一年春天自殺；而不是容忍德國在匈牙利跟南斯拉夫人簽署一項友好協議後，假匈牙利領土橫越去攻擊南斯拉夫。

79 全名Gustave Courbet（一八一九～一八七七年），法國著名畫家，現實主義畫派的創始人，主張藝術應以現實為依據，反對粉飾生活。

80 全名El Greco（一五四一～一六一四年），西班牙文藝復興時期畫家、雕塑家與建築家，公認是表現主義及立體主義先驅。畫作以彎曲瘦長的身形為特色，用色怪誕而變幻無常，融合了拜占庭傳統與西方繪畫風格。

角布盧姆是來自匈牙利的猶太移民；「Virág」是「Blum」的典型馬札爾語化；當作者把自己的主角重新設定在都柏林時，拼寫必須變為「Bloom」。我覺得喬伊斯[81]學語言就像伯羅[82]那麼快。他在貝立茲學校教書時，一定學會了一些匈牙利語。戰前的第里雅斯特仍是奧匈帝國的城市，有很多匈牙利人可以指導他。（當中還有一些人至今依舊住在那裡。）有時有人認為——當然也可能是錯誤的——他教過霍爾蒂將軍英語，彼時這位未來的統治者是最後一任駐普拉的皇家海軍指揮官。與此同時，我剛剛才發現，他在希臘日常用語[83]上也有相當大的進步。這個我直到三年前才第一次造訪的迷人港口，不斷出現在他的書頁間。文學幽靈比比皆是：不僅有詹姆斯．喬伊斯和伯頓父子[84]，還有伊圖洛．斯韋沃[85]。也許鄧南遮[86]的幻影雙翼飛機在前往阜姆的路上於上空無聲地漸漸縮小遠去，里爾克的蔭影則沿著亞德里亞海岸滑向杜伊諾，在那裡，他們看了瓦林最後一眼。

很難相信我在布達佩斯只待了十天。在參加完最後一場宴會的午夜過後良久，我與安娜瑪莉亞爬上了布達的階梯，坐在一道牆上，俯瞰著如閃亮項鍊般環形跨越多瑙河的橋樑。我再度拜託她重吟自舞會後始終縈繞在我心頭的一首歌。對不熟悉的人來說，有些匈牙利音樂就像語言一樣地與眾不同，也幾乎同樣困難。我發現要記住那首歌很難。歌曲傾訴著一隻燕子低飛過熟成的小麥田。她開始唱：

Érik a, érik a búza kalász[87]

直到結束。但毫無益處。曲調再次散逸，依然難以觸及。

---

81 全名James Augustine Aloysius Joyce（一八八二～一九四一年），愛爾蘭作家和詩人，二十世紀最重要的作家之一．代表作包括短篇小說集《都柏林人》和最負盛名的《尤利西斯》等。

82 全名George Henry Borrow（一八〇三～一八八一年），英國小說家和旅行文學作家。

83 作者註：參見他的筆記，發表在曼托．阿拉萬蒂諾（Manto Aravantinou）的《希臘風味的詹姆斯．喬伊斯》（*Ta Ellinika tou James Joyce*）。雅典：艾米斯出版社（Hermes Press），一九七七年。

84 the Burtons，指詹姆斯．伯頓（一七六一～一八三七年）和達休姆斯．伯頓（一八〇〇～一八八一年）父子。

85 Italo Svevo（一八六一～一九二八年），埃托雷．施米茨的筆名，義大利猶太商人兼小說家。大器晚成，六十歲後才寫出成名之作《季諾的意識》，被譽為二十世紀最出色的小說家之一。

86 全名Gabriele d'Annunzio（一八六三～一九三八年），義大利詩人、記者、小說家、戲劇家和冒險家，常被視為墨索里尼的先驅，在政治上頗受爭議。主要作品有《玫瑰三部曲》。

87 匈牙利歌曲名《麥穗成熟，彎下了腰》，第一段歌詞大致為：「麥穗成熟，彎下了腰；你再也找不到一個比我更真誠的情人；飛來這裡，飛去那裡，燕子啊，請問問我的甜心，為何善變？」

第三章

匈牙利大平原

馬列克是匹有著飄逸鬃毛和尾巴的漂亮栗色馬，一隻腳彷彿套著白色短襪，臉上有道白斑，眉宇間透露出阿拉伯種名駒的氣質；此刻，牠正守候在采格萊德路邊一叢金合歡樹旁。騎牠前來的男孩跟貝爾塔說，馬列克最近剛裝釘馬蹄鐵，駕馭牠基本上沒有問題，只是靠近牠的馬廄時要留意一下。我們把我的東西裝進馬鞍袋，捲起大衣橫綑在馬鞍頭上。貝爾塔帶著米奇和提姆一起駕車把男孩送回家，我則騎馬沿著同一條路輕馳，不到半小時，他們便已折返。我們在一棵橡樹下野餐，然後分道揚鑣，他們前往佩斯，我則前往君士坦丁堡。我們回首揮手致意，直到看不到彼此為止。

這天是四月十三日。晴朗開闊的天空中，幾朵浮雲幾乎動也不動，宛如被其投射的陰影錨定。馬札爾語為「Alföld」的匈牙利大平原乃歐洲最西邊的大草原，亦即黑海和裏海荒原的最後一處前哨站。由於我先前見過往東一百六十公里外較為狂野粗獷的霍爾托巴吉地區的照片，因此第一眼瞥見周遭耕地和綠意盎然的田野時，還頗感失望。田間種植著稚嫩的小麥以及一些較高、有著淺綠色尖形葉片的作物，後來我才得知那是印地安玉米；此外還有成排菸草，以及有著樹木環繞的果園和農場，農田與農田間的平原上點綴著畜群。不遠處就放牧有綿羊、豬和牛群，每隔幾公里便坐落著一處村莊。先前有人警告過我要留意阿爾伯蒂—伊爾撒區[1]，因為這段路比較難走。突然間，馬列克試圖轉向一條通往一座大門、附屬建築物和穀倉的小徑，再過去還有一座半隱匿在樹林間的城堡，牠的馬廄就在那裡召喚牠。在我堅持往前走的同時，牠拚命不滿地往後瞄；我知道還有其他馬匹在草坪上，不過牠熱情的嘶鳴並未獲得同伴的回應——也許馬夫已經把其他馬帶到聽不見的距離之外了——而在經過短暫意志力的拉扯後，我們繼續前進，腳步一如先前般輕快。

路上由馬和牛拖行的車輛遠多於汽車。遷移中的吉普賽人駕馭著顛簸的長型篷車，整輛車嘎吱作響。道路左側分叉而出，我沿著人煙較少的小徑前行，不久後，散置在鄉野間的農莊和村舍便逐漸稀疏。有少數房舍的屋頂披覆著蘆葦和玉米枝葉，圍籬是枝條編織而成，外表凌亂不堪；但大部分房舍是整潔的，牆壁厚實，或許是拜復活節所賜，剛剛粉刷一新，環繞下方的護牆版則漆成彩色。一棵巧妙栽植的樹木有如原始碗櫃，修剪過的樹枝上懸掛著大小鍋具；另一棵樹上則棲息著一群白色母雞和一隻蘆花公雞。此地住家都搭建在比平原稍高的平台上，婦女們就坐在那裡一邊忙於家務、一邊閒聊。有名婦女身上堆放著一條布匹，呈現出紅白兩色突然一分為二的圖案，布匹一端撐放在一座長形織布機上，另有一位包著頭巾的乾癟老嫗正操縱織梭，在緊繃的經紗間來回編織；只見她啪的一踩踏板，織梭便從經線間穿梭一次，接著敲擊狀似髮梳的梳理架，將編好的緯紗理平。聽到我的致意聲後，她停下工作，抬眼回答了一句：「Isten áldjs.」（上帝保佑你。）明白我是外國人後又問：「Német?」

1 作者註：我在現代地圖中只找得到伊爾撒（Irsa）一地，但地名有時會改變，而我的舊地圖因為經常折疊開合的關係，那塊地方正好已經磨損撕裂。不過在我簡略的日記中記載有「阿爾伯蒂—伊爾撒」（Alberti-Irsa），所以我寧願冒風險堅持使用這個名稱。

（德國人？）當我回答「Angol（英國人）」，她露出有禮貌卻茫然的表情：英國對她而言沒有什麼意義，就像達特穆爾[2]對馬札爾人沒有多大意義一般。由於房子另一邊的牛群十分嘈雜，她透過窗戶大吼一聲，不久後，一個孫女模樣的女孩送來了一杯泛著泡沫的鮮奶：她們倆看著我開始飲用後，都露出了笑容。我慢慢啜飲著，心想：我竟是在匈牙利大平原一匹栗色馬的馬背上，喝著這一杯牛奶。

接近傍晚時分，首都和西部山丘的所有蹤跡都已消失無蹤。我們正處在一個漫無邊境的空間，其中散布著森林，不時可見一座孤井與一旁垂直佇立的汲水架，乍見之際，倍感神祕。這些原始的汲水設備（在埃及沙漠裡稱之為*shasdoofs*）有兩根並排而立的柱子，在離地一點八公尺處以橫桿銜接，或者也可將一棵樹的枝幹修剪成叉狀支架，以此作為樞軸，然後將一根數呎長的蹺桿架設其上。蹺桿較短的一端束縛著重物，通常是一塊大石頭，重量需可以讓樞軸另一端的蹻桿完全豎起；然後在比較長的蹺桿這一端垂掛一根長杆，必要的話，兩者也可以連在一起，並在長杆上吊掛一個水桶。如此藉著兩手輪流拉扯長杆，將水桶送入井中，蹺桿另一端的重物就會往上晃盪而起，隨後放鬆手勁，重物自然下沉，滿滿的一桶水便可順勢提升到地面，注入一個狀如挖空獨木舟的牛群飲水槽中。這些孤單的汲水架在草原上營造出荒涼的氛圍：白晝時有如被拋棄的攻城武器，隨著光線漸暗，則幻化為絞刑台，甚或是耶羅尼米斯・波希[3]畫中高懸死亡輪的長杆，禿鷹群聒噪爭食著攤在半空中的屍骨。

傍晚，耳邊就充斥著木材搖動所發出的咯吱聲。其中一座汲水架旁邊有幢毀棄的農舍，鸛鳥在房椽上築巢；兩名趕牛人正勞累地艱難下馬，鬆垮垮套在黑色及膝長靴外的白色亞麻寬長褲，此刻已滑落到小腿。他們剛讓頗為壯觀的一大群牛喝完水，淺色毛皮的牠們，牛角幾呈一直線，間距寬闊，四周充斥著牛蹄踩踏聲和哞哞叫聲，灰塵漫天飛舞。趕牛人重新攀上馬背，我揮手致意，他們行禮如儀的舉了舉黑帽子，然後調轉馬頭，在幾條毛髮蓬亂的白狗協助下，策馬驅趕牛群，在牛群外圍或小跑或快馳，手中揮舞著長型刺棒，以防止牛群走散。逐漸下沉的太陽勾勒出他們整體的輪廓。在灰塵所形成的光暈中，拖著拉長的影子往西移動，間夾以嚴厲的喝叫聲、狗吠聲，以及刺耳的號角聲和牛鈴聲。一隻鸛鳥回到伴侶所在的房椽，也許牠之前剛在比較安靜的某處綠洲吞食了最後一隻青蛙。我驅馬朝東快行，邁向平原較為幽暗的一端。雲朵散發著令人驚豔的粉彩。

不過，此一情景並不足以和身後的天空相比。匈牙利大平原的平坦寬闊，為日落時分的雲彩提供了一座大展身手的舞台，驚心動魄，難以描述：漂浮的大軍僵持停頓，沒有騎士的騎兵大隊緩慢下沉至有如煉獄般不斷悶燒的潟湖，在其中，碉樓逐漸崩塌，軍艦船隊在熾燃中轉為焦黑，終至沉沒。這些是陰暗的黃昏盛會……還是少說為妙。

2 Dartmoor，英格蘭德文郡中部穆爾蘭的一個地區，面積近一千平方公里，是一個受保護的國家公園。

3 Hieronymus Bosch（一四五一～一五一六年），荷蘭多產畫家，其畫作多數在描繪罪惡與人類道德的沉淪。

馬列克只要一有機會，就會加快腳步慢跑，有一次更在薄暮中恣意馳騁；牠或許以為我們已經遠離家鄉，應該加快腳程；待我們放緩步伐，逐漸陰暗的天空使得纖弱的新月散發出光華。遠處有一串想必是采格萊德鎮的燈光，此刻已落在我們的右後方；隨著天色漸暗，不時可見農莊的燈光，有如大海中的船隻。我原本打算在其中一處農莊求宿，但突然間所有的農莊皆悄然消失。當夜色真正降臨，周遭僅剩一道光源且難以判斷遠近，但是越接近，越覺得那不似一處農莊，只除了五、六隻狗的吠叫聲……然後，那些狗終於狂吠著衝了過來。

只見三堆營火透過樹幹散發出光芒，在陰暗中映襯出帆布帳篷，還有若干男子和馬匹的身影。一群吉普賽人正安頓於此，準備過夜，旁邊又是一處汲水井，我們的到來引起一陣不解。除了營火，環顧四周毫無亮光，因此我一則興奮、一則又有些許惶恐地暗想著我們勢必得在此過夜。最近聽說過許多有關吉普賽人驚悚故事的我，尤其為馬列克擔心。我下馬後，他們即圍繞到馬列克四周來，輕拍並撫摸牠的脖頸和腰身，審視牠身體各處，兩眼有如綻射精光的黑莓。他們衣著襤褸，不修邊幅，是我見過膚色最黑的吉普賽人。其中有些穿著寬鬆的匈牙利式白褲，有些則是一般鎮民打扮，頭戴黑帽，只是全都接近破爛邊緣了。至於拖著鼻涕的小鬼頭和柔軟的黝黑嬰兒則多穿著長到腹部的背心，有些還光溜溜的；只有一、兩個顫巍巍地戴著人家不要的呢帽，帽緣鬆垮，走動之際，帽子也跟著不住晃動。穿著滿是皺痕或翠綠、或豔黃、或洋紅色荷葉邊衣裙的美麗女孩，兩眼光燦地盯著我們看。營火外緣，幾頭卸除衡軛的牛隻正在嚼食；枝椏下有幾匹馬戴著腳拴，另有兩匹未綁的母馬在一旁吃草，身邊跟著高挑的小馬。狗群喧鬧吠叫，方從旅行用籠子裡獲釋的家禽則在塵土間啄食。黑色和棕色帳篷搖搖晃晃地支撐在交叉的長杆上，家用物品散置四處，毫無章法，實在看不出吉普賽人搭建帳篷生活一、兩千年的淬鍊痕跡；只除了蘆葦、柳枝，以及一雙雙棕色巧手正忙碌編織的簍筐。總之，整個部落根本就像半小時前從貧民窟火場中倉皇逃離的難民。我想他們應該正要前往蒂薩河河岸，割取新的編織材料。

我擺脫騷亂，牽著馬列克來回走了十分鐘，然後領著牠去水槽喝水。一個名叫喬治的人拿水桶來幫忙。我一直猶豫是否要將馬列克拴在樹上；馬鞍袋裡有燕麥和絡頭，但絡頭的韁繩太短，一旦拴住，馬列克便無法低頭進食。最好能像吉普賽人拴他們的馬一樣使用腳栓，問題是我不知道該如何使用。喬治示範給我看，將馬列克的前腿以8字形束帶俐落的拴住。我有點焦慮：馬列克不可能習慣的；結果馬列克意外地展現了極大的自制力。我給了牠一些牠自己的飼料，又從吉普賽人處取了一些乾草，然後拿著馬鞍袋和乾糧，跟其他人一起落座營火旁。

感謝上蒼，他們已經吃過晚餐了！吉普賽人除了會吃聽說很美味的刺蝟[4]之外，他們的

4 吉普賽人會烤刺蝟來吃，作法是用濕泥巴把刺蝟包起來，放入火堆中烤，烤好後敲開泥土，順帶連刺也一起拔除。

食物也常以味道不佳、甚至具危險性而聞名。這時，傳來一陣金屬晃動聲：原來是一條狗正在營火邊舔拭烹調用的鍋子。看到我一臉焦慮的樣子，一個剛跟我討菸的十歲女孩，朝那條狗扔了塊石頭過去，正中目標，驚得那條狗痛叫一聲，落荒而逃；接著她又把鍋具順手一扔，正好掛到一根樹枝上，然後才再度蜷縮地躺在地上，臉泛一抹寬容的笑容，讓菸雲從鼻孔中徐徐呼出。貝爾塔幫我準備的乾糧主要是一條長約九十公分的義大利臘腸，中間還綁著一條代表國家顏色的緞帶。我切了三分之一條臘腸送給對方，贏得不少好印象；這個動作引發了一陣短暫的暴動，一時間彼此爭奪、詛咒、揮拳。然後伴隨著耳語的三十雙眼睛，全神貫注的注視著我吞食三明治和蘋果。我取出酒瓶，快速痛飲了三大口，才把酒瓶交出去。他們對我的出現一半覺得神奇，一半似乎頗為警醒，我也不懂為什麼：也許對他們而言，所有陌生人，除了他們掠奪的對象之外，都是不懷好意的。我們原本互不打擾，不過我突然警覺到在喬治幫我餵馬列克喝水前，部落最年長者對他說的一句話：我想起他嘟噥的那句話，最後一個字是「pani」，任何一個和英屬印度有接觸的人都會馬上想到那是北印度語的「水」。我探詢的指著水罐，問他們裡面裝了什麼，他們回答「Viz」，那是馬札爾語的「水」；我狡黠的回應，「不是viz！是Pani。」我的話引起一陣騷動！火光中，他們的臉孔寫滿了困惑和驚嘆[5]。我又伸出五根手指說：「Panch！」那是北印度語和吉普賽語的「五」（馬札爾語是「öt」），又引起了更多驚歎。我繼續蒐羅我所記得《拉文格洛》（*Lavengro*）[6]一書的單字，指著舌頭說「Lav?」；但得來一片茫然的反應：他們使用的字是「tchib」。我又嘗試

「penning dukkerin」，對方又是一片空白；那是引用自伯羅，或更準確的說，是佩圖倫格洛先生[7]所提及的單字「算命」。不過我在嘗試「petulengro」一字時運氣比較好，至少前半個字是如此。對整個字（伯羅譯為「馬蹄鐵師傅」〔horseshoe-master〕，亦即鐵匠之意），他們並沒有反應；但是當我把它刪減為「petul」，並指了指鐵砧時，一名小男孩往黑暗衝去，並得意洋洋的舉著一個馬蹄鐵回來[8]。

一旦掌握了要領，每次我以探詢的眼神指著某件物品時，他們便以吉普賽語回應。大部分的人都笑得很開心，只有一、兩位面容憂慮，彷彿覺得其部族的祕密遭到揭露。我用一根手指指著天空說：「Isten?」（馬札爾語的「神」），頓時引來一陣高嚷「Devel!」，乍聽之餘

5　作者註：關於這一點更令人納悶的是，匈牙利和羅馬尼亞吉普賽人的「水」字是*pai*；「n」已經消失。然而，我聽到的卻是「pani」。我很好奇那個消失的字母是否仍徘徊在人們的潛意識中，就像在法語抑揚符號「∧」後面古老的「s」，雖不發音，卻仍陰魂不散。

6　為喬治．伯羅的著作，全名《拉文格洛：學者、吉普賽人和牧師》。

7　Mr. Petulengro，出自伯羅的著作《拉文格洛》續集《吉普賽紳士》裡的人物。

8　作者註：當時我並不知道*petáli*或*pétalo*是現代希臘語的「馬蹄鐵」；可能是在拜占庭帝國統治的那一、兩個世紀，吉普賽人受困於此地時，該用語融入了吉普賽詞彙中。該語的希臘文原意是「一片葉子」，隨後才引申為花瓣和馬蹄鐵之意。迄今，希臘、乃至所有地中海東部地區的驢子仍釘有葉片狀薄鋼製蹄鐵。現代馬和騾蹄所使用的新月形中空蹄鐵，肯定是日後精緻化的結果，但舊用語仍一體適用。

頗為怪異；不過一旦聯想到北印度語的「Deva」（天神），以及它與梵語的淵源，便又不足為奇了[9]。這些黝黑的面孔洋溢著熱切之情。充滿光澤的頭髮、黑色眼睛、栗色皮膚，以及女子婀娜多姿的步伐和手腕、腳踝的柔韌，在在令人意識到，從他們早年離開北印度俾路支斯坦、信德或印度河河岸之後，迄今幾乎毫無改變[10]。我最近讀到，或從別人的敘述中得知，有兩則頗具敵意的傳說與他們的冶鐵技術有關：他們不僅幫以色列人鑄造金牛犢[11]，而且據說有位吉普賽鐵匠還鑄造了耶穌受難那具十字架所用的鐵釘，而為了懲罰其行為，一個改邪歸正的魔鬼遂將一枚類似的釘子從身後釘入該鐵匠體內。

～

馬列克仍在我綁著牠的樹下嚼食，距離營火處約十餘公尺。牠兩腿間的束帶似乎很牢靠，也很舒服。我用馬鞍和馬鞍袋當枕頭，躺著抽菸，但好長一段時間都難以入睡。待終於睡著了，先前猛灌葡萄酒，以及在營火邊快樂聚會所產生的幸福感也消失殆盡。我怎麼會這麼瘋狂地把借來的馬帶到如此危險的巢穴？後來在睡睡醒醒之間，我夢到吉普賽人帶著我那匹漂亮的匈牙利薩巴里家族名駒潛逃，然後正如傳聞所說的把馬漆成不同顏色，轉賣給一個殘酷的陌生人，或直接把馬吃了；或更糟糕的，先迅速解決馬和馬主人的性命，然後偷偷地把馬製成義大利臘腸，一如驢子年老後所面臨的命運一般。最後那項命運是最好的解決方式：萬一借來的馬受到傷害，那麼我寧願一死，也不願終身活在屈辱中。當我從這些驚怖的夢幻中醒來時，新月已然下沉，馬列克仍好端端地佇立於在星光中的枝葉下；待破曉驅散夜晚的魅影，牠依舊在那裡。太陽如血紅的圓盤自曠野中升起，吉普賽人的公雞啼叫聲，從某處看不見的農場傳遞到另一處農場，直到整個草原都翻騰醒來。

我帶了很多小方糖，感恩地餵了馬列克幾塊，又餵牠一些比較硬實的飼料，然後就到處逛逛。光線翻轉了昨晚的暗影，條條劃過草原；炊煙裊裊，忙碌的手指已在成堆蘆葦中穿梭、編織和切割。除了女子絢麗浮誇的服飾，我對這一小群人前晚的平淡乏味頗感失望。不見任何樂器，沒有一個音符或一聲撥彈，甚至沒有會跳舞的熊。不過，我錯了。在一輛二輪車的隱密處，藏著一頭身軀龐大的喀爾巴阡棕熊，正將臉孔枕在折疊的兩爪上熟睡；在我的注視下，牠開始騷動起來。接著牠坐起身，張大嘴巴打了一個大哈欠，然後揉揉眼睛，兩爪

9 根據語言學家對吉普賽語進行的詳盡研究，推論吉普賽人的祖先來自印度，所以吉普賽語和梵語，以及後來的印度諸語言之間，便有了許多共同點。

10 吉普賽人還有另一名稱為羅姆人（Roma），說的正是這起源於印度北部並散居全世界的流浪民族。「吉普賽」一詞源於歐洲人對羅姆人起源的誤解，當時歐洲人認為羅姆人來自埃及，於是稱之為「埃及人」，而「吉普賽」正是「埃及」的音變。大多數羅姆人也認為「吉普賽人」這個名稱有歧視之意，所以自身並不使用。其實世界各國對羅姆人的稱謂也各不相同，極為繁多。

11 根據《聖經》記載，摩西率領以色列人逃出埃及後，因摩西上山聽取十誡，久久不歸，以色列人不耐久待，遂另鑄金牛膜拜，因而引起上帝憤怒。

垂落膝上，開始張望四周，朦朧的目光帶著善意。牠的同伴吹燃餘火，開始準備他們和熊的早餐。我回到馬列克身邊，當我倆都在咀嚼之際，我注意到頭頂上高大有如中型橡樹的樹木，那是一種我從未見過的樹種。樹皮顏色較深，銅綠色卵形葉片對稱排列，皮革似的豆莢垂掛枝葉，有如黑色菜豆。那是一棵角豆樹。（它的黑色豆莢有微弱、隱約卻縈繞不去的陳腐巧克力的味道，口感有如嚼食柚木。幾年後我在克里特島南方，有時就會拿這種角豆充飢，下意識地模仿《新約聖經》中的浪子[12]：這些豆莢正是當時浪子和毛豬所吃的食物，迄今仍然用來餵豬。它的另一個名稱是「長角豆」，有人粗率的判斷，施洗者聖約翰[13]就是靠這種豆子和野生蜂蜜，才得以在沙漠中存活。）

我幫馬列克繫上馬鞍，與那群吉普賽人互道再見，然後往東出發。

此刻應該對我們所處地區，首度（或說是再度）稍作介紹，一窺這奇特區域過往的歷史。自羅馬以多瑙河為界的數世紀以來，從布達到史崔格里姆[14]到地中海東岸，最合理的走法是沿多瑙河南行，直達它與薩瓦河匯合處，該處日後冒出許多貝爾格勒大規模的重要堡壘：然後穿過巴爾幹山口，橫越未來的塞爾維亞和保加利亞王國，前往阿德里安堡，跨越色雷斯[15]，抵達皇城[16]，或至達達尼爾海峽[17]，亦即亞洲的開始。這是匈牙利國王和拜占庭皇帝之間，橫跨大陸的連接鏈；也是綽號「紅鬍子」的神聖羅馬帝國皇帝[18]和他的十字軍東征路線，只是「紅鬍子」不幸在寒冷的格克蘇河[19]溺斃。不過，倒數第二次十字軍東征的大軍由匈牙利皇帝西吉斯蒙德[20]率領，與法國、德國、勃根地公國[21]和瓦拉幾亞大公國[22]等聯軍，據

12 the Prodigal Son，《新約聖經》〈路加福音〉中記載的一個比喻，指一個年輕人在揮霍了從父親那裡繼承的財產後，又回到家中。後比喻為浪子回頭。

13 St John the Baptist，無論是基督教或伊斯蘭教，都是重要人物。若據基督教的說法，施洗者約翰在約旦河中為人施洗禮，勸人悔改，因為公開抨擊當時的猶太希律王而被捕入獄並遭處決。

14 Strigonium，即埃斯泰爾戈姆舊稱。

15 Thrace，位於歐洲東南，分屬今日保加利亞、希臘和土耳其國境，北以巴爾幹山脈，南以愛情海，東以黑海為界。

16 Imperial City，即君士坦丁堡，東羅馬帝國和鄂圖曼土耳其帝國首府。

17 Hellespont，是連接馬爾馬拉海和愛琴海的海峽，屬土耳其內海，也是亞洲和歐洲的分界線之一。

18 全稱謂為Friedrich I Barbarossa（一一二二～一一九〇年），霍亨斯陶芬王朝的羅馬人民國王和神聖羅馬帝國皇帝腓特烈一世。他也是德意志的士瓦本公爵和義大利國王。Barbarossa是義大利語紅鬍子之意，指他入侵義大利時，因殘殺無辜，讓義大利人的血染紅了他的鬍鬚。

19 Calycadnus，位於土耳其南部。當時腓特烈一世堅信游過河比翻山越嶺更省時間，於是跳入河中，企圖證明給士兵看，結果溺斃。

20 King Sigismund（一三六八～一四三七年），盧森堡王朝的神聖羅馬帝國皇帝，是布蘭登堡選帝侯、羅馬人民的國王，同時也是匈牙利和克羅埃西亞國王及波希米亞國王，終身致力於終結教會大分裂，終於在一四一四至一四一八年於德國康士坦茲召開大公會議，選出新任教宗馬丁五世，結束了大分裂。但也因為當時為波希米亞王國神學家的胡斯被處死，導致了波希米亞長達十四年的胡斯戰爭，嚴重困擾著西吉斯蒙德晚年。

21 Duchy of Burgundy，理察伯爵於西元九世紀建立，包括法國中部和東部一些地區。十五世紀末逐漸被法國和霍布斯堡王朝瓜分。

22 Wallachian，位於巴爾幹半島，今日羅馬尼亞東南部。十四世紀初期建立，一八六六年更名羅馬尼亞，一八八一年正式成為羅馬尼亞王國。

說還包括一千名英國人，無情的順著格克蘇河下游挺進，直到鄂圖曼帝國蘇丹「雷霆王」巴耶塞特[23]在尼科波利斯[24]展開反擊，將其盡數摧毀為止。（後續再談這件事。）至於下一個世紀的最後一次十字軍東征，遠征軍在黑海地區又被砍殺殆盡；最終，君士坦丁堡也失守。反過來，土耳其人也沿著同一條路線，直搗歐洲心臟，造成致命後果。他們在中世紀[25]末期征服了巴爾幹半島，到英國都鐸時期[26]更沿著多瑙河往上攻擊。當時卓越的蘇里曼擊敗了匈牙利的拉約什二世[27]，然後擄掠並焚燒了布達。不過，一五二九年他企圖奪取維也納並未成功；在下一個世紀末第二次嘗試奪取維也納也以失敗告終後，鄂圖曼土耳其狂潮便開始消退。洛林的查理[28]，以及其後神聖羅馬帝國的歐根親王[29]，遏阻了土耳其人的前進，並且沿著同樣的水道，往下游持續加以騷擾；而「軍容壯觀的奧地利大軍，以優異的武器大膽圍攻貝爾格勒」[30]。隨著「Stadt und Festung」（城市和堡壘）相繼淪陷，歷史所歌頌的途徑亦成為所有西方旅者的旅行指南；尤其那些前往土耳其外事宮廷[31]的大使們，或有成排手持火槍的先遣衛隊和隨身扈從護送，或搭乘裝飾著彩帶、槳手眾多的平底船屋，威武莊嚴的順流而下。（我們可以想像當年英國駐土耳其大使的夫人瑪麗．沃特利—蒙塔古女士[32]，身著半毛皮、半薄紗的土耳其服飾，趁著晉見中途稍事停留之時，在白楊樹下閱讀波普[33]所譯《荷馬[34]史詩》的情景。）

金雷克[35]在下一個世紀接踵而至，但令人氣惱的是他的敘述跳過了匈牙利，僅以模仿蒸汽引擎的聲音和動作，教誨貝爾格勒帕夏作為開端；因為夢寐以求的堡壘再度落入土耳其人

23 Bajazet the Thunderbol，即巴耶塞特一世（一三六〇～一四〇三年），鄂圖曼帝國蘇丹，於父親穆拉德一世被暗殺之後登上蘇丹寶座，並立即將其弟弟處以絞刑，以防止他籌劃政變。

24 Nicopolis，位於今日保加利亞北部，隔著多瑙河與羅馬尼亞對望。

25 Middle Ages，在歐洲歷史上，一般來說是指西元五至十五世紀，自西羅馬帝國的崩潰到文藝復興運動和大航海時代之間的時期。

26 Tudor times，指一四八五至一六〇三年間統治英格蘭王國和其屬地的王朝，包括五位君王，最後一位在位者為伊莉莎白女王，被視為英國君主專制歷史上的黃金時期。

27 作者註：Louis 一字，馬爾札語叫 Lajos，發音類似拉約什（Lóyosh）。譯註：King Louis II（一五〇六～一五二六年），亞蓋隆王朝的匈牙利國王和波希米亞國王。

28 查理五世在一六八三年擊潰侵犯維也納的土耳其人，隨後數年也多次取得勝利。

29 Prince Eugene（一六六三～一七三六年），霍布斯堡王朝的偉大將領，神聖羅馬帝國陸軍元帥。一六九七年任駐匈牙利奧軍總司令，於森塔戰役中，率軍贏得奧地利有史以來一場最完整和最重要的勝利。

30 這段原文「……and the Austrian army, awfully arrayed, boldly by battery, besieged Belgrade.」乃取自英國詩人沃茨（Alaric Watts）著名的頭韻詩《圍攻貝爾格勒》（The Siege of Belgrade）。

31 Sublime Porte，原為土耳其大維齊爾，相當於西方總理的政府機關，字面意思為「莊嚴門戶」。

32 Lady Mary Wortley-Montagu（一六八九～一七六二年），英國貴族、信函作家和詩人。

33 全名 Alexander Pope（一六八八～一七四四年），十八世紀英國最偉大的詩人，翻譯過的《伊利亞特》和《奧德賽》。

34 Homer（約前九～八世紀），相傳為古希臘的遊吟詩人，生於小亞細亞，失明，創作了《伊利亞特》和《奧德賽》兩部史詩，統稱《荷馬史詩》。

35 全名 Alexander William Kinglake（一八〇九～一八九一年），英國旅行作家和歷史學家。此處所指的作品為《日昇之處》，描述他前往中東和埃及旅行十年的感觸。

之手。終於，西方與君士坦丁堡銜接起來的鐵道，在諜報和探險小說中扮演了要角。

（在這趟旅途後的幾年間，我一直在追蹤這段古老歷史的腳步。如果匈牙利北部埃斯泰爾戈姆之前的河流令人聯想到一條液態的香榭麗舍大道，那麼這條向南的河道更有著這樣鮮明的感覺。只見一條寬闊的赭色河水，在對稱的垂柳流蘇和白楊間，橫跨歐陸，直到無邊無垠之處，視線內空無一物，只有一隻蒼鷺從旗幟模樣的葉海中騰空飛起，間或有艘漁夫撐行的獨木舟，停駐在霧靄中，彷如中國山水畫裡的一葉扁舟。我在莫哈奇一個駁船船夫的小酒館裡過夜，意圖觀看當年卓越的蘇里曼征服拉約什國王的戰場：這是史上最黑暗和最震撼的地標之一，對匈牙利而言更是致命的一擊，就像科索沃戰役之於塞爾維亞人[36]，以及君士坦丁堡陷落對希臘人的衝擊一樣[37]。）

多瑙河南行的路甚多，不過這並非我所選擇的那一條。馬列克和我已放棄這條水路，而選擇人煙罕至的另一條途徑，直接跨越大平原前往外西凡尼亞。我們持續穩定的往東南方而去，距離大河越來越遠。後來我遍尋旅人故事，發現還真的只有少數人曾走過我們所走的路徑。

有關這些陌生人的描述幾近寓言，又隱約孕育於朦朧的傳說和塵封的編年史，因此難免有膨脹之嫌；一個個狀似巨人和妖獸，或西班牙畫家哥雅[38]筆下主宰一切的巨人，一一穿越荒原，消失無蹤。其後在羅馬時代離開波羅的海地區在此定居，並和哥德人[39]有血親關係的格皮德人，也沒有詳細的史料可供研究；而倫巴底人[40]直到遷徙進入義大利半島，才開始注入生命。此外，這段期間所有攻擊者都來自東方，尤以匈人為恐懼的先鋒。他們從大平原向外擴展，戰勝並奴役了半個歐洲，令整個羅馬帝國為之顫抖。巴黎的得救是因為一項奇蹟，當時大軍已經直逼馬恩河，卻停下腳步往後退走。當時阿提拉[41]在靠近蒂薩河處（也許就在距離我目前的路徑不遠處），參與盛宴後，大意死於新娘的床上。匈人騎兵圍繞他的葬禮帳篷奔馳，以表達內心的哀慟。其帝國自此分崩離析，農夫卻仍夢想挖掘到他所搜刮儲藏的寶石、金條和鑲金彎弓。背景隱晦的格皮德人僥倖存活於此，直到阿瓦爾人[42]驅散他們，並取

---

36 十四世紀中葉，塞爾維亞前身的尼曼雅王朝衰落，同時鄂圖曼帝國開始入侵，並於一三八九年的科索沃戰役中擊潰以塞爾維亞為首的基督教聯軍，之後塞爾維亞便逐漸成為鄂圖曼帝國的一部分。

37 一四五三年君士坦丁堡陷落，鄂圖曼帝國也從此逐漸征服與統治整個希臘，一直持續到一八二一年希臘宣布獨立為止。君士坦丁堡在星期二失陷，直到今天，很多希臘人仍然認為星期二是一週中最不祥的日子。

38 全名Francisco José de Goya y Lucientes（一七四六～一八二八年），西班牙浪漫主義畫派畫家，宮廷畫家，畫風奇異多變，對後世的現實主義畫派、浪漫主義畫派和印象畫派都有很大的影響。

39 Goths，東日耳曼部落的一支分支部族。

40 Lombards，日耳曼人一支，起源於北歐斯堪地那維亞，經過約四個世紀的民族大遷徙，直到六世紀中葉才抵達今日義大利的北部建立王國。

41 Attila（四〇六～四五三年），古代歐亞大陸匈人中最為人熟知的領袖和皇帝，史學家稱之為「上帝之鞭」。其驟逝緣於宴會後在睡夢中因鼻腔血管破裂，血液倒流引致窒息而死。血管破裂可能是由於阿提拉飲酒過多而引起。

42 Avars，歐亞大陸的一個游牧民族，約在六世紀時遷徙到歐洲中部和東部。七世紀初參加反拜占庭戰爭，西元六二

而代之在本地居住了近三個世紀。他們和大部分侵略者一樣，屬於蒙古血系，與土耳其同宗（他們全都是圖蘭人[43]）；這些繫著長辮的野蠻人，以及他們氣勢奪人的可汗，幾乎以旋風之勢拿下拜占庭。對西方來說，他們是永恆的煩惱，而新發明的馬鐙也令他們更為強悍：一旦能在馬鞍上坐穩，弓箭便不再是騎士的主要武器，而由長矛所取代，然後是長槍，之後更造就了中世紀的重裝盔甲騎士，而暗含其中的野蠻風格，也預示日後坦克的出世。當神聖羅馬帝國的查理曼大帝突破神祕的七重環形防護網[44]，終於摧毀他們時，所有的歐洲人都鬆了一口氣。在此同時，斯拉夫人則像濕氣一樣往外擴散，悄悄侵入東方和南方，進入巴爾幹半島，其間誕生了脆弱的大摩拉維亞[45]公國。接著，新來的保加爾人[46]建立了國家，往西北發展，占領阿瓦爾人所留下的真空狀態。（大摩拉維亞公國國王史瓦托普魯克[47]，有哪個歷史人物比他更稀有？還有保加爾早期的可汗克魯姆[48]，有誰比他更令人嫌惡？他和他的貴胄們曾經將被俘的東羅馬帝國皇帝尼基弗魯斯[49]的頭骨剖半，鑲以銀邊，用來飲酒。）

最後，馬札爾人來到此間。他們原本也是生活於沼澤和苔原的民族，與他們之前和之後的入侵者有同源關係，但早在數百年前就已經離開同為烏戈爾—芬蘭語系的親族。在四處游牧途中，他們必定與波斯人有過接觸；而且很可能在土耳其人統治的一、兩個世紀中，從東歐大草原游牧至裏海和黑海北部，那裡有廣闊、神祕和極為有趣的可薩汗國[50]……隨後，離開了烏拉河的他們，又離開窩瓦河、頓河和聶伯河，抵達多瑙河三角洲，停留在多瑙河北邊的比薩拉比亞[51]。正飽受保加爾人強烈騷擾的拜占庭皇帝，視馬札爾人的到來為天降福星，

勸說其前往多瑙河南部攻擊保加爾人。保加爾人的領導者西美昂[52]（其後不久便成為保加利

六年還幾乎予以占領，但於西元八〇五年被查理曼大帝征服。

43 Turanians，圖蘭人種，為中亞原住民，波斯語稱中亞為圖蘭。

44 阿瓦爾人將指揮總部和大本營置於中央，外圍建造重重防護圈，包括一定寬度的城牆和牆垛，牆下亦修築一定深度和寬度的壕溝，溝裡設置削尖的木樁，以阻止敵人進行速攻。

45 Kingdom of Great Moravia（八三〇～九〇五年），歐洲古國，範圍約在今天的捷克、斯洛伐克、奧地利一帶。

46 Bulgars，從西元二世紀起，在歐洲不同地區定居的游牧民族，分散生活在歐洲東部和東南部地區，為保加利亞人先祖。西元六八一年建立保加利亞第一帝國，此後三百年間，其勢力足以與拜占廷抗衡，並多次兵臨君士坦丁堡城下。

47 全稱謂為Svatopluk I（八四〇～八九四年），在位期間也是大摩拉維亞公國版圖最大之時。

48 Krum（生年不詳～八一四年），保加利亞大公。鞏固保加爾人與斯拉夫人的聯合，並頒布一部旨在確立封建制度的法典。因行事暴烈，又被稱為「可畏的克魯姆」。

49 Emperor Nicephorus（生年不詳～八一一年），東羅馬帝國皇帝，戰死於與保加利亞大公克魯姆的戰役中。

50 Empire of the Khazars，七世紀下半葉可薩人在北高加索建立了強大的可薩汗國，一〇三〇年在東羅馬帝國等攻擊下亡國。

51 Bessarabia，聶斯特河、普魯特河——多瑙河和黑海形成的三角地帶。在第七次俄土戰爭後，鄂圖曼帝國讓予俄羅斯帝國。

52 Simeon，西美昂一世（約八六四～九二七年），保加利亞沙皇，是鮑里斯一世的第三子，後繼承兄長弗拉基米爾的皇位。在位期間東征西討，是保加利亞第一帝國最強盛時期，故也被稱為「西美昂大帝」。

亞沙皇），為了對抗馬札爾人，也特意調動可憎的佩切涅格人[53]前來支援。佩切涅格人是所有草原游牧民族中最凶猛、最殘酷、也最背信忘義的一群人。在爭相來襲的亞洲入侵者中，他們正焦躁地列隊排在馬札爾人後方。當馬札爾人忙於攻擊保加爾人時，佩切涅格人便趁機前進，大肆劫掠，占領了傾巢而出的馬札爾人落腳處比薩拉比亞。

一連串命定的事件開始啟動。被奪走比薩拉比亞的馬札爾人直接往日落方向挺進，其中一小批人沿著多瑙河往西南方向，穿過鐵門峽谷，然後突然右轉；但另一批馬札爾人的主力則向西北方前進，通過喀爾巴阡山隘口，突然左轉，直到所有部落集結於大平原，成為日後的匈牙利。此時他們已形成一個軍事體，阿爾帕德受封為大公時，受到其他酋長的擁戴，被高舉在一塊盾牌[54]上；他的臣民、幹練的騎兵、標槍手和弓箭手等，無一例外地全都擁有馬鞍和馬鐙，使他們在全速馳騁之際，能夠扭轉身體，朝任一方向射出弓箭。他們在戰爭中凝聚動能，所遇對手或遭制伏，或從大平原上被驅逐；結果，整個斯洛伐克遭其併吞，外西凡尼亞被占領，大摩拉維亞王國飽受踐踏，斯拉夫人也一刀為二，永遠地分割為南北兩部分。

難怪老一輩的編年史學者會把馬札爾人和匈人弄混！因為兩者的起源、征戰及早數十年間的行徑，可謂如出一轍。他們都是歐洲的恐懼來源；都兵臨君士坦丁堡城下，和東羅馬皇帝討價還價；都在義大利橫行肆虐，足跡遠達奧特朗托[55]；都跨越萊茵河，蹂躪洛林和勃艮地。直到最後，才在奧格斯堡附近遭奧托大帝[56]消滅殆盡；他們狼狽的回到家鄉，在多瑙河畔掠奪而來的廣大領土上秣馬厲兵，勵精圖治。在這之後，一切開始轉變。數十年後，阿爾帕德大公的後裔斯蒂芬，成為一個偉大基督教國家的國王，死後封聖；而匈牙利邊界，除了日後擴充，納入克羅埃西亞王國，然後因為土耳其人入侵而分裂一、兩個世紀之外，在九百年期間始終不變。西元一千年，聖斯蒂芬在埃斯泰爾戈姆的隆重加冕，正如西元八百年聖誕節查理曼大帝在聖彼得教堂的加冕，皆為一個幸運的關鍵日期，有助於我們在這團混亂中獲得若干方向感。

但游牧民族遷徙的腳步並沒有停歇。我們看到了一二四一年蒙古人大舉入侵的事態發展，匈牙利國王貝拉的王國化為灰燼。為了重建勢力，貝拉國王從大草原召集另一群游牧民族庫曼人[57]，結果庫曼人比佩切涅格人更糟糕。為數眾多的庫曼人定居在平原上，貝拉國王為了馴服他們，讓他的兒子和一位庫曼公主聯姻，但野蠻力量逐漸增強，使得整個國家差點再度淪為未開化的野蠻民族。勇敢而睿智的阿爾帕德王朝開始衰敗，當最後一個統治者在一

53 Pecheneg，西突厥的一支，九、十世紀時盤據大半歐洲東南大平原。除了零星進犯鄰國外，不時為他國充作傭兵。經多年征戰後，勢力遭瓦解，十二世紀後大部融合為匈牙利人和保加利亞人。

54 此乃受封為大公時的傳統儀式。

55 Otranto，義大利東南部城市，隔海與阿爾巴尼亞相望。

56 全稱謂為Emperor Otto I（九一二～九七三年），東法蘭克國王和神聖羅馬帝國皇帝，習稱奧托一世，史稱奧托大帝。

57 作者註：庫曼人在西伯利亞家鄉額爾齊斯河旁被稱為欽察人；在南俄羅斯被稱為波羅維茨人，歌劇《伊果王子》中的《波羅維茨人舞曲》即淵源於此。

三〇一年去世時，姻親那不勒斯王國的安茹王室[58]成為合法繼承人，承繼王位；一連串精明能幹的安茹家族國王承先啟後，直到路易大帝，亦即拉約什大帝[59]，終於帶領國家走向復興。隨著重建開始，接連幾代的紫岩燕每年都可以回到同一個屋簷下，鸛鳥也可回到昔日的煙囪，而不再遷徙歸來時，只見一堆廢墟。然而，舞台下，土耳其人又開始蠢蠢欲動。

～

當我在角豆樹下展開地圖時，以東南走向注入多瑙河的蒂薩河，就橫躺在我所行路線的正前方；散置河水東岸的地名讓我頗感驚訝，諸如：孔喬爾鮑（Kúncsorba）、孔聖馬爾通（Kúnszentmartón）、孔威奪克（Kúnvegytöke）等。這些地名的第一個音節似乎意指「庫曼」，而這個地區也依然被稱為納吉坎沙（Nagykunság）或大庫曼尼亞（Great Cumania）。在我這一側的河岸，往南遍布的地名則略有不同，諸如：基什孔豪洛什（Kiskúnhalas）、基什孔費萊吉哈佐（Kiskúnfélegyháza）、基什孔多隆司瑪（Kiskúndorozsma）。「Kis」的意思是「小」：這些地方屬於基斯坎沙（Kiskunság）或小庫曼尼亞（Little Cumania）地區。

原來這裡便是庫曼人最後定居的地方！此外，還有一些更接近我走的路線，也蘊含了更多追蹤興味的地名。例如往北數公里處的亞斯博爾多加佐（Jászboldogháza），與更遠一些的亞斯洛達尼（Jászladány）、亞索帕蒂（Jászapáti）、亞紹爾紹森特哲爾吉（Jászalsószentgyörgy），還有更多更多……這些地名的第一個音節，令人回想起一群比較意外且更為古老的移民，即古希臘作家希羅多德[60]作品中曾提及伊朗語系薩爾馬提亞聯盟[61]的分支亞濟基人，他們在西元前三世紀第一次出現在斯基泰[62]境內靠近亞速海的地區，其中有些人又繼續向西遷徙。他們是小亞細亞米斯特拉丛王朝[63]的盟友，古羅馬詩人奧維德[64]在流放黑海時也曾提及他們；其後裔最終定居在多瑙河和蒂薩河之間的地區，羅馬人和他們之間有很多磨擦。我們從羅馬廣場的馬可奧里略圓柱[65]，可以得知亞濟基人的外貌。那些淺浮雕的戰士——包括其座騎，

58 Anjous of Naples，安茹是源於法國西部的貴族世家，名稱起源於西元八七〇年，透過聯姻和征服，實力漸增，歐洲許多王室都出自其家族。

59 Louis / Lajos the Great（一三二六～一三八二年），一三四二年起出任匈牙利與克羅埃西亞國王，因王室繼承安排，一三七〇年起又兼任波蘭國王。他被形容為匈牙利最強大的君主，「其王國領土直達三片海洋」（指亞得里亞海、波羅的海和黑海）。

60 Herodotus，西元前五世紀的古希臘作家，他把旅行中的所聞所見，以及第一個橫跨歐亞非三洲的波斯第一帝國的歷史記錄下來，著成《歷史》一書，成為西方文學史上第一部完整流傳下來的散文作品。

61 Sarmatian，西元前五世紀至西元後四世紀活躍於歐亞大陸中西部的一個伊朗語系游牧部落聯盟。

62 Scythian，斯基泰包括歐洲東北部、東歐大草原至中亞一帶。

63 Mithridates，黑海南部安納托利亞，即小亞細亞地區的一個希臘化國家。

64 全名Publius Ovidius Naso，筆名Ovid（西元前四三～一七或一八年），古羅馬詩人，代表作有《變形記》、《愛的藝術》和《愛情三論》。因得罪羅馬皇帝奧古斯都而遭流放黑海。

65 Column of Marcus Aurelius in the Piazza Colonna，位於羅馬市圓柱廣場的圓柱，柱身擁有螺旋狀的浮雕，是為了紀念羅馬皇帝馬可．奧里略而建造，並以圖拉真柱為範本，自西元一九三年起就立在此處。

直落馬蹄距毛——有如穿山甲一般覆蓋著鱗甲。標槍已經遺失，在馬背上回身發箭的姿態，正是知名的帕提亞人回馬槍[66]，他們手持彎弓，驅馬慢跑的沿著圓柱螺旋而上。

他們是否在大平原上留下其他任何痕跡？任何細微而無法詮釋的習慣？外貌的特徵？語言的片段？或徘徊不去的表達方式？巴爾幹地區仍然可以窺見佩切涅格人和庫曼人的少數遺跡；但整個國家已像鬼火般消失無蹤，只剩這些地名標示著它們消失之處。曾有那麼一段時間，他們遍布半個地球，從多瑙河岸到中亞阿姆河的霧靄，以及寂靜的花剌子模[67]荒原。

~

幾天前我才聽說這些野蠻民族的事蹟，忍不住趁此機會順便加以介紹。我還得知在正北方向有個古城亞斯貝雷尼，有可能是匈人阿提拉王首府的地點，當地仍保留著一把象牙雕製的古老號角。雖然它是拜占庭時期的作品，不過一度被尊為早期馬札爾部落酋長雷爾的象牙號角[68]；他的號角之於匈牙利，就像羅蘭的號角[69]之於西方一樣，極富盛名。我已經知道有關查理曼大帝征服阿瓦爾人的事，卻遺憾地意識到高踞馬背上的這幾哩路，已經是我行程中最後一段與這位偉大帝王仍有所關聯的旅行：迄今為止，他似乎主導了我的整個旅程。我詛咒自己的無知，竟然不知道我在德國所經過的亞琛，便是法語的Aix-la-Chapelle[70]！他是個史實完整的人物，有英格蘭飽學之士「約克的阿爾琴」[71]，以及其他宮廷學者的襄助，各種重要日期、戰爭、言論和律法，包括他對月份所起的奇特名稱，諸如「Hornung」（二月）

和「Ostarmonath」（四月）等都完整無缺，但他身上卻一直帶有若干神話色彩。爐邊的低語、傳說、好個幾世紀以來吟遊詩人的傳唱和鋪陳，使他的地位飄浮在亞歷山大大帝[72]和亞

66 是一種由帕提亞人所發揚光大的弓騎兵戰術，在戰場上佯作（或實際）撤退，引誘通常為騎兵的敵人追趕，然後當他們追至近身時，突然轉身向身後的敵人發箭。由於距離較近，不需高超射術即可重創敵方，所以此戰術後來得以逐漸在弓騎兵作戰中普及。

67 Chorasmian，位於阿姆河三角洲的大型綠洲。中世紀時曾建立一個強大的花剌子模帝國。現為烏茲別克、哈薩克和土庫曼的一部分。

68 Lehel（？～九五五年），馬札爾酋長，匈牙利入侵歐洲最重要的人物之一。根據傳說，他在戰敗被俘時，用自己的號角將俘虜他的巴伐利亞皇帝擊斃（根據史實，亨利一世也確在同年病逝）。此舉是因為依據習俗，死於其手者將先行一步在陰曹地府服侍他。

69 Roland（七三六～七七八年），法蘭克王國布列塔尼省的軍事總督，負責抵抗布列塔尼人的進攻，為法蘭克王國查理曼大帝麾下的十二聖騎士之一。與羅蘭一起出名的有他的寶劍迪朗達爾、戰馬韋蘭迪夫和象牙號角。此號角乃作戰時作為指揮之用，最終也是他運用號角，捨身協助查理曼大帝贏取重大勝利。

70 查理曼大帝的出生地。查理曼統治時期的八〇〇至八一四年，將該城市建造成卡洛林文化的中心，開創了中世紀早期第一個具代表性的文化復興。西元八一三至一五三二年間，共有三十二位神聖羅馬帝國皇帝在此加冕。

71 Alcuin of York（約七三五～八〇四年），中世紀英格蘭學者，生於約克，約於西元七八二年應查理曼大帝之邀，赴加洛林王朝擔任宮廷教師，對卡洛林文藝復興有很大的貢獻。

72 世人所熟知的全稱謂為Alexander the Great（西元前三五六～西元前三二三年），世稱亞歷山大大帝，古希臘北部馬其頓國王。到十六歲為止一直由亞里斯多德任其導師。三十歲時，已經創立歷史上最大的帝國之一，疆域從愛

瑟王[73]之間，龐然浮現於眼前，頭戴璧形頭冠[74]，身形宏偉，蓄著濃密的鬍鬚，周遭常春藤和槲寄生蔓生，老鷹和烏鴉宣告他的到來，身後跟隨著獵狼犬，身旁伴著天使和皇家旗幟，還有一群主教、僧侶和聖騎士貼身服侍。人們會把他與北歐主神奧丁[75]混淆，而且就像希臘神話中阿多尼斯[76]與季節的關聯，他也受到地震、日蝕和月蝕的引薦，流星和閃電的慶賀；在號角和豎琴聲中飄越平原，穿過峽谷和森林，攀上陡峭的山頂，直到頭頂的光環觸及北斗七星的星斗。

西元八〇二年（我剛剛得知），哈倫．拉希德[77]曾贈送一隻大象給查理曼大帝當禮物。大象名叫亞布拉哈茲，意為「英勇之父」，查理曼大帝將牠養在亞琛的獵園中，直到在對抗丹麥人的一場戰爭中喪生。沒有資料顯示大象運來的路線，所以是循著古老的多瑙河快速道路？還是經由布林迪西的亞壁古道[78]？或經威尼斯或經格拉多，然後沿著阿迪傑河和布倫納山口——這條路線遠在當年漢尼拔攻打羅馬路徑[79]的東邊——最終經由萊茵河抵達？或者，哈里發是通過達達尼爾海峽或博斯普魯斯海峽運送大象前來？他應該是循著這條路線，雖然當時巴爾幹半島危機四伏：保加利亞的克魯姆大公和手下貴族可能發現大象而吃了牠……不過，匈牙利大草原當時還遍布沼澤和林地，阿瓦爾人也在八年前遭到清除，所以是完美的大象國度。大象或許來自喜馬拉雅山脈的山麓丘陵，或是來自印度中北部阿茲富爾的沼澤和娑羅樹森林……我可以輕易想像著亞布拉哈茲和牠的象夫、照料者和一群手執長矛的貝都因人[80]，穿梭在山谷和平原間，沿途有斯拉夫蠻荒林區的居民，或許還有一些四處流浪、僥倖存活的達基亞人[81]，從簡陋的住處瞠目凝視他們。牠甚至有可能就停在此刻我前方數哩外的路上，把身體浸入蒂薩河中，在陰涼的蘆葦叢間，用河水沖洗自己。

奧尼亞海一直延伸到印度河流域。一生未嘗敗績，被認為是歷史上最成功的軍事統帥之一。

73 全名Arthur Pendragon，英格蘭傳說中的國王，也是凱爾特英雄譜中最受歡迎的圓桌武士首領，是一位近乎神話般的傳奇人物。

74 黃金打造的城垛狀頭冠，代表最高榮譽的軍功獎勵。

75 Odin，北歐神話中的主神，是勝利、詩歌、智慧、暴風、戰鬥和死亡之神，被稱為北歐眾神之父。

76 Adonis，原為黎巴嫩地區的自然之神，後納入希臘神話，與愛神相戀。死後雖入冥界，但每年可回陽世六個月，植物也因其往返冥界而凋零或復甦。

77 Harun-al-Rashid（七六三～八〇九年），伊斯蘭教第二十三代哈里發及阿拔斯王朝第五代哈里發，是阿拉伯帝國阿拔斯王朝最著名的領主，因與查理曼大帝結盟而蜚聲西方，更因世界名著《一千零一夜》生動地渲染了他的許多奇聞軼事而為眾人所知。

78 Appian Way，羅馬共和時期監察官阿庇烏斯所建從羅馬到布林迪西的軍用大道。

79 Hannibal's path，指西元前二一八年，北非迦太基著名軍事家漢尼拔，率領軍隊從西班牙翻越庇里牛斯山和阿爾卑斯山，進入義大利攻打羅馬的路線。

80 Bedouin，居住在北非沙漠和中東岩地的阿拉伯游牧民族。

81 Dacian，居住在喀爾巴阡山與多瑙河之間的居民，曾建立古王國，西元二世紀被羅馬滅亡後即居無定所。

與此同時，朵朵平底浮雲的陰影，緩緩地在平坦的田野上方挪移，大地豐富多彩地妝點著麥田以及成排的白楊樹和果樹園；昔日這裡也是一片平坦，只有遠處風車豎立其間，以及隨處可見的汲水井，還有廣闊的草地，任由淺色的牛群放牧其間。只見若干牧人倚著戰斧狀的牧杖，置身於成群的牲畜間，一如以往地穿著羊毛編織的斗篷；有些人則穿著類似毛氈的家常衣著，肩膀處裝飾有牛軛狀的繁複刺繡。在農莊和村莊入口處，鵝群從池塘裡竄出，穿過小路，探著脖子，口中發出斷叫聲，而當馬列克邁著碎步小心經過時，牠們總會轉為敵意，猛撲著翅膀；可一旦追到乾燥的土地上，牠們又快速衝回池塘，水花四濺的躍入水中。婦女身上或穿著圍裙，或套著罩衫，或裝飾著刺繡，或搭配著褶襉，各個都展現出與眾不同而出乎意料的美感；她們的頭髮則緊緊束起，包著頭巾。許多婦女人手一根紡紗桿，用色彩亮麗的編帶固定著；一邊舔濕拇指和食指，從紡紗桿上捲繞如雲的羊毛中抽出毛絮，揉搓成線，另一手則不斷旋轉宛如飄浮在空中的紡錘。紡錘上上下下，有如慢動作的溜溜球，毛線也隨之纏繞並逐漸變厚。隨後，她們會將紡錘架設在長型紡織機上，編織出細密結實的斗篷。一個女孩坐在屋外蜀葵花間的凳子上，踩踏並轉動著紡車，那是一部雕刻精美的器具，閃爍著幾代人辛勞磨擦出的光澤，也是我唯一見過還在使用的紡車。

那片不似沙漠卻綿延萬里的景致，在我記憶中留下一幅影像：露水、新冒出的青草、馬列克的蹄子快步穿過樹林和花海，逐漸爬升的太陽照射在樹葉、花瓣和小草間，透明清澈，有如熾燃的烈焰。樹林裡不時閃現紅尾鴝和麥鶲的身影，牠們剛經過一段令人驚異的旅程抵達此間，從樹幹間可以見到牠們一閃而逝的尾羽，置身其他已經築好窩巢的鳥群間；空地上，只要我們一接近，戴著羽冠的雲雀便會從草地上飛起，鳥鳴縈繞，彷如串成一線般懸浮在空中。這裡的生活完美，完全沒有需要改善的空間。馬列克警覺性高，耳朵傳遞出溫馴的好心性，步履輕快而不知疲倦，周身散發著幸福感，意味著我們彼此心氣相通，就像馬匹和主人間經常會有的情況。

我在黑暗中所走的路徑太過偏北，而不見影蹤的小鎮采格萊德始終位於西南方向。我們在佐吉沃河河畔的蔭涼處停歇並進食。接下來，耕作植被開始轉變，樹木和鶺鴒的數量突然增加，顯示附近有另一條河流。很快的，我們穿過柳樹和大片延伸的白楊木，匈牙利第二大河：寬闊的蒂薩河，赫然出現眼前，寧靜地在低矮的河岸和飄逸的蘆葦間往南方流動。河濱樹木下，倘放著一些作工粗糙的小船。靠近對岸處，有一名漁夫正忙著撒網，一次又一次地將網聚集到船上，再一次又一次地拋入河水中，猶如瞬間浮現的成串雲朵。

當我們往下游輕馳時，我心裡一直想著哈里發的大象。然後，在羽毛狀的菖蒲叢間，突然出現一幅意料之外、令人瞠目的景象。只見一潭迴水灣的水面上，冒出一個鼻孔飽滿的寬大黑鼻頭，怒撐的鼻孔上拴著一枚沉重的鼻環。眉額間纏結的毛叢往後延伸出一對有皺褶的巨大扁平牛角。水盈盈的幽暗眼睛直視著我，懶散的目光含帶怨恨。不遠處是另一隻龐大笨拙的身軀，模樣相似，全身爛泥，正懶懶地甩動著流蘇般的尾巴。我一路上經過許多牛車，卻從沒有人提及水牛，牠們真是令人敬畏和驚異的動物。之後我經常看到牠們，尤其是在外西凡尼亞，或在泥濘中打滾，或並排套著車軛，以令人難以置信的緩慢和不甘，拖著沉重的負擔。

我們停在一座通往特勒克聖米克洛什[82]（這個名字是為紀念土耳其人，也為紀念聖米迦勒[83]）的橋上，算是有了變化，然後沿著右岸，前往索爾諾克。不久後，對面出現貨車、牛群、一輛輕型小馬車，還有幾名騎馬的男人，顯示當天市集已經結束。我們已經來到塵土飛揚的郊區，我也很快就找到自己後來的房子。

伊墨．澤米爾博士，一個紅光滿面、性格開朗的男人，事前已獲知我們會前來打擾。我們立刻前往一個擁有馬廄和牧場的鄰居家；我幾乎可以斷定那個鄰居是位獸醫，於是把馬列克交到他仁慈的手中。我們離開的時候，兩隻紅色的塞特種獵犬一直跟著我們，神情熱切。隨後一條臘腸犬也加入牠們，接著又出現兩隻牧羊犬。當一整窩幾乎完全成長的小狗也笨拙的蹦跳而來、一臉期盼的神情時，博士和我不禁停下腳步，交換了疑惑的眼神。在此同時，又有兩隻難以歸類的動物沿著小徑而至，神情警醒而友善，然後又跟來三隻，牠們全都抬眼注視著，彷彿在等待某種信號。「我想，」澤米爾博士說：「會不會是因為那個？」他指了指掛在我手臂上的馬鞍袋。我所攜帶的義大利臘腸仍然太大，無法完全塞入袋中；部分裹著紅白綠色包裝紙的臘腸，在陽光下曬了一天，晚風習習，氣息也飄散在大草原上。直到此刻，已然習慣這種氣味的我才注意到：這些狗正在搖尾巴，其中一、兩隻還開始彈跳，並不耐煩的吠叫。我不得不認輸。不過就在我正準備把臘腸扔入牠們之間時，博士按住了我的手：「Nein, nein!」（不行，不行！）他說：「Es würde einen Bürgerkrieg lancieren!」（這樣會引起內戰！）於是我拿出小刀，把臘腸切成一塊塊圓片，然後拋入空中。那群狗興奮至極的飛奔而去，不一會兒便全部解決了。

~

我在這故事的第一部，曾經敘述自己在捷克布拉提斯拉瓦買了一本很厚的綠色筆記本，用來當作記事本和旅行日記；五年後戰爭爆發，我離開時，不慎將筆記本遺留在當時正借住的羅馬尼亞一個朋友的鄉間別墅[84]。幾年前，經過數十年的分離，我奇蹟般地拿回了它，雖然綠色封皮有點磨損和褪色，但依舊完好如初。用鉛筆記錄的日誌幫助很大，可惜終究沒有達到備用品應有的水準。我從斯洛伐克開始寫，每天都有很長的記載；但是一旦入城，或許

---

82 Törökszentmiklos，匈牙利中部城鎮，一五五二年為土耳其人攻克，此名意為「土耳其聖米迦勒」（Turkish Saint Michael）。

83 St Michael，天使長，天主所指定的伊甸園守護者。

84 作者註：那房子在巴萊尼，位於摩爾達維亞公國的卡武魯伊區，距離普魯特河不遠。

是因為早晨頭痛的關係，有時就忽略了；待重新展開旅程，也不一定馬上就恢復記載。相同的情況也發生在布達佩斯和隨後旅行的初期。例如，索爾諾克，就只記載了城鎮名稱和那位供我食宿、個性愉悅的博士姓名：我依然記得晚餐上那道美味、滾燙、滿是辣椒粉的鮮紅和橙色鯉魚湯，但是卻沒有記錄下來；其他的則都遺忘了。其後第二天的紀錄中只提到「休斯伯格男爵」和「普斯塔坦優」，那是位於索爾諾克東南方十幾哩的一個小地方。至於索爾諾克本身，也只留下一個模糊的回憶。我記得當時騎馬經過蒂薩橋，半途特別停下來觀看一連串木筏沿著河水順流而下，兩岸的白楊樹高大茂密，給人一種置身蒼白閃爍森林的幻覺。木筏先是消失在橋下，緊接著出現在橋的另一端，然後承載著木材，隨著水流逐漸遠去，繼續前往多瑙河。其後不久，好心的澤米爾博士事先已幫我打過電話，我來到一個低矮的農家別墅，午餐期間，看到馬列克被安置在一間單間馬廄裡。這地方是蒂爾博．馮．提洛奇的某個朋友所有；提洛奇和皮普斯．史奇是連襟，在斯洛伐克時一直待我很好。休斯伯格男爵出身布達佩斯的一個猶太銀行世家，身材高大、精力充沛，有雙銳利的眼睛，是個充滿熱情的農民。在我們走向屋內時，他還驕傲地摸著一台新到的打穀機。

後來當我和馬列克輕躍著經過沉睡中的普斯塔波火車站時，周遭景色開始逐漸變得清晰；我之所以到現在還記得那個車站的名字，是因為那個名字很奇特。像這類村落，通常只是一條塵土飛揚的道路和兩旁的茅草屋而已。有時我會停下來買些燕麥；一旦見到一扇門或窗玻璃上漆著白色「kocsma」字樣，表示是家酒館時，我便會下馬，坐在含苞待放的蜀葵間的長椅上，喝一小杯名叫「seprü」或「cseresznye」自釀的酒，那是一種用櫻桃釀造的烈酒。還有些時候，我會在陽光和塵土中，和一、兩個馬車夫一起坐在長椅上；我們雖然無法溝通，但出於對馬的共同情感，總會馬上成為朋友：馬列克的俊俏模樣贏得了所有人的心，每個人都會摸摸牠。「Nagyon szép（好漂亮）！」他們會低語，或「Az egy szép ló（真是匹好馬）……」（我的日誌裡到處都記錄著零碎的詞彙：zab，燕麥；ló，馬；lovagolok，我騎馬；lovagolni fogok，我要騎馬；lovagolni fogok holnap Mezötúrra，我明天要騎馬去邁澤圖爾；還有Gyönyörü!，優秀或一流；Rettenetex!，可怕等等。）我坐在金合歡樹透明的樹葉下，手中鬆鬆地握著韁繩，覺得自己是個孤獨的牛仔，在罕為人知的部落冒險，而吉普賽人和手持戰斧狀牧杖的牧羊人可以提供確證的冒險細節。

把一處村落拋在背後的我們，再度單獨置身在一片平坦而已然熟悉的景色中，半荒漠、半開墾，不時點綴著羊群與牧羊人，孤單的汲水井，以及沿著天際飄浮的雲朵。接近傍晚時，我們行經另一龐大的牛群，牛角又長又直。不久後，出現一些吉普賽人的小屋和散亂的窯爐、遮棚、幾千個擺放著曬乾的磚塊，還有一個雜草叢生的教堂院落；接著軍營住家逐漸增加，我們來到一個殷實的鄉間小鎮：邁澤圖爾。

這個比索爾諾克小的城鎮，自有其重要性。（主要街道上兩家門上所刻的「kávéház」一字，有助於我確定在咖啡館之間的，是家櫥窗內擺滿化妝品和乳液的商店，裡面還有垂著眼簾、皮膚柔嫩的美女照片；那家商店前面刻著兩個神祕的文字：「*Szépség Szálón*」。我腦袋停滯了幾秒鐘，有如一個運轉遲鈍的計算機正努力運作，終於浮現出「美容院」……）許多商店名稱都是猶太語，源出德文，但以匈牙利文方式拼寫。其他的則是簡單的匈牙利文：Kis、Nagy、Fehér、Fekete，應是從Klein、Gross、Weiss和Schwarz等字翻譯而來，因昔日馬札爾語化運動而改變[85]。一個名叫奇拉格（Csillag）——譯自史恩（Stern）？——的雜貨商，教導我如何正確的把馬寄放在馬廄。這裡有很多馬匹和許多鄉下運貨車；老舊的四輪馬車罩著車篷，或在樹下耐心守候，或在塵土飛揚的傍晚燈光下沉重前行。在馬廄後巷，我遇見了一個名叫米奇．雷德勒的退學生，他原本在實習，準備當個化學家；在餵食馬列克時，他幫我把所有馬具搬到他寄宿處的一個房間。血統半匈牙利、半士瓦本的他，會說德語。這裡的人習慣這時刻在城裡散步，我們也一樣，忙碌的燕子則在一旁來回穿梭；四周的氛圍有種難以言喻的東方氣息。（後來我才發現，在同一緯度的南方，從葡萄牙到中國的長城，都有這種「corso」〔傍晚散步〕的現象。）我們在一家飯館分享一頓辣椒雞，又在戶外享用咖啡。然後在噪音和音樂的吸引下，我們進入一間頗為簡陋的小餐館，裡面滿是牧羊人和牲畜商人。這是一群個性粗魯、頭髮蓬亂且飽經風霜的人，腳上穿著及膝長靴或繫帶式的麂皮靴，頭上戴著小型黑帽，抽著造型奇特的菸斗，包括有蓋的金屬斗缽和十五公分長的蘆葦或竹製斗柄。有些比較時髦的不繫領帶，而是用鈕扣緊扣住領口。吉普賽人演奏的樂器包括一把小提琴、一把大提琴、一把低音提琴和一把揚琴，最重要的還包括一台華麗的豎琴，雕花、鍍金、高達一百八十公分，正夾放在一位皮膚黝黑的豎琴手的雙膝間；他的手滑弄過琴弦，為慵懶和突然怒放的曲調增添了一種水波蕩漾的感覺。有些客人已經酩酊大醉：到處可見潑灑出來的酒、無神的眼睛和癡傻的笑容。就像所有冒險進城的鄉下人一樣，剛來的害羞而尷尬，但很快就融入其間。有桌喧鬧的客人，粗暴地叫囂著要求更狂野的音樂和更強烈的酒，行止近乎暴動邊緣。「他們很快就要流眼淚了。」米奇微笑著說。這話說得不錯。不過那不是悲傷的眼淚，而是一種狂喜的淚水，潤濕了滿是皺紋的眼眶。我第一次領略了「mulatság」（狂歡）一字的意境：一種高昂的情緒，其中有癡迷、有憂鬱，有時因不斷飲酒助興，引爆吉普賽人一時興起而砸毀樂器。我也喜愛吉普賽這種飽受蔑視的音樂；幾個小時後，當我們起身離開時，內心也為同樣喜極而泣的脆弱情緒所感染。我們灌了不少酒。

我納悶著，這些狂歡的匈牙利人的血脈中，究竟混合了多少庫曼人和亞濟基人的血液？

~

第二天，一向徘徊在天際的雲彩似乎正往上空聚集。威脅性的烏雲罩頂，我感覺脖子上有雨水滴落；馬列克顫抖著，耳朵探詢地抽動著，原本在塵沙中處處浮現的幽暗星辰，迅速散開，當雨水灑下時，凝結成一幅潮濕的點畫。雨水並未持續很久。太陽露臉，一道彩虹懸

85 作者註：我的朋友R. F.警告過我，這種事不要隨便做出結論。就像匈牙利許多類似的事，實際情況總是遠比外表複雜得多。

掛在不遠處的天際。雲層再度散開，馬列克閃閃發光的毛皮和我的襯衫很快就乾了，一陣潮濕的涼風襲來，剛下過雨的色調，使得田野和樹木煥然一新。我一直希望能夠親眼目睹夏季月份，在大平原上經常出現的海市蜃樓；但除了豔陽偶爾在遠處大地反射出潤澤的細線外，並沒有出現任何蜃景。我讀過也聽說過匈牙利大平原的塵捲風[86]。由灰塵、乾草和枯葉形成的巨型漩渦在風中不斷旋轉，攀升到高處，然後飛速迴旋過平原，有如幻影般，一路拖拭和劃刈而去。不過秋季才是塵捲風的季節，而我是在很久以後，才在羅馬尼亞東南部的巴拉干見識到那般異象；巴拉干是一片荒原，對岸便是多瑙河倒數第二個彎曲處的多布羅加[87]。

前方出現一片森林，突然間，一隻杜鵑開始啼叫，劃破四周的寧靜。隨著我們逐漸靠近，啼叫聲也益發響亮而清晰，馬耳朵再度開始抽動。奇特的平原景象、天邊的彩虹和突然出現的杜鵑啼叫聲——那聲音就像夜鶯的叫聲，具備獨有的特色——意外地令我突然感受到思鄉的衝擊。為什麼我竟在這美麗的風景中浪遊，而不是在千里之外的西方那我所熟悉的英國森林和丘陵？等我們來到樹枝下，樹幹間所呈現的圖像更強化並擴展了這種情緒：這地方完全就是英國的雜樹林啊！林地上遍布榛木、接骨木、野薔薇和巴西利，樹葉的凹陷處閃爍著雨滴。還有鬍鬚地衣、致命的茄科植物，以及有刺灌木叢，再過幾個月便將結滿黑莓；一隻正在啄咬枯葉的畫眉振翅而起，棲息在陽光斜射的樹枝間。樹林間還有兩隻金翅雀、一隻歌鶇和一隻黑頭鶯。在突如其來的低潮中，我坐在樹下大啖麵包和乳酪，上面撒著辣椒粉，然後吃了一顆蘋果，又一根接一根的抽著菸，聆聽杜鵑、畫眉的啼唱，以及歌鶇的加碼演出，馬列克則在九十公分外的地方嚼食青草。那些鳥兒的啼叫都受到杜鵑的主導；從其聲音判斷，牠就棲息在我頭頂上方，而直到那片樹林遠拋於後，我仍依稀可聽見牠的啼聲。

綠色作物間散布著點點罌粟，空氣間飄浮著乾草、紅三葉草和紫花苜蓿的氣息，黃褐色的馬匹悠閒地吃著草。好希望這趟旅程永遠都不要結束。但是下一個停留點，亦即另一片綠色森林後就是終點了；儘管在最後一程一再拖延逗留，這段騎馬之旅還是太短了。我沿著鐵軌前行，很快便穿過一條湍流上的橋，騎馬進入匈牙利東南部的吉歐馬。馬列克主人的代理人在這裡有個朋友，我就是要把馬交給他。在我想來，返回布達佩斯附近那個綠蔭半掩的城堡，應該不是件簡單的事；不過當我提起時，那位朋友卻顯得再輕鬆不過。這件事太簡單了，明天就會有人去城堡，他把馬列克託給那人就行了。根據路標，此地距離布達佩斯只有一百六十六公里，所以馬列克只需幾個小時就可以返家了。我心情沉重地把馬列克遞給他。

維提斯．哈維爾．久洛拉博士黝黑高大，有雙帶點東方氣息的狹長眼睛，隆起的鼻子，高而窄的太陽穴，笑容裡帶著濃濃的悲傷。我猜想他是否為亞美尼亞人的後裔：這族群有為數眾多的人散布在這個城市，就像一群巨嘴鳥，以思想敏捷受到尊重，也以高而隆起的鼻子

86 一種強勁、形狀明顯、存在期相當長的旋風，通常是旋轉上升的氣流柱，含有灰塵或沙子。

87 Dobrudja，位於多瑙河下游，多瑙河和黑海之間的地區，昔日為鄂圖曼土耳其帝國的一部分。目前多布羅加北部由羅馬尼亞統治，南部由保加利亞統治。

受到嘲弄。但他的姓氏不像是亞美尼亞人，也不像匈牙利人。羅馬尼亞的姓氏起源於行業，諸如波特（Potter，「陶工」）或泰勒（Tyler，「磚瓦工」）；有時候以「ar」結尾，不過他的姓氏並非如此。我思忖著：他的客廳裡懸掛著政壇人物科蘇特[88]和戴阿克[89]的知名版畫，而除了我們交談所用不太流暢的德語外，馬札爾語是他唯一的母語。我和他以及他的家人在大街上的一家餐廳共進了晚餐，頂頭是一輪新月，和開滿紫丁香（馬札爾語叫「orgona」；經過差不多半世紀，我突然靈光一現想起了這個字）的花架。陣雨後的空氣凝滯不動，天氣突然變得很熱。小鎮上滿是傍晚推著嬰兒車出來散步的人，許多人停在我們桌旁聊天；我不禁在心中描繪著匈牙利大平原各城鎮八月天時的樣貌。晚餐，接著床鋪，一切好似命定一般。如同《聖經》中受烏鴉供養的以利亞[90]，我已不再感到驚訝，但始終樂在其中。

第二天，我在一張椅子上清空馬鞍袋內所有的東西，重新組裝背包。有幾張素描掉了出來，哈維爾太太幫我撿起並整理。那些素描並不是太好，但她請求我幫她女兒艾珥希畫張素描；艾珥希是個神奇而漂亮的小女孩，大約十歲。我在德國和奧地利時，經常用素描來答謝東道主的招待，似乎沒有人介意我的素描缺乏專業水準，所以我便欣然接受，艾珥希也立即興沖沖的跑去整理頭髮。等了十分鐘她還沒有回來，他們大聲呼喚，她才終於現身：只見她戴著母親的鐘形女帽，綴著長耳環，披著狐皮披肩，造型相當特別；此外，臉上還撲了粉，雙唇黏答答地塗成愛神的弓形[91]。她坐在矮凳上，戴著手鐲的一手彎折靠在臀邊，另一隻手則搔首弄姿地拿著一柄三十公分長的菸嘴，撢撢菸灰，儀態間帶著風情萬種的慵懶。這個畫面很具說服力，但也相當怪異，儼然羔羊裝扮成母羊的進階版。「她很傻氣吧？」她母親寵愛的說。我真的不確定自己的素描可以展現出真實的她。

隨後，換回日常衣著的艾珥希，隨著父親和我前往馬列克的馬廄。我帶了一些方糖當作告別禮物，並堅強得宛若阿拉伯人告別他的馬[92]。我們發現馬列克在牧場遠處和幾匹小馬一起嬉戲，但是聽到我的呼喚，牠立即飛揚著鬃毛和尾巴慢跑過來，我拍了拍牠前額的白色斑紋，最後一次撫摸牠漂亮的頸脖。說聲再見後，我隨即出發上路，而我那仍然為方才的變身感到興奮不已的小模特兒則不停揮舞著手，跳上跳下的高喊：「再見！」直到彼此的聲音終於遠去。

88 全名Kossuth Lajos（一八〇二～一八九四年），匈牙利革命家、政治家和民族英雄。

89 全名Ferenc Deák de Kehida（一八〇三～一八七六年），匈牙利政治家，被譽為「匈牙利智者」。

90 Elijah，出自《聖經》〈列王記〉第十七章二～六節：「耶和華的話臨到以利亞說：你離開這裡往東去，藏在約但河東邊的基立溪旁。你要喝那溪裡的水，我已吩咐烏鴉在那裡供養你。於是以利亞照著耶和華的話，去住在約但河東的基立溪旁。烏鴉早晚給他叼餅和肉來，他也喝那溪裡的水。」

91 Cupid's bow，指上唇的兩個小峰狀。

92 引用英國女作家凱洛琳．諾頓的詩作：《阿拉伯人告別他的馬》。

我一整天都順著克勒什河前行。河流兩岸建有堤防以預防洪水，沿途全是森林，因此無論小徑上或河岸邊，都撒滿了斑駁的樹影。柳蘭種子的冠毛飄落水面，旋轉飛舞地橫越其上，幾乎每走一步都有青蛙躍入水中。蘆葦和高大的香蒲叢呵護著水雞家庭，紫蜻蜓在黃色菖蒲花叢間徘徊與歇息。當我坐下來抽菸時，由於動作唐突，驚動了一隻水獺；牠環顧四周，沿著一根柳樹樹根跑開，撲通一聲，溜入了河潭，激起一圈圈漣漪。河水裡有足供牠果腹的食物：清澈的水中閃爍著小魚蹤影；在稍遠處的上游，兩個男孩正忙著對付長釣竿和浮標。他們的魚獲皆用繩子穿過魚鰓綁好，放到一棵中空的樹幹中。我們才打了聲招呼，我就看到一道銀光飛閃，又一條魚躍出流動的水面。我一說：「Eljen!」——「好厲害！」希望沒有講錯——他們便要把魚送給我，但是我可不願像《舊約聖經》中的多俾亞一樣，帶條魚到下一站[93]。牛群均聚集在樹下，跋涉過及膝的河水；羊群則填滿田野間的每一處遮蔭，以躲避正午的烈陽，像化石一般動也不動。

突然出現一群吉普賽人，我不禁在帳篷和馬車之間搜索，查看他們是不是我在采格萊德北部結識的朋友，可惜白忙一場。只見男人帶著鐮刀，頭上頂著長捆蘆葦，走動時，頂上的蘆葦也跟著上下彈動。女人則站在深及大腿的河水裡，清洗並擰乾破爛的衣物和俗麗的衣裙，晾在矮樹叢和枝幹上，就像花彩裝飾一樣；成群的男孩則像復活節斯洛伐克岸邊的孩子般，搜遍河岸，尋找獵物的巢穴，包括田鼠、鼬鼠、河鼠等。他們把嚴肅的工作留給他們的小姊妹，這些姊妹不知疲倦地小跑跟著一天中唯一指望的人，口中喊著：「Bácsi! Bácsi!」

（叔叔！叔叔！）因為對小吉普賽人而言，所有陽剛之氣的獵物都是可敬的叔叔。她們尖聲呼喚叔叔的聲音持續了約一弗隆[94]遠。待她們埋怨的叫喚聲完全消失，我又成為獨自一人，只有燕子在樹影間跳躍，還有偶爾閃掠而過的藍綠色翠鳥，擾亂了樹葉和河水的靜謐。

正午過後不久，河水分流，我沿著塞貝什—克勒什河（「塞貝什」是快速之意），溯河而上，直到紅瓦尖塔進入視線，提示我已經抵達古老的村落克勒什洛達尼。

馬札爾語的「kastély」相當執拗，一定要念成「koshtay」或類似的音。就字面上看起來，這個字乃德語「Schloss」的意思，是一種具有防禦工事和城堡形狀的建築；但就我在匈牙利和外西凡尼亞所看到的這類建築，其實比較像英國的莊園大宅。當這個單字浮現腦海之際，我不禁努力在記憶中搜尋克勒什洛達尼那間莊園大宅的影像；由於其間相隔數十年，影像邊緣難免有些模糊。那是一座類似農莊、但卻沒有農莊感覺的單層建築，十八世紀晚期長形赭石色建築的大門上方，有螺旋形和圓形裝飾的巴洛克式山形牆，還有褪色的磚瓦和紫燕的窩巢，以及敞開扣住的百葉窗，以方便午陽的照射。我把行李放在大廳的鹿角掛架下，

93《多俾亞傳》，屬於天主教和東正教《舊約聖經》的一部分，但不包括在新教的《舊約聖經》裡，描述神庇護一個以色列家族的故事，其中多俾亞在底格里斯河邊遭一隻大魚攻擊，隨後在天使拉斐爾的指導下將魚膽、心和肝保存起來。

94 furlong，英國度量單位，相當於二十公尺。

跟著帶領者穿過連串開敞的房門，在陰暗的連結廳[95]中央見到女主人。她是位魅力十足的美麗女子，有著一頭淺色的直短髮；我想應該是中分的，因為幾年後見到艾瑞絲·崔[96]時，崔的髮型馬上讓我聯想起她。女主人穿著白色亞麻洋裝，腳踏輕便帆布鞋，手上拿著一個菸盒和一根點燃的菸。「啊！我們的旅行家到了。」她親切的聲音略帶沙啞，領著我穿過落地窗去見她的家人；只有她丈夫不在，第二天才會從布達佩斯回來。我們在幾棵高大的板栗樹下圍聚品茶，粉紅和白兩色花串自樹冠突出。他們聚會的畫面就像科普利[97]或維亞爾[98]畫筆下的聊天場景，而且幾乎可以在瓷器和銀器上見到他們反射的身影。這些人物包括上述的女主人伊歐娜·梅朗伯爵夫人，一兒一女，名叫漢斯和瑪琪，大約十三歲和十四歲，還有一個年紀小很多的女孩海莉，三個孩子都長得很好看，禮貌周到，但有點嚴肅。還有一個朋友，也許是親戚，戴著粗框眼鏡，名叫克莉斯汀·艾什泰哈齊，以及一位奧地利家庭教師。除了最後一位，其他人都說英語，但是我不記得他們說過的任何一個字，只記得他們的外貌、闊葉片下的畫面，以及當時令人陶醉的氛圍。我們坐著聊天，直到點燈時刻，只見室內燈光點燃，光線沿著瀰漫著薰衣草香的連串房間流淌，照亮了書籍、畫像和家具的背後，顯示這幢屋子已有褪色鄉村宅邸的古雅風味，窗簾也已清洗過數百次。鋼琴鍵盤上方飄揚出樂聲。什麼音樂？我記不得了。但經過這麼多年後，突然間有一個畫面浮現在我腦海——鋼琴上放著一只碗狀花器，裡面插滿碩大的白色和紅色牡丹，還有幾片花瓣墜落在光滑的地板上。

在整理好儀容共進晚餐之際，以及後來就寢前，我一直在打量房間牆壁上的照片。高踞險峻岩石上的奧地利格拉內格城堡，伊歐娜伯爵夫人眾多的阿瑪奇家族親屬，以及幾位匈牙利文克漢家族人士，身穿毛皮服裝，手執彎刀，極盡尊榮。還有一張我個人深感興趣的十九世紀早期彩色石版畫，畫中是一位瀟灑的後攝政時期花花公子，我記得那人好像叫作季齊，蓄著捲曲的鬍鬚，繫著藍鳥眼紋的馬術服領結，身穿鮮紅色英式獵裝。他是騎術高超的匈牙利騎士之一，這群騎士在獵狐時藝高膽大，因此在英國中部幾郡頗負盛名。他們徜徉於英國貝明頓馬術比賽的草地上，或正如阿克曼[99]的石版印刷畫中所描繪的，在跳欄時演出驚險意外，在成群獵犬狂吠聲中追獵，或拉緊韁繩馳騁於朗克區獵狐場，跳躍過文森旦溪，或在綠意盎然的教區間追逐，從教堂的這一尖塔到下一尖塔，隨處可見他們的身影。不過，最引人矚目的還是傍晚的慶功宴，諸多倜儻的花花公子圍聚於滿是珍饈的餐桌旁，在晚霞的映襯中，從隨意散置的餐巾、冰酒桶和空酒瓶間一躍而起，喧鬧地一致飛舞著酒杯。遺落在角落

95 巴洛克式建築裡，一條軸線上依次縱貫串聯的房間，多見於凡爾賽宮等歐洲宮殿建築。

96 Iris Tree（一八九七～一九六八年），英國詩人、演員和藝術模特兒。

97 全名John Singleton Copley（一七三八～一八一五年），活躍於美國和英國的畫家。

98 全名Jean-Édouard Vuillard（一八六八～一九四〇年），法國畫家。

99 Rudolph Ackermann（一七六四～一八三四年），英—德書商、發明家、石版印刷工、出版商。石版印刷是一七九八年由奧地利作家及劇作家阿羅斯·塞尼菲爾德所發明的印刷術。

裡的鏤空鑰匙文鎮擺飾，在聞名於賽馬界的歐斯巴德史東家族和阿什頓—史密斯家族之間，經常會雕飾著一、兩位來自匈牙利大平原「寧錄」[100]的姓名[101]。

隔天當隔壁女家教在上課時，我在圖書室裡盡情查閱有關匈牙利大平原的資料，直到大夥出發去野餐。一輛四輪馬車輕快而沉穩的停在前門，輪軸閃閃發光，大夥一起擠了進去。車夫一襲黑色緊身飾扣制服，搭配的帽子令我頗為驚異。那是一頂黑色平頂氈帽，還是絨帽呢？帽緣垂直捲起，帽頂裝飾著一根黑色鴕鳥羽，由前到後固定成半圓形，後面飄揚著兩根狀似魚尾的飾帶。這是土耳其騎兵或禁衛軍遺留的風格，還是早期入侵的馬札爾人遺風？（這是我最近探究的議題。）一路上頻頻有人揮舞著帽子相互打招呼，待行駛約半哩路時，路邊傳來了一聲顫抖的呼喚。伊歐娜伯爵夫人指示馬車停下，一下車即被一名戴著頭巾的老太太擁抱住，在連串相認的驚呼、許多交談與歡笑，以及若干我想是淚水、還有更多擁抱後，伯爵夫人再次上車，顯然深受感動：她不停地向後揮手，直到對方消失在視線外為止。那位老太太是某個村民的母親，十五年前移民到美國，後來漸漸思念起家鄉，才剛回來兩天。

我們來到克勒什河的一處河彎，安頓在柳樹下綠草如茵的河畔，開始大吃大喝，馬匹亦在不遠處的陰涼處嚼食，甩動著馬尾。一隻蒼鷺在枝椏間滑行而過，消失在直立於河中淺灘上的劍葉植物間。我們置身在一座大型森林邊緣，鳥類繁多，在下午的靜謐時光，當談興稍歇之際，三隻犄角萌發的小鹿悄悄地從河邊走下來。回家途中，田野間傳來歌聲，大家也開始低聲應和，包括奧地利、德國、英國和匈牙利歌曲，最後，我的舌頭幾乎打結。他們竟然會唱我在布達佩斯所聽過最喜歡的一首歌曲《麥穗成熟，彎下了腰》。這首歌真是再適合此刻不過：我們正駕車行經一片麥田，燕子直飛而下，翱翔在綠色的麥穗上方，而這片麥穗即將成熟下垂，就像歌詞中所描述的一樣。這正是鈴鐺晃動，羊群和牛群的叫聲不絕於耳，在被暮色渲染的漫天金色塵沙中，朝村落逐漸聚集的時刻。我們回到城堡時，城堡主人也剛好到家。約翰（漢斯）・梅朗伯爵個子很高，有著深色髮鬚和英挺的鷹勾鼻，神情和藹可親。孩子們一見到他便衝入他的懷中，等到好不容易脫身，他馬上親切的招呼其他人，先是親親手，然後親吻臉頰，舉手投足間既有禮貌又充滿感情，是我在上流奧地利社交圈所僅見。

這個地方以及居民，始終充滿魅力，完美得不似真實。我明白這一點，不過在驚豔之餘，我只能照實記錄。此外，此次停留還有另一層特點，即意料之外的讓一個世紀或更早之前的歐洲歷史片段，突然反映於現實中。再一次，繼續討論我房間裡的平版畫。其中有張照

---

100 Nimrod，《聖經》〈創世記〉中記載的一個人物的外號，挪亞的曾孫，因為他在耶和華面前是個英勇的獵戶，所以俗語常說：「像寧錄在耶和華面前是個英勇的獵戶。」不過在《聖經》以外的傳統中，他卻總是跟上帝作對，深具叛逆性。

101 作者註：諸如艾什泰哈齊、或奧地利名媛賽琳・梅特涅的父親桑德爾伯爵；還有其後贏得英國越野障礙賽馬的金斯基，不過他其實是波希米亞人。譯註：艾什泰哈齊起源於中世紀的匈牙利貴族家庭。

片是奧地利卡爾大公[102]，一手揮著旗幟，正穿過阿斯佩恩[103]的蘆葦，衝向拿破崙[104]的軍隊。（他的雕像豎立在維也納英雄廣場歐根親王雕像的對面，高踞狂熱地揚起前蹄的駿馬之上，就是在描述那個時刻。卡爾大公應該感到十分錯愕！因為他終其一生，一直拒絕接受任何雕像和榮譽的褒揚。）我第一次意識到這號人物，是在我離開維也納，在多瑙河對岸凝望馬奇費爾德盆地的時候：就在距離瓦格拉姆幾哩處的那裡，聯軍首度在激戰後終於打敗拿破崙。房間內另一幅平版畫，是卡爾大公的弟弟[105]，也是奧地利東南史泰利亞邦的人以低沉方言傳唱不已的歌曲《約翰大公之歌》（Erzherzog-Johanns-Lied）的主人翁：我在奧地利北部珀希拉恩對岸的一家旅館第一次聽到這首歌後，便不時地聽到人唱。這眾多兄弟中的兩手足是神聖羅馬皇后瑪麗亞・特蕾莎的孫子，法國皇后瑪麗・安東妮的姪子，利奧波德二世[106]的兒子；他們的哥哥繼承王位，成了法蘭茲二世[107]，也是最後一位神聖羅馬帝國皇帝。（為了防止拿破崙篡奪王位，他放棄神聖羅馬帝國皇帝的巨大榮耀，退居奧地利皇帝，當時距離查理曼大帝加冕剛超過一千年不久。）

不過這些人當中，約翰大公是最有趣的一位。他十八歲便勇敢率軍抵抗拿破崙，以智慧和正義治理他所統轄之地，在關鍵時刻也經常奉召商議國事。他聰明、有決心，衷心信仰法國學者盧梭[108]的民主原則，畢生都是首相梅特涅[109]的對手；而他對山區單純生活的熱情，亦讓他成為從克羅埃西亞到瑞士阿爾卑斯山區的無冕王。我的房間裡，一張大約繪於一八三〇年的浪漫畫中，他身處林木茂密的群峰之間，倚著一根登山杖，扛著一把鳥槍，頭戴寬邊氈

帽，帽沿後推，露出凝思的眉宇。記錄這些霍布斯堡王朝典範人物的特質，實乃一件令人稱

102 全稱謂為Archduke Charles of Austria, Duke of Teschen，又稱特申公爵（一七七一～一八四七年），奧地利元帥，偉大的軍事將領。儘管他患有癲癇，但卻不影響他作為指揮官和奧地利軍隊的改革者。不過文中所述舉旗之畫，純屬後人美化，因為身體孱弱之故，他並無法舉旗。

103 Aspern，位於維也納，因一八〇九年阿斯佩恩—艾斯林戰役而聞名。在此戰役中，拿破崙試圖在維也納附近橫渡多瑙河，但被卡爾大公率領的軍隊所擊退。

104 全名Napoléon Bonaparte（一七六九～一八二一年），法國軍事家、政治家與法學家，其權力在法國大革命末期和法國大革命戰爭中達到巔峰。

105 即約翰大公，全名Erzherzog Johann von Österreich，全稱謂為Archduke John of Austria（一七八二～一八五九年），霍布斯堡—洛林家族成員，奧地利陸軍元帥和帝國攝政王，號稱「阿爾卑斯山之王」。他是一個有著自由主義思想的人，在奧地利諸邦中擁有很高的人望，以至出現了後述的民謠。

106 Leopold II（一七四七～一七九二年），出身霍布斯堡—洛林王朝的倒數第二任神聖羅馬帝國皇帝，匈牙利和波希米亞國王，也是奧地利統治下的義大利的托斯卡納大公。

107 Francis II（一七六八～一八三五年），神聖羅馬帝國的末代皇帝，奧地利帝國的第一位皇帝。

108 全名Jean-Jacques Rousseau（一七一二～一七七八年），啟蒙時代的瑞士裔法國思想家、哲學家、政治理論家和作曲家，主張主權在民，與伏爾泰、孟德斯鳩合稱「法蘭西啟蒙運動三劍客」。

109 全名Klemens Wenzel von Metternich（一七七三～一八五九年），是當時重要的政治家和外交家，任內首要工作之一是緩和奧地利與法國的關係。在他的影響之下，「梅特涅體系」維繫著奧地利與俄國、普魯士的聯盟長達十數年之久。

快的事！勇氣、智慧、能力、想像力和對正義的熱情，使得他們的行事作風和他們所屬氣運不佳的王朝背道而馳，而這位特立獨行的親王，更將他對王朝的憎惡添上最後一筆，娶了史泰利亞郵政局長的平民女兒[110]。不過後來他的妻子和孩子仍受封為貴族，領地為南提洛[111]的梅朗，亦即今日上阿迪傑的梅拉諾。

「是啊，」我問及約翰大公的事蹟時，伊歐娜伯爵夫人說，「他是漢斯的曾祖父，而那位，」她指著一張照片說：「就是迷人的安娜[112]。當她見到他們第一個孩子繼承霍布斯堡家族的嘴唇[113]時，高興的不得了。可憐的小東西！」（她丈夫身上沒有多少遺傳跡象，孩子們身上則完全消失。）她耐心又幽默的告訴我這整個故事，坐在一旁扶手椅抽菸看報的漢斯公爵也不時從旁幫襯。「我必須說，」她笑著繼續說：「幾年前大家吵吵鬧鬧的辯論誰應該當國王，我都忍不住想，」她朝伯爵的方向點了點頭，「為什麼不找他？」她丈夫不以為然的插口道：「好了，好了！」幾秒鐘後便哈哈大笑著繼續看他的報紙。

~

當初出發時，我原本希望我的旅行計畫能前往另一方向，因為若連續幾天往東北而行，會將我帶到霍爾托巴吉沙漠和當地的野生馬群，還有以強悍聞名的牧人。（相當令人驚訝的，這些戴著馬刺、揮著馬鞭的憨厚牧人，其實是嚴謹的新教徒[114]；大草原的首府德布勒森，自從宗教改革以來，一直是喀爾文教派的大本營。）但是出發前一天在圖書室見到的古老地圖令我有所動搖，因為有跡象顯示，我後來採行的東南路線應該也有我所期盼的偏遠和荒僻。一百年前，這片大平原上的絕大部分有如龐大的沼地，只點綴著幾處地勢較高的綠洲。其間勉強散置著村莊，但不是克勒什洛達尼那種古老的村莊，而只是十九世紀沼澤乾涸後冒出的居留地。當時的荒僻氣氛，可以從那些高大有如彈弓，將木材騰升到虛空的汲水井略見一斑。在庫曼人所居住的南部地區，以詩人裴多菲[115]的誕生地聞名——很奇怪，匈牙利詩人的名字總是不斷出現在對話和書籍中——暴雨來襲時，經常會把這區的村落圍困在小山丘上，成為孤島，只有平底船才能出入。但為了大自然的平衡，在靠近塞格德的地區，七、

110 約翰大公迎娶平民安娜·普孟芙爾，根據皇家律法，其妻子兒女都將喪失貴族頭銜和相關權利。

111 South Tyrol，現為義大利自治省，義大利語稱為上阿迪傑。原本整個提洛都屬於奧匈帝國，一次世界大戰後劃歸義大利。

112 全名Anna Plochl（一八〇四～一八八五年），即約翰大公不惜放棄大部分的皇族頭銜和相關權利，也要迎娶的平民妻子。

113 霍布斯堡家族最著名的特徵為前突的大下巴，因為太明顯，甚至有人將這樣的特徵稱為「霍布斯堡下巴」，類似我們所熟悉的「戽斗」。

114 Protestantism，又稱基督新教，與羅馬天主教和東正教並列基督教三大分支，源於十六世紀馬丁·路德等主導的宗教改革運動，強烈批判天主教的腐敗和異端思想。

115 全名Petőfi Sándor（一八二三～一八四九年），匈牙利愛國詩人和英雄、自由主義革命者，被認為是匈牙利民族文學的奠基人，一八四八年匈牙利革命的重要人物之一，同時也是匈牙利著名的愛國歌曲《國民歌》的作者。

八月會進入乾季，大片土地閃爍著蘇打結晶的光澤，而原本即因海市蜃樓和塵捲風而迷惑不解的旅人，這種結晶的景象肯定會讓他們更將一切歸於夏日的幻覺。據云，乾旱時期，淺水湖泊會完全乾涸，然後才再度填滿湖水，直到經過簡短的發展期，蘆葦再次成長，魚兒再度嬉游，接著蝌蚪出現，青蛙亦開始嘓嘓喧鬧。迄今西南部湖泊仍然滿是鯉魚，蒂薩河依然豐饒，一旦想起，不禁倍感歡快；那些從湍急的克勒什河中撈出滿懷漁獲的男孩怎麼樣了呢？在我周遭荒涼的森林還屬於無人之境時，羅賓漢[116]似的劫匪出沒其間：和藹可親的土匪和強盜綁架旅行者要求贖金，拿走牛群、羊群，並向孤立於城堡中的貴族強索報酬。這是一個布滿危險、傳奇和暴力的區域。

我當天要走的路並不遠。清高的拒絕一輛輕型馬車載我一程的提議，奮力邁向韋斯特，並在下午時抵達目的地。拉約什伯爵是我克勒什洛達尼友人的表親，其實也就是路易伯爵，不過一般人都以當地語言的暱稱稱呼他。（當時的中歐，如果你遇到一位伯爵，便可能遇到他的親戚朋友，撞見一籮筐的伯爵。這位瓦豪河谷[117]的博學之士對這些頭銜的濫用，抱持著揶揄的態度，包括他自己的在內。「count和earl其實差不多，都是伯爵[118]，」他說：「所以如果丁尼生[119]詩裡的克拉拉．維爾．德．維爾夫人[120]出生在這裡，她有可能是一百個伯爵的奶奶，而不單是一百個伯爵的女兒；當然，這還要靠點運氣。要生十個兒子，每個兒子又有十個兒子，這樣你就可以有一百個伯爵，而不像英國，只有一個。」）

我是在他漫步前往宅邸的道路上找到他的。他肯定有三十五歲左右，外表虛弱，輕微顫抖，表情痛苦——幸好不光是面對我的時候如此——不過只要泛出一抹有點悲傷的微笑，神情便為之一亮。他說話速度原本就慢，後來因為開車打瞌睡造成嚴重車禍而變得更為明顯。他身上有種動人和非常美好之處，就在我寫作的同時，正看著筆記本背後的幾幅素描；畫得不好，但卻顯現了若干這種特質。

除了馬札爾語外，他只會德語。他說：「來看看我的Trappen！」我聽不懂最後一個字的意思，但我們一起踱向宅邸另一側，就見到兩隻大鳥站在樹下。第一眼覺得那鳥彷彿是鵝和火雞的混合體，不過比兩者的體型都大，模樣更高貴也更強健，但就近觀看，則完全不同；比較大的一隻，從鳥喙到尾巴整整超過九十公分長。淺灰色的脖子有一圈狀似衣領的紅褐色羽毛，鳥背和翅膀是帶有紅色斑點的暗黃色，最奇特的是從鳥喙處垂落著一束長鬚，就

116 Robin Hood，英國民間傳說中的人物，武藝出眾、機智勇敢，仇視官吏和教士，是一位劫富濟貧、行俠仗義的綠林英雄。傳說他住在諾丁罕雪伍德森林。

117 Wachau，奧地利境內的多瑙河河谷，全長三十公里。該地區擁有自史前時期演化至今各時期完整的歷史痕跡，境內有眾多的歷史古城和修道院。

118 count and earl，在英國以外的國家，伯爵是count，而在英國，伯爵用的是earl。

119 全名Alfred Tennyson（一八〇九～一八九二年），華茲華斯之後的英國桂冠詩人，也是英國著名的詩人之一。

120 〈Lady Clara Vere de Vere〉，是丁尼生於一八四二年出版的詩集中的作品，描述一位浪蕩的貴族女子。詩中有一句：「The daughter of a hundred earls.」

像一綹淡黃色長長的絡腮鬍。我們的出現讓原本步態莊嚴的牠們開始逃竄，拉約什請我後退，自己走過去，撒了些穀粒，比較大的鳥還讓他搔搔牠的頭。拉約什覺得沮喪的是，一個月前這兩隻鳥的翅膀被捕獲牠們的農民給剪短了。那隻大鳥張開翅膀，然後伸展出像火雞一樣漂亮的扇形尾羽，剎那間，牠儼然成為一隻白鳥，不過闔上尾羽時，顏色再度變暗。這兩隻是大鴇，一種罕見的野鳥，人們經常誤以為牠們和鴕鳥有關。牠們喜歡類似曠野的荒野之地，拉約什打算留著牠們，直到羽毛長好可以飛走為止。他喜歡鳥，對鳥很有一套，那兩隻鳥一直跟在他背後，以穩定的步速登上階梯，通過客廳和長廊來到前門，待他關上門後，仍不時可以聽到牠們用鳥喙啄門的聲音。

晚餐時，他聊起春秋兩季鷸鳥和野雁的遷徙。這些遷徙有時以楔形隊形飛行，鳥喙接著鳥尾，延續達數哩之遙；不像我幾星期前看到的鷸鳥遷徙，就像無窮無盡、鬆鬆散散的一群暴民，宛如黑暗時期衣衫襤褸的游牧民族。我知道他是個神射手。他談論著山鷸，當我以為他說完的時候，他非常緩慢的加了一句：「牠們的拉丁學名是Scolopax，」經過冗長的停頓，他又補充一個字：「rusticola」，最後，經過更長的停頓之後，他似乎想起什麼，又宛如催眠似的重複一次「rusticola」[121]。

他的妻子不在，在晚餐期間和之後，我們在燈光旁坐著聊天時，整個宅邸有種孤單的感覺（我猜我就是那時完成素描的；那些素描的陰影看起來很像）。當他問我是否願意留下來一、兩天時，我感覺他不單是出於禮貌；只是我仍不得不上路。

早餐被送進靠近拉約什住處一個陽光充足的房間。「我一向不是早起的鳥兒。」他說，一邊舉起杯子要更多咖啡。他還穿著拖鞋和罩衫型的老式睡衣，睡衣胸前繡著姓名縮寫W. L.[122]，上方繡著一頂九冠角的貴族冠冕。我聆聽著他有如夢囈般的談話節奏，確信在那兩個字母底下，跳動著一顆仁慈的心。之後，不斷有人銜命進進出出：有些人吻手為禮，房間很快便充滿乏味的八卦和笑聲。那一個鐘頭聚會的氛圍帶點法國劇作家莫里哀[123]的筆觸，也有種*petit lever du roi*（國王小型沙龍）[124]的意涵。拉約什一邊從一名吉夫斯[125]模樣的貼身男僕手中拿取每件衣物，慢慢穿著打扮，一邊以從容而迷人的語調回答訪客和代理人的問題，最後

121 Scolopax rusticola rusticola是學名，一種中小型涉水禽鳥，分布於歐亞大陸溫帶和亞北極地區，俗稱丘鷸。

122 作者註：匈牙利姓氏和教名的順序是姓在前、名在後。

123 Molière（一六二二～一六七三年），法國喜劇作家、演員、戲劇活動家、法國芭蕾舞喜劇創始人。一六五九年，莫里哀在巴黎創作的第一個劇本《可笑的女子》上演，矛頭直指貴族，諷刺資產階級的附庸風雅，抨擊貴族社會腐朽無聊的「典雅」生活。

124 指國王在起床更衣時間，趁此機會接待親近訪客，處理瑣事的傳統。

125 Jeeves，英國幽默小說家伍德豪斯系列小說中的人物，是位極為能幹的僕役，貼身伺候一位富有而懶散的倫敦少爺。

終於穿著短筒褲套裝和擦得發亮的布羅克鞋[126]亮相。他從門廳的籃子裡拿了一些玉米，和我一起去看那些大鴇。

「你不用帶手杖嗎？」拉約什在門廳處問我，我正揹上背包，準備出發。我說我的手杖掉了。他隨即從架子裡挑出一根手杖，鄭重其事的遞給我。「來！這是韋斯特的紀念品。我的老牧羊人以前經常自己做手杖，不過他已經不在了。」那是一根非常帥氣的手杖，平衡性佳，杖面雕滿精緻的樹葉圖案，柄桿稍往下處的樹蔭掩蔭間則雕飾著匈牙利的紋章：紋章右邊的中央橫線代表匈牙利的河流，左邊有座三峰小丘，中間豎立一座雙十字架，象徵匈牙利的山脈和主要信仰，而在左右兩側之上的是教皇聖冠與冠頂偏斜的十字架[127]。我很高興收到這樣一份禮物，尤其送得正是時候：一週前，我正好把手杖弄丟了。當時我忙著調整馬利克的馬鐙皮帶扣洞，於是隨手把梣木手杖插在一叢灌木裡，後來上馬就忘了。（手杖也許還在那裡。由於金屬包頭已經脫落，所以可能已在那裡落地生根，長到十五公尺高了。）

我預定晚間抵達拉約什的另一個親戚處，當天行程也頗為輕鬆。「是啊，」他說，「我們人多，aber wir sind wie die Erädpfel, der beste Teil unter der Erde（而且就像馬鈴薯，最好的部分在地底下）。」我迄今仍無法理解這句話究竟意味深長，還是很單純。我們互道再見後，我回頭一看，只見他正把玉米粒撒向那些趕上前來的大鴇。

有段時刻，大平原上一片空曠，好幾哩範圍內都空無一物；但不久後，人又置身於田野和水澇草地，眼前景物彷彿突然從荒原中浮現而出。我走過一座畜牧農場的後院，院中滿是鴨子和珠雞。（說是浮現而出，真實情況有時正好相反：據說大型建築物曾沉入鬆軟的泥土達五、六呎之深。）天黑後，我抵達杜博斯，受到拉約什親戚拉斯洛的熱烈歡迎：傳言有謂，穿越大平原東南部乃冒險之舉，感謝上帝我永遠不知道這句話是威脅還是玩笑。不過拉斯洛伯爵（Graf，或匈牙利語的gróf）顯然視為玩笑。我們安頓好後便開始品酒聊天，我不得不再度向他和金髮的伯爵夫人（grófnő）重述我的旅程。伯爵紅光滿面，瀟灑倜儻；伯爵夫人是英國人——先前有人告訴過我，但是我一時忘記了——確確實實出身自倫敦。「你看出來了吧。」她高興的說。她曾經是名舞者或歌手——「不是那種上流品味的，我相信。」有人這麼跟我評論過——如今雖然不再是窈窕淑女，但可以看出來她以前一定很漂亮，而且為人很好。他們夫妻都散發出仁慈的氣質。在德國和奧地利，每次一說起我的浪遊打算時，被問的第一個問題一定是：「我的父母在哪裡？」我回答：「在印度和英國。」然後第二個問題又總是：「你母親對你出遊的事有什麼看法？你這樣到處流浪，她一定很想你……」今

126 brogues，布羅克鞋是一種低跟鞋，以鞋面雕花和堅固的皮革鞋面著稱。

127 即本書第一章中提過的教宗思維二世贈給聖史蒂芬國王的皇冠，王冠頂端的十字架原本是端正的，在大約十六至十七世紀時因發生意外而撞歪。

天也不例外。我告訴他們一切都很好，而且我常寫信給我母親。

他們對我跨越邊界進入羅馬尼亞也頗表關切。他們兩位都沒有去過，不過都對那裡充滿不祥的預感。「那是個可怕的地方！」他們表示：「都是些強盜和騙子！你不能相信他們。他們會把你所有的東西都拿走，並且，」說到這裡，他們一起壓低了聲音：「所有山谷裡都是得了性病的人，噢！你一定要當心！」我從他們認真的神情可以看出，這些的確是他們的肺腑之言，不禁開始感到有些焦慮，又有點興奮。多瑙河斯洛伐克河岸的居民大多是匈牙利人，我待在當地的那幾天當中，首次感受到匈牙利人對主張收復固有國土的執念。他們對斯洛伐克人具有強烈的偏見；但是從《特里阿農條約》失去外西凡尼亞之後，只要一提到羅馬尼亞，他們便怒不可遏；我認為這部分割讓，遠比失去斯洛伐克更令他們憤怒和苦澀，甚至遠遠超過把戰前屬於匈牙利的南部領土割讓給南斯拉夫之舉[128]。我之後會再繼續探討這個痛苦且難以解決的問題。這個主題絕非首次出現，因此我能理解他們的情緒是多麼激昂。

我的女主人突然跑上樓，然後帶著一只精巧的皮製盒子下來，尺寸比一副撲克牌稍大。「你一定要好好照顧自己，親愛的。」她說。拉斯洛伯爵嚴肅的點了點頭。我納悶那盒子裡究竟裝著什麼。一個念頭從我腦海飛閃而逝，也許裝著某種反制符咒，可以對抗山谷裡那些陰毒的疾病。「旅行途中難免會遇上各種危險人物！這是很久很久以前一個仰慕我的人送給我的，」她接著說：「現在對我已經沒有用了，所以請你一定要接受。」她打開盒蓋，露出一把可稱之為「淑女武器」的小型自動手槍，槍托裝飾有珍珠母，還附上一盒迷你口徑的槍彈。這是舞台女演員在名譽即將受損之際，從手提袋迅速取出用以自衛的工具。我悚然一驚，同時也非常感動。雖然後來證明他們的焦慮是多餘的，但當下卻是極其懇切的。

～

第二天，我在克勒什河畔停下腳步。放眼望去不見橋樑，所以我沿著滿是兔子的河岸前行，直到遇上一名面色蒼白如鬼、一身白衣的老漁夫，搖櫓送我到對岸。客棧裡的人，外貌和匈牙利人不太一樣，我豎起耳朵，聆聽他們使用的一種斯拉夫語。他們是數百年前來到這裡的斯洛伐克人，離開數百哩外的原有居地，安頓在這片土耳其人被驅離後的無人地區，是信奉奧斯堡信條[129]的虔誠路德教徒，跟匈牙利德布勒森的新教徒不同，那裡全是喀爾文教派的信徒[130]。

128　一九二〇年，匈牙利作為第一次世界大戰戰敗國之一，與戰勝的協約國簽訂《特里阿農條約》，將匈牙利約三分之二固有領土的斯洛伐克部分割讓給捷克斯拉夫、外西凡尼亞部分割讓給羅馬尼亞、原匈牙利南部則割讓給南斯拉夫等國，成為迄今的國界。也因為如此，主張收復故土的極右派勢力在匈牙利日益壯大。

129　Augsburg Confession，路德教派主要教義，否定教宗權威，認為人憑藉信仰即可得救。

130　喀爾文教派和路德教派都主張因信仰而得救，不同的是喀爾文教派主張信徒是否得救，皆由上帝預先決定，故應勤儉工作以榮耀上帝。

這趟距離比我估計的還要遠，因此難得一次，我渴望能有便車可搭；我不想遲到。就在期盼之際，路上揚起一陣灰塵，出現一輛輕型二輪馬車，上頭坐著一名頭戴羊毛帽的駕駛和兩位相對而坐的修女。一名修女微笑著挪出空間，身上念珠一陣晃動。行駛幾哩路後，貝凱什喬包遙遙浮現在右手邊，天主教教堂的雙尖塔和新教徒教堂如巨型茶壺保溫罩的青銅圓頂，在高大的玉米莖稈上方閃閃發光。他們在轉彎處放我下車時，尖塔和圓頂再次消失於玉米田後。當我告訴修女們我的目的地時，她們頗為動容，而我也一樣。

拉斯洛的兄長約西（英文稱約瑟夫），是龐大家族的領導人。他和妻子丹尼絲是大平原行程裡眾多贊助我的貴人中，僅有的兩位我原本就認識的人。我先前曾參加他們在布達山坡宅邸舉辦的一場相當隆重的午餐會，一聽說我要往東南方走，便邀請我來此間小住。他們另一個兄弟保羅是個外交官，彬彬有禮，圓滑幹練，儼如匈牙利版的諾波依[131]，當時也說：「去吧！約西可是那裡的大名人。那是一棟奇怪的房子，不過我們都非常喜歡。」

一通過豪華的大門，我就迷路了一下。只見面前是一座森林，裡面種植著帶有異國情調的巨木，並夾雜有橡樹、椴樹和栗樹。木蘭和鵝掌楸正值即將開花的季節，香柏樹的枝幹在微風中搖曳，而和這些樹木相映成趣的是歌鶇和畫眉的歌聲，以及上千隻鴿子具有催眠力道的咕咕叫聲。當樹木逐漸稀疏，一座宅邸矗立於中間，每往前走一步，便更深刻地感受到它的非凡氣勢。那是一片也許是蓋在另一棟古老建築的原址上，於十九世紀末期打造出來的龐大赭色建築群。我心中頓時浮現出法國布盧瓦、昂布瓦斯和阿澤—勒里多（Azay-les-

Rideau，我只在照片裡見過）等以城堡著稱的城鎮影像。放眼望去盡是尖形塔、山形牆、巴洛克式山牆、蔥形拱楣、尖頭窗架、窗門豎框，以及陡峭的石板屋頂、旗幟飄揚的塔樓、遮簷覆蓋的樓梯，和通往扁形拱門搭建的柱廊。

兩旁側翼合抱形成一個院落，穿過露台後會通往一道正式的大門，兩側有扶手階梯，往下是大片草坪。當我走過這校閱場似的院落時，幾個人拾階而下，其中一位正是約西伯爵。拉斯洛事先已告知過，因此他立刻認出了我，揮手打個招呼並大聲嚷道：「你來得正好！快來！」我跟著他和其他人穿過庭院，來到一個棚子。「你有沒有玩過單車馬球？」他抓住我的手肘問。我在學校玩過學生版本的，用手杖和一顆網球在堅硬的網球場上玩；一般視為不入流的活動。不過在這裡，他們使用的是真正的馬球棍，削成適當尺寸，搭配真正的馬球，和堆滿棚子裡的那些傷痕累累卻十分堅固的自行車。約西是我的隊長，對方隊長是位著名的馬球好手，名叫貝特倫；其餘參賽者包括兩位客人、兩名僕役和一個馬夫。比賽過程迅速、粗魯、充滿衝撞，但是沒有比擊中球更令人欣喜若狂的：一聲響亮的撞擊聲，令人乍然體會到真正比賽時擊中球的美妙感覺。我想不通的是，為什麼沒有一個人的小腿破皮見骨；還有，有個球門正好背對屋子，為什麼沒有一扇窗戶被擊碎？對方贏了比賽，但我們也進了四

131 全名Lemarquis de Norpois，普魯斯特小說《追憶似水年華》中的男爵外交官，口蜜腹劍，狡黠圓滑。

球，當鐵馬「馬爾他貓」[132]一一歸位，我們一瘸一跛的爬上階梯時，丹尼絲伯爵夫人和妹妹塞西珥以及其他人，正像淑女般倚著欄杆，俯視我們的競技場。

稍後當我手持厚實酒杯，品味著威士忌蘇打時，不禁暗自讚歎那兩名修女適時出現，實在算我走運！經由帶領，我沿著高敞的穿廊來到房間，守候在房間的是一名方才一起打馬球的年輕僕役，全身打理得一塵不染，正一臉困惑地企圖將從我背包裡取出的衣物整理出頭緒。我們先是張口結舌，然後我忍不住大笑，他也跟著大笑：在剛才的遊戲中，相互把對方從自行車上打下去，確實可以收到破冰之效。之後，我踏入一個特大號的浴缸裡。

伯爵和丹尼絲伯爵夫人是堂表親，早先幾代也有類似親屬關係。「我們近親結婚的例子比埃及托勒密家族[133]更多，」伯爵夫人在晚餐時告訴我：「我們全都該是瘋子。」她和塞西珥都有著深色的頭髮和美麗的五官，而且跟其他家族成員一樣，神情間帶著哀傷；不過也同樣的，一旦展開笑顏，哀傷就會溶解為友善的溫暖。她丈夫的一頭灰髮往後梳理，容貌英挺，也具有同樣的特質。（他年輕時有次憂鬱情緒發作，往自己的胸膛開了一槍，正好避過他的心臟。）穿著一件紫紅色舊晚間便服的他，看起來十分帥氣。杜勒家族來自鄰近的久洛，伯爵夫人告訴我；杜勒的姓氏原本來自匈牙利語的艾朵許，意思是「守門人」，古德語譯為圖勒，之後家族移民，在紐倫堡定居並從事金匠或銀匠行業時，才轉變成杜勒。其後在客廳時，我的僕役朋友走向約西伯爵，手中捧著一根令人驚異的菸斗，有著櫻桃木製的菸管、琥珀菸嘴、長度超過九十公分，尾端的海泡石製斗鉢已經點燃；伯爵舒適的將菸斗架在腳彎處，很快便包圍在菸霧中。看到我和另一位客人對他的菸斗深深著迷的樣子，他馬上吩咐再取兩管菸斗過來。幾分鐘後，菸斗取來，已經點燃；而在遞送菸斗之前，菸嘴是浸在水裡的。美味的菸香儼如東方奢華的極致，因為這些菸斗正是奇布克[134]直接和獨一無二的傳承，也是所有黎凡特[135]旅人所描述和所有古老版畫中所描繪的；鄂圖曼帝國的土耳其人將這種菸斗視為水煙的代替品。（造型凹凸有致的土耳其水煙，依舊存活於整個巴爾幹半島，在夏季結束前，我已在許多保加利亞小客棧中吸食水煙，其情態半像帕夏，半像毛毛蟲。不過，匈牙利是唯一一個土耳其菸斗仍縈繞不去的國家。至於土耳其本身，正如我那年冬天所發現的，菸斗早已消失得無影無蹤，就像康賈爾[136]和亞特坎[137]一樣。）

132 Maltese Cats，出自英國作家吉卜林的同名短篇小說，由一匹名叫「馬爾他貓」的馬匹立場，敘述英國殖民地一場馬球賽的故事。

133 Ptolemies，亞歷山大大帝死後，旗下將軍托勒密一世所開創的王朝，主要統治埃及，最後的君主即人稱「埃及豔后」的克利奧帕特拉。

134 chibook，土耳其長柄菸斗。

135 Levant，歷史上一個模糊的地理名稱，廣義上指的是中東托魯斯山脈以南、地中海東岸、阿拉伯沙漠以北和上美索不達米亞以西的一大片地區。

136 khanjar，彎勾狀的傳統匕首。

137 yataghan，刀刃朝內的土耳其彎刀。

這座城堡的建築師伊博[138]，在建築中大量使用紋章的細節。隨處可見紋章上的野獸，頭盔、冠冕和飾帶也是信手拈來，旗幟、床帳和床罩則呼應著家族紋飾的長劍與鷹翼。英國歷史小說家華特．司各特爵士[139]和繪畫大師但丁．加百列．羅塞蒂[140]的鬼魂似乎主宰著這個地方，我早年曾浸淫於這兩位大師的作品，因此任何與城堡、圍城、盾徽、中世紀比武和十字軍東征有關的情事，仍令我怦然心動，城堡上具有實證意義的細節，也令我心嚮往之。

點綴著罌粟花的麥田圍繞在林園和城堡四周，我們第二天早晨騎馬穿過麥田回來時，女主人的妹妹塞西珥看了看手錶，驚聲大呼，「我要遲到了！我還要去布達佩斯！」我們陪她來到一塊廣闊的平地上，一架小型飛機正等候著她；她爬上飛機揮了揮手，飛行員隨即啟動螺旋槳，周遭草坪頓時平扁一片，彷如吹風機吹拂下的頭髮，然後他們就離開了。接著，屋主的兒子斯奇吉帶我上塔樓參觀，放眼四望，是一望無際的農作物，浮雲的影子在田間安靜的掠過。再過幾個學期，斯奇吉就要去安普爾福思學院[141]就學，他問：那裡怎麼樣？我告訴他，那是所很好的學校，修士在當裁判時，會在修士服外面套上白色外套；他對這些小事似乎很滿意。隨後探索書房時，我對一個偏僻書架所堆放的十九世紀早期匈牙利國會的辯論集頗感神奇；讓我動容的不是內容——那是關於土地使用權、灌溉、公民權的延伸或限制等無聊的東西——而是因為文字全是用拉丁文寫的，而且我還驚異地發現直到一八三九年，在匈牙利國會殿堂之上，乃至地方法院，不管是口頭或文字書寫，都只使用拉丁文。

下午茶後的自行車馬球賽，比前一天更加粗暴。當一局結束，大夥疊成一堆，正掙扎著脫身之際，但見女主人從欄杆處召喚我們。

一輛雙馬拉行的馬車，在一名頭戴羽毛和緞帶帽子的馬夫驅使下，停在台階下方。我們的主人連忙丟下手杖，上前扶著一位乘客下車，而且一待他站定，立即躬身致意。這位身形高挑、背部微駝的新客人，蓄著一頭白髮和伊麗莎白或愛德華時期的鬍髭，頭戴綠色登山帽，身披深橄欖色披肩，此人正是約瑟夫大公[142]。他住在附近莊園，是霍布斯堡家族的一個旁系，後來成為匈牙利人，在匈牙利戰敗和革命困頓期間，還曾經短暫擔任過王國的「Palatine」，也就是攝政王，直到戰勝的協約國盟軍驅逐他下台為止。我們的女主人步下階梯迎接，大公則緩慢的爬上階梯，並以顫抖的聲音招呼著：「Kezeit csókólóm kedves Denise

138 Miklós Ybl（一八一四～一八九一年），十九世紀中後期歐洲主要建築師之一，也是匈牙利最具影響力的建築師。

139 Sir Walter Scott（一七七一～一八三二年），十八世紀末蘇格蘭著名歷史小說家及詩人。《撒克遜英雄傳》是其最知名的著作。

140 Dante Gabriel Rossetti（一八二八～一八八二年），英國畫家、詩人、插圖畫家和翻譯家，前拉斐爾派的創始人之一，主張回歸到十五世紀義大利文藝復興初期畫出大量細節並運用強烈色彩的畫風。

141 Ampleforth College，建立於一八〇二年，是英國約克郡一所舉世聞名的天主教寄宿學校。

142 全名稱謂為Archduke Joseph August Viktor Klemens Maria of Austria（一八七二～一九六二年），也兼匈牙利王子和波希米亞、奧匈帝國軍隊的陸軍元帥和匈牙利短期國家元首。一九一九年八月七日至二十三日曾短暫攝政，卻因身為霍布斯堡家族成員而不為一次大戰獲勝的協約國接納。

grófnő!」（讓我親吻你的手，親愛的丹尼絲伯爵夫人！）他俯身親吻伯爵夫人的手，伯爵夫人也站在對角位置屈膝行禮，只見兩人彷彿慢動作似地在寬闊的階梯上同時下沉約二十公分，然後才回復直起身子。我們各個渾身臭汗、蓬頭垢面的上前致意，隨即又跳回到車座，急踩車輪嘩的一聲離開，直到天色太暗看不見為止。

主人借了套比我的帆布褲和運動鞋體面的服飾，讓我參與晚宴。其後大公也加入奇布克吸菸的行列，瀰漫的香氣迄今仍縈繞在我於大平原所度過的最後一個夜晚和最後一間房子的回憶中。

~

有人說過（不過我不認為是正確的），羅馬尼亞當局不讓任何人步行通過邊界：必須搭乘火車才行。因此，第二天一整天，我穿越玉米田，直朝勒克什哈佐方向而行，那裡是邊境前的最後一個車站：邊界地區一片空蕩蕩，只有幾處農場和數不盡的的雲雀，兩旁交錯著栽植的農田和放牧的草地。一個被我遺忘在背包口袋的指南針，指引我沿著或斷或續的小徑往東南方向前進。沿途有幾處白楊樹叢，不時可見一汪沼澤地，麻鷸的叫聲不絕於耳；鄉間小路上，小鴨和小鵝跟著媽媽魚貫而行。唯一的交通工具是驢車，以及長型高座貨車，車廂罩著帆布架。貨車駕駛是金色蓬髮的斯洛伐克人，他們悠閒自在，輕快地駕馭著有著淺色鬃毛和馬尾的壯碩馬匹，三馬並列，就像俄國的三馬雪車，馬具上還裝飾著紅色流蘇，兩側則拴繫著小馬，奮力跟著馬車慢跑前進。平原上處處縈繞著杜鵑的啼聲。

夜幕降臨時，我在一個乾草堆旁停下腳步，草堆三分之二高處搭建了一個寬闊的平台，一旁給人方便的留有一個梯子。我迅速爬上梯子，打開半途在歐奇優他們給我的奶油麵包卷、煙燻豬肉和梨子。餐後，又解決了中午開封的酒。突如其來的孤單，以及和小鳥同時早早就寢，相較於這星期來的夜夜笙歌，不免有點傷感；不過，這是我第四次享受餐風露宿的樂趣，而且一想到即將展開此趟旅程的新篇章，內心不禁雀躍起來。我裹著大衣，枕著背包，躺著抽菸——當然是非常小心，因為這個散發著清香的窩巢可禁不起星火——沉浸在胡思亂想當中。這很像我在多瑙河邊第一次露宿的情景：同樣接近狂喜，因為沒有人知道我在哪裡，這回連個養豬的人都沒有；而且除了遺憾即將離開匈牙利外，前景一片光明。當然，這並不意味我以後再也見不到匈牙利人，謝天謝地：外西凡尼亞往西一行，已預先安排了幾處歇腳處；不過我仍不免有點擔心，還縈繞著一絲愧疚：我原本打算體會流浪漢、朝聖者或漫遊學者的生活，睡在溝渠和乾草堆上，只跟同類的人廝混。但是最近我每每從一座城堡漫步到另一座城堡，用雕花水晶酒杯暢飲托考伊貴腐甜酒，和大公們抽著九十公分長的菸斗，而不是跟流浪漢平分廉價香菸。這些偏離正軌的行為，很難歸咎於鑽營：因為鑽營也有其勞心勞力的尊嚴，而我這些計畫之外所提升的境遇，得來卻全不費工夫，就像搭熱氣球一樣輕鬆。這種愧疚的感覺不算嚴重。畢竟，漫遊於阿基坦和普羅旺斯的學者，也經常在城堡間蕩；再說，我繼續說服自己，我也不是一路順遂，不時總會冒出一些讓我從雲端栽下的時刻，也算是互相抵銷補償。

～

在罌粟花的點綴下，玉米田金黃青綠的翻浪逐漸消失。紅色的太陽似乎觸及地平線下的天秤，天空的另一端同時升起了橙色的月亮。離滿月只剩兩天，月亮在一片樹林後升起，隨著逐漸浮上天空，迅速失去原本的紅暈，直到麥田從周遭的灰濛中隱約浮現，形成一片閃爍著金屬光澤、毛茸茸的麥海。

一隻貓頭鷹在樹林中醒來，過了一會兒，沙沙的聲音把我從睡夢邊緣拉了回來。麥稈和麥穗相互摩娑，兩個淺色身影匆匆奔入空地，在殘株四周追逐，然後停下，癡迷地相互凝視。那是兩隻野兔。看起來比真實身型更大，一動不動，意亂情迷，豎著耳朵，坐得筆直。

第四章

外西凡尼亞交界區

布達佩斯開出的夜車抵達時，我已經從中午開始就一直在勒克什哈佐的車站月台上晃了，一上火車，紅白綠三色的匈牙利國旗隨即不見，夜幕降臨。

這個國界是歐洲最招人厭的邊境，最近匈牙利境內的言論更將它包裹在一種加深的威脅陰影中。好吧，我想，至少我沒有什麼需要申報的……坐在空車廂角落裡的我，猛地打直身子：那把自動手槍怎麼說？想像到自己可能會被送進牢裡，我從背包底部挖出那把小小的無用武器，揭開了皮套的皮蓋子；小巧輕盈且鍍了珠母的槍托，讓它看起來像個玩具。我應該偷偷地溜出這些光禿禿的木椅，然後把它藏到隔壁一級車廂的裝潢裡嗎？還是滑到洗手間的水箱後面？或者乾脆丟到無人地帶去？最後，我把它藏在大衣下襬一個厚厚的夾層裡，外加三枚安全別針固定，然後把這件有罪的衣服掛在衣架上，在火車緩緩行過月光之際，心臟砰砰跳地坐在它下頭。

再過幾公里，我們就會抵達國界，以及羅馬尼亞邊境哨站的藍黃紅旗幟。哨站的桌子上，掛著一幅卡羅爾國王[1]戴著白色羽毛頭盔的照片，穿著鋼製護甲，批著肩上有枚十字架的白斗篷。另一個相框中是米哈伊王子[2]，身穿白色運動衣的他是個漂亮男孩，有著溫柔的大眼睛和梳理整齊的濃密髮絲；他在他父親退位的三年期間接任王位。打著呵欠的官員在我的護照上蓋章，對我的行李瞧都沒瞧上一眼，讓我鬆了口大氣，甚至是有點掃興。蓋到快爛的文件上仍顯示著日期：庫爾蒂奇，一九三四年四月二十七日。這是我旅程的第六個邊界。

我以為自己會是唯一的旅客，但是一群戴著眼鏡、穿著長長黑大衣、戴著寬帽的蓄鬍拉比[3]已經走出最後一節車廂，學生們伴行於後。那些學生蓬亂的頭髮盤旋在如蠟般蒼白的臉頰旁，使得月台上一身黑的這群人，在月光下看起來就像一堆岩石的聚會般奇怪。有三個人的穿著與其他人不同：他們腳踏俄羅斯軟靴子，身穿黑長袍，頭戴低冠海狸皮帽，上頭加上一圈狐狸毛，跟他們其中一位的鬍子非常相配：後來我多次在摩爾達維亞北部和布科維納[4]見過這種服飾；之後也在耶路撒冷的陡巷裡，在匆匆趕往哭牆的信徒間看到。他們正在用意第緒語談話，而我不知怎地浮現一個想法：那些戴著狐狸毛的人是來自克拉科夫或普熱梅希

1 King Carol，又稱卡羅爾二世（一八九三～一九五三年），於一九三〇至一九五三年在位的羅馬尼亞國王，是羅馬尼亞國王斐迪南一世與瑪麗王后所生的長子，卻在王儲時代因非法私通問題而放棄繼承權，由自己的兒子米哈伊一世即位。但在一九三〇年六月八日，卡羅爾二世又與國內的政治家發動政變，逼迫米哈伊一世退位，自己登基。十年後的一九四〇年，揚・安東內斯庫將軍強迫卡羅爾退位，被迫再度讓位給米哈伊一世，隨後展開流亡生活，最後逝於葡萄牙。

2 Prince Michael（一九二一～二〇一七年），前羅馬尼亞王國的最後一任國王，稱為米哈伊一世，於一九二七至一九三〇年以及一九四〇至一九四七年兩度在位。

3 Rabbi，猶太人的特別階層，主要為有學問的學者，是老師，也是智者的象徵。

4 Bukovina，東歐一區，位於喀爾巴阡山脈和涅斯特河之間，曾是摩爾達維亞公國的一部分，後來先後被奧圖曼土耳其帝國和奧匈帝國占領。第一次世界大戰後，全境被劃入羅馬尼亞境內；第二次世界大戰時，北布科維納被蘇聯占領，成為如今烏克蘭的一部分。

爾的南極居民，可能屬於哈西迪猶太教[5]的狂熱教派，此刻是要出發去參加某個在布加勒斯特舉行的重要會議。等他們再度上車，火車便駛進黑夜中，官員消失了，很快地就只剩我一個人在德切巴爾的破爛街道上：這地方是以在被羅馬人征服之前，他們最後一位達基亞國王[6]的名字為名。

附近只有狗兒在，其中三隻還擋路咆哮，露出牠們的牙齦，並透過張開的牙齒伸出舌頭，在明亮的月光下邪惡一如澳洲野狗。而在牠們撤到門戶關閉、布滿塵土的大道上時，影子也隨之交叉橫越。

~

在啥都沒有的邊界那天之後，薄霧降臨，我第二天晚上的日記內容短到幾乎只有：「四月二十七日，潘科塔（Pankota）——與阿波羅電影院老闆伊莫爾・恩格爾哈特待在一起。」我剛才在地圖上找到了地點，羅馬尼亞語稱為潘科塔（Pîncota），不過電影院和老闆則已經散失而無從追憶。他一定是瑪麗亞・特蕾莎時期的德國西南部移民；全都是風格懶散的士瓦本人。

霧氣升起時，除了遠處樹木蓊鬱的山丘外，風景跟我認為自己已經離開的大平原之間差異很小。呈幾何狀結合的巧克力色耕地上，是一條條的大麥、小麥、燕麥、黑麥和玉米田，間或夾著一些菸草田，以及偶爾閃現深黃色的野芥田，樹叢也會闖入其間。每隔幾公里，就會看見從木瓦頂上冒出的黃褐和硫磺色鐘樓。每個村莊都會有一座天主教徒質樸的巴洛克式教堂，還會有另一座聯合東方天主教的教堂，而雖然附近不常見，但偶爾也會出現第三座屬於喀爾文教派或路德教派的教堂；儘管奧地利反宗教改革[7]贏得勝利，但是活潑多樣的教派依舊在匈牙利和外西凡尼亞存活下來。這些教堂的外觀相同，不過一旦進入室內，耶穌受難路線圖、或是裝飾著圖騰的聖壇屏、或是祭壇上方以馬札爾語寫就的嚴厲十誡，就會立即顯現它們各自不同的擁護。行進中，可以看到鸛巢、汲水井、羊群、牛和吉普賽人。看過越多次後，我開始喜歡起水牛，牠們水汪汪的大眼睛似乎不再有我認為自己在蒂薩河畔所察覺到的怨恨，現在看起來反倒充盈著悲傷，惹人憐憫。但人們身上依然有個重要差異。看慣了前幾週扁平的馬札爾人面孔之後，他們的五官不同了——這純粹是出於想像，還是最近的看法給了他們更拉丁式的外表？我偶然碰到了一群帶著小鐮刀、長柄鐮刀和用背巾揹著嬰兒的人。他們寬大的白色簡樸外套以跟腰圍同寬的腰帶繫住，有時還打上鉚釘；除了那些打赤腳的人以外，他們都穿著我熟悉的有著卡努伊鞋尖的莫卡辛軟皮鞋和生皮拖鞋。他們把羊皮夾

---

5 Hasidim，猶太教正統派的一支，受到猶太神祕主義的影響，十八世紀時由東歐拉比巴爾・謝姆・托夫創立，以對抗當時過於強調守法主義的猶太教。

6 此指德切巴魯斯（Decebalus，八七～一〇六年）。

7 Counter-Reformation，又稱為天主教改革或公教改革，是天主教會自一五四五年起召開脫利騰大公會議至一六四八年三十年戰爭期間，為回應宗教改革的衝擊而實行的革新運動。

克光滑的一面穿在外面，而他們的帽子無論黑或白，都是高超過三十公分的球莖圓錐狀高氈帽，讓他們看起來狂野又瀟灑。大家都能明白我辛苦拼出來的馬札爾語殘音斷字；但我很快就覺得他們彼此說的話更容易學習。男人是*om*，女人是*femeie*；*ochi*、*nas*、*mâna*和*foaie*是眼睛、鼻子、手和葉子。對於我用詢問的手勢指向周遭可見的所有事物，他們只有剛開始愣了一下。狗？公牛？母牛？馬？*Câine*、*bou*、*vaca*、*cal*！實在是太妙了：*homo*、*femina*、*nasus*、*manus*、*folium*、*canis*、*bos*、*vacca*和*caballus*，組成妄想的部隊穿過我的腦袋。*câmp*是田，*fag*是山毛櫸。（「...quatit ungula campum!」〔……尋找牧場！〕「sub tegmine fagi...!」〔在山毛櫸樹下……！〕）發現到這個遭到放逐、與其親緣相距甚遠的拉丁語言，感覺還真奇怪！黑海在其東部，斯拉夫人在其北部和南部，其西方則有著說抑揚揚格芬蘭—烏戈爾語[8]的馬札爾人阻攔。

到了傍晚時分，這些語言的交流把我們帶到了伊內烏小鎮——在我大戰前的地圖上，它叫作「博魯咸那」——正是市集的一天即將結束之際。這個地方到處都是牛叫聲、咩咩聲和尖叫聲，二輪車正在裝載，禽圈破裂，欄架堆疊。婦女和女孩拿著長刺棒，忙著把家禽部隊趕在一起。各種不同顏色的頭巾綁在她們的下巴上，前後都加上繡花圍裙的百褶裙，則在紅黃兩色交織圖樣的腰帶下躍動著。她們之中還有些穿著及膝的鮮紅色靴子，彷彿從俄羅斯芭蕾舞裡走出來的人物。

～

我的目的地是一個名叫蒂博爾的朋友的屋子，我在布達佩斯就和與他同名的另一個「蒂博爾」一起見過他，當時這位蒂博爾便曾要求我在某個日期留下來，大約就是現在這時間前後：彷如電光火石間，他就出現在我眼前！他在一棵金合歡樹下和幾位農民親切地閒聊，一腳踏在一輛用一匹甩著尾巴的灰色小馬拉的時髦二輪馬車的踏階上：他和另一位蒂博爾之前在同一個部隊擔任馬隊槍手。開朗、華麗、紅潤的他，戴著有羽飾的獵兵帽，紅光滿面地歡迎我的到來，接著像變魔法一樣端出一個上有兩杯梅子白蘭地的托盤，暢飲之後，我們便動身穩定地快馳上山丘。蒂博爾行禮如儀地舉起他的綠帽子，回應那些在我們出發之際脫帽的人。

～

整個下午，丘陵持續向上攀高，現在已經翻滾到遠方一座陡峭孤立、而且直到山頂都是葡萄園的半圓山丘後。我們轉進了山腳下高高的大門，就在夜幕降臨之際，長長的草地引領我們進入一棟帕拉第奧式房屋的正面。兩隻蒼鷺因我們的靠近飛了起來；陰影中充滿了丁香

8 即第二章中的「烏戈爾—芬蘭」語系。

的氣味。我看見落地窗裡有名戴著頭巾的赤腳女僕，正拿著一根小金屬棒，沿著長長的房間點燈。隨著每一盞燈被點亮，畢德麥雅[9]風格的家具也跟著現形，椅子和沙發原本的織物只殘存著幾股線；那裡還有褪色的紫紅色窗簾，以及一架上面放滿相框舊照和有著黃銅扣家庭相冊的平台大鋼琴；分叉的鹿角，一隻填充的山貓標本豎起耳朵，穿著毛皮外套的先祖佩戴著劍，依稀擺著姿勢。白色爐子高聳於書架之間，熊皮鋪展在腳下；而且，就像在庫維查許草原[10]那邊一樣，餐具櫃裡展示著一系列的銀質香菸盒，菸盒上有朋友的紋徽和字母組合，代表著誰是教父、誰是婚禮上的男儐相、或是決鬥中的副手。有一些西里西亞戰役[11]的拋光砲彈殼、一堆頂針大小的酒杯、用刀鞘鑲嵌著綠松石的彎刀、折好的報紙：從布達佩斯送來的《晚報》（*Az Ujság*）和《除害新聞報》，還有算是奧地利「名流」（Tatler）的《維也納沙龍報》（*Wiener Salonblatt*），這份雜誌裡滿是宴會、馬術比賽和美好舞會的照片，遠從維也納寄過來。其中裝在銀質相框內的是伊麗莎白皇后的銀版相片，更確切的說，是這個前王國失土省分的皇后；另一張是攝政王打扮成已經不存在的艦隊的海軍上將；還有第三張是穿著毛皮和戴著匈牙利權貴羽飾的奧圖大公。紅綠藍三色的矮胖《哥德年鑑》（*Almanach de Gotha*）隨時準備出擊。金光閃閃的對開本，以綠色皮革豪華裝訂，幾乎占據了一張小桌子，書名《人之悲劇》（*Az ember tragediája*）還特別燙金：利姆雷・馬達可[12]所寫的這本書，是帶著十九世紀哲學和沉思傾向的戲劇長史詩，沒有匈牙利的氣質，甚至一點也不像書，就像是由埃德蒙・杜拉克[13]為奧瑪・開儼[14]繪製的羔羊皮裝訂的英文書一樣，似乎一點也沒有書的模樣。最後，角落的一個架子上放滿了長長的土耳其菸管。這種細節項目組合成一個原型，讓我之後在外西凡尼亞所見到的其他鄉下房子似乎都只是這間的變形而已。

在另一頭一間半像書房、半像槍室的房間雙門外，出現了更多的鹿角；人影在燈下晃動，賓客聲音響起，我趕緊上樓，在見他們之前得先洗去塵埃啊！因為接下來幾週，他們都會與我互動，而他們一個個的家就像踏腳石一樣，我會等著在接觸他們時才一一踏上，而不是現在就急著被引介。

～

9 Biedermeier，指德意志邦聯諸國在一八一五年（《維也納公約》簽訂）至一八四八年（資產階級革命開始）的歷史時期。現則多指文化史上的中產階級藝術時期。在這段時期，中產階級發展出他們的文化和藝術品味，如家庭音樂會、室內設計和時裝。在文學方面，以「襲舊」和「保守」為特色，文學家普遍遁入田園詩或投入私人書寫。

10 作者註：參見《時光的禮物》，頁三百五十六。

11 Silesian battle，指普魯士與奧地利及其盟友為爭奪西里西亞所發生的戰爭，為奧地利王位繼承戰爭及七年戰爭的一部分。

12 Imre Madács（一八二三～一八六四年），匈牙利詩人、劇作家，代表作有十五幕戲劇史詩《人之悲劇》。

13 Edmund Dulac（一八八二～一九五三年），法國出生的英國籍雜誌插畫、書籍插畫和郵票設計師。

14 Omar Khayyám（一〇四八～一一三一年），波斯詩人、天文學家和數學家。他一生研究各種學問，尤精天文學。除無數天文圖譜以及一部代數學論文之外，開儼還留下了知名詩集《魯拜集》。

隔天一早，但見一棟十八世紀後期建築的正面顯露出來。側翼之間，四根行距寬廣的托斯卡納柱[15]在前並拔升兩層樓高，形成了一座壯觀的陽台。白色百葉窗延續了兩邊窗戶的直排線，這樣當百葉板往外開展時，每片葉板都會在正面觸及相鄰的葉板，光線可藉此穿透室內潑灑過各個樓層；在太陽變得過熱之際，他們會半開板條，於是在腳下亮燦燦的寬闊光線中，便會橫過條條的深淺色塊。只要握住輪柄旋轉出去，就會形成一片往下斜的巨大白篷，若往外看，可能會以為自己是在迪索[16]所繪製的縱帆船甲板上，樹頂便是波浪，而在樹林之後隆起的，是爬滿藤蔓的半圓形莫克拉山丘，猶如一座映襯著雪一般的雲層和淺色天空的火山島。丁香、黃楊木和薰衣草的氣味飄入，金翅雀在枝椏周遭移動，毛腳燕時不時從巢中飛出，群集地沿著山形牆誤闖入室內，絕望地繞著圈圈或俐落地穿過屋子，從另一邊飛出去。

在這通風的廣闊空間中，我遇上了斜倚在瑞卡蜜夫人[17]沙發上的蒂博爾，他的脖子上圍著一張床單，抽著早餐後的雪茄，貼身男僕正往他的下巴抹上肥皂沫。「久洛很快就會為你準備好。」他說，一邊對著花格鑲板的天花板吐出完美的菸圈。很快地，我就躺在久洛的剃刀下，同樣環繞在芳香的煙霧中。我們上下閒逛，坐在背後滿是鳥兒的窗台上，聽蒂博爾說第一次世界大戰、吉普賽人和歌舞女郎的軼事，在巴黎、布魯塞爾和君士坦丁堡的冒險中，間或夾雜著有趣和不合宜的故事。我們一起下樓，下巴都灑著科隆香水。因為他想知道午餐會吃些什麼，於是我們穿過下面的後院，看見廚師坐在廚房外蔭涼處的一團羽毛裡。「好極了！」他說，「瑪吉特正在拔雞毛。」我們搭上敞篷馬車出發去巡視田野和農作物，看著馬車夫的黑色鴕鳥羽毛和絲帶隨風飄揚。我們在茂密的樹葉下平穩地疾駛，使我心裡不禁浮現一個想法：「這才是人生啊！」

不過，博魯咸那最具吸引力的是梨亞，她主管一切。「管家」這個詞，對於她那張迷人而有趣的臉龐來說，實在是過重，也有誤導之嫌，而她年輕的外型更是打破了一頭少年白短髮所造成的假象。身為波蘭人的她，是克拉科夫音樂出版商的女兒，家裡被一些不幸拖累。我很好奇她和蒂博爾之間是否有過一段情。或許有吧，但就算有，也已經是過去式了；不過他們還是很好的朋友，她依然是他這個單身漢的家務女主人，講得一口漂亮的法語和波蘭語、德語及匈牙利語，還會一些羅馬尼亞語。在我拿出要洗、要補的衣物而檢查我紊亂的衣櫃時，她問起我有幾條手帕。全都不見了，只剩兩條。「Et quels torchons?（這是什麼抹布啊？）」她把它們拿起來。「Regarde-moi ça! Il faut que je m'occupe de toi!（看看這啊！我得照顧你才行！）」她說到做到，在阿拉德鄉鎮裡買了一打手帕，一一繡上我的姓名縮寫，並

15 Tuscan columns，托斯卡納柱式是古羅馬五種主要柱式中的一種，風格簡約樸素，類似於多立克柱式，但是省去了柱子表面的凹槽。柱身長度與直徑的比例大約是7：1，顯得粗壯有力。

16 全名James Jacques Joseph Tissot（一八三六～一九〇二年），法國畫家。早年的作品題材以歷史人物為主，但從一八六四年開始，他改變了作品題材，轉而描繪當時的人物，尤其是時尚女性，且相當成功。

17 Madame Recamier，指一八〇〇年的畫作〈Portrait of Madame Récamier〉中的巴黎名媛茱麗葉．瑞卡蜜，畫中，瑞卡蜜夫人斜躺在一張新古典主義法國五人執政時期風格的躺椅（類似貴妃椅）上。

用紅絲帶繫得整整齊齊的，像一袋三明治般重重的交到我手裡：「Au moins tu auras de quoi te moucher.（至少你有適當的東西好好擤你的鼻子了。）」她的聲音讓人愉悅，我們在放滿相片的鋼琴邊唱了好幾個小時的歌：法語、德語、以及幾首波蘭歌曲，其中一首我能加入，就像鸚鵡一樣學會這首歌；而且突然之間，就在我書寫之際，快樂的曲調和歌詞全都回籠了[18]。她非常的有趣，說不定比蒂博爾還老於世故。每當她駕著二輪輕便馬車或是四輪馬車去拜訪鄰居時，我都會隨行，很快地就熟讀了十幾本好玩的家史傳記。每個人都愛她，我也是。

~

我的旅途節奏已經放慢，所有的時間感都溶解了，而就在半個世紀後，實在已經太遲了的現在，我才對當時接受了那麼多的善意款待，而且還都不是非常簡樸的，突然有種回溯的良心不安。工業革命讓這些地區維持原樣，生活節奏也一直停滯在西方步調之後數十年——或許有一百年之多吧——因為只要在這個國家逗留的時間夠久，就會發現他們生活得如同英國和俄羅斯小說裡描述那時代般的悠閒；同時，在這個被割讓出去的省分裡，似乎與世隔絕的好客匈牙利人，對於西方訪客總是熱烈地擁抱相迎。我希望是這樣的，因為接下來穿過外西凡尼亞交界和南部地區的三個月悠閒逗留的時光，會把春季和初夏變成這整趟旅程剩餘部分一個完全的例外，成為一段承受祝福和快樂的時光。

外西凡尼亞[19]大約是威爾斯的三倍大，對匈牙利人而言，失去這個省分似乎是戰後所有災難中最難以忍受的。因為在雙重君主制的立場，使得匈牙利與奧地利的命運密不可分，然後由於連鎖反應，與德國的命運亦然，而最終在一九一八年陷入挫敗的混亂中。然而，隨之而來的災害，即庫恩．貝拉[20]短暫的蘇維埃共和國，以及羅馬尼亞人的征服，終結了蘇維埃共和國，雖結束了混亂，但白色恐怖又隨之而來；在《特里亞農條約》中，這個國家解體了。沒有一個國家的結局顯得如此悲慘。割讓給捷克斯洛伐克和南斯拉夫是很痛苦，但是卻相對簡單，因為切割得很乾淨，損失一如字面上有其確切的邊界。這點在外西凡尼亞則完全相反；對雙方而言，所謂的公平正義，無論在當時還是現在，都是不可能的；這點更深植在外西凡尼亞密集的匈牙利居民身上，因為他們被孤立在自己同胞東邊三百二十公里遠處，周

18 作者註：「Pojekai, Hanka, tam u hrustu, tam u hrustu, tam u hrustu, tam u hrustu......」等。

19 作者註：正確說來，這個地區僅僅始於我抵達的地點以東約四十八公里處。但是這個與戰後的匈牙利—羅馬尼亞邊界之間的狹窄路線，也就是我剛剛穿過的那個邊界，似乎沒有任何具體的名字，而且寬鬆的說，人們經常錯誤地把它與外西凡尼亞混在一起：它似乎便於稱呼匈牙利在一九二〇年割讓給羅馬尼亞所有領地的一個名字，而我有時發現自己也會遵循這個鬆散但便利的使用方式。

20 Béla Kun（一八八六～一九三九年），匈牙利共產主義革命家、匈牙利蘇維埃共和國的主要創建者和領導者。

遭全是人口稠密度和數量遠遠超過他們的大批羅馬尼亞人。無法讓這塊巨大的馬札爾飛地變成匈牙利的超脫前哨，反而是如一直以來不得不地嵌入在充滿敵意的羅馬尼亞當中，就像後來實驗中的東巴基斯坦[21]，或許兩者也承載著相同的命運——總之就是無解。此外，外西凡尼亞的羅馬尼亞人遠遠多過匈牙利人一百萬，因此，比照適用，如果今日戰勝的是匈牙利，想劃出合理的邊界，而且對羅馬尼亞人來說要是公平的，那本來也就是件不可能的事。誰要為不可避免的不公不義而受苦——即匈牙利失去了他們在外西凡尼亞的親戚，永遠維持歸羅馬尼亞人所有的現狀——就僅僅是以誰輸掉了戰爭來決定。匈牙利既然屬於戰敗的一方，結果便難以避免：邊界遭受摧毀，除了土耳其統治期間之外，她那已經維持近一千年完好無缺的領土，不得不送出三分之二讓勝利者瓜分；從那時起，無論是比喻或照字面意思來說，匈牙利的旗幟便一直都停留在降半旗的狀況中。

匈牙利對外西凡尼亞宣示主權是基於歷史優先，而非種族優勢，羅馬尼亞人則同時依據這兩者。羅馬尼亞人因為繼承古達基亞人（他們的王國正是奠基於此）與羅馬人的混合血統而宣稱他們擁有主權。西元一〇七年，羅馬人在圖拉真[22]的領導下征服並殖民了這個國家；或者，理論改變，他們從一直被占領到西元二七一年而持續羅馬化的達基亞人那裡繼承而來，那一年，哥德人鋪天蓋地的浪潮迫使奧勒良[23]皇帝帶領他的部隊撤到多瑙河以南。在圖拉真和奧勒良之間的一百六十四年間，一支以拉丁語為母語的達基亞—羅馬人，相當於高盧[24]的高盧—羅馬人，開始初具規模，並且在奧勒良的軍隊撤出時，依舊留在那裡（有點像西方說拉丁語的當地接班人在被召回羅馬時那樣，情況雷同），並將他們的語言遺贈給自己的後代。他們在羅馬尼亞貢獻了屬性中的斯拉夫元素給後來遍布整個東歐的斯拉夫人，這個語言上的貢獻，堪稱西方北高盧語言中的日耳曼語元素，在法蘭克人[25]越過萊茵河時四處傳播。達基亞—羅馬人遂一直都是該國種族和語言組成的底層。入侵者陸續橫掃而過，眼睛則盯著更西邊的獎勵；有些入侵者徘徊了一段時間；但他們一個接一個消失了。與此同時，達

21 East Pakistan，巴基斯坦一個已不存在的省分，也是巴基斯坦自立國以來唯一一個不與亦稱西巴基斯坦相接的外飛地，兩者為印度所相隔，設立於一九五五至一九七一年間。東巴基斯坦地區居民在宗教上多信奉伊斯蘭教。舊為英屬印度的一部分。印巴分治時，東巴基斯坦選擇加入巴基斯坦，一九七一年後，東巴基斯坦獨立為今天的孟加拉。

22 全稱謂為Trajan, Marcus Ulpius Nerva Traianus（五三～一一七年），羅馬帝國皇帝，為羅馬帝國史稱五賢帝之一。在位時，羅馬帝國的版圖達到了極盛，曾建圖拉真柱記載自己的功績。

23 全稱謂為Marcus Aurelius（一二一～一八〇年），是羅馬帝國五賢帝時代最後一個皇帝，有「哲人王」的美譽。統治期間，收復了羅馬帝國失去的三分之二疆域，再次統合了分裂五十年的帝國，使羅馬帝國在三世紀末至四世紀初重新統一。

24 Gaul，古羅馬人把居住在現今西歐法國、比利時、義大利北部、荷蘭南部、瑞士西部和德國南部萊茵河西岸一帶的凱爾特人，統稱為高盧人。後來更多時候是指曾經廣泛分布於中歐的多瑙河中游平原、西歐、東南歐的多瑙河下游平原，甚至在西元前一八五至二七七年間，擴張至安納托利亞中部使用高盧語的那些人。

25 Frank，歷史上居住在萊茵河北部法蘭西亞地區的日耳曼人部落的總稱。

基亞—羅馬人經過這些無紀年的黑暗時代之後，生活得就像游牧的牧羊人一樣，他們是粗魯的貴族，也許都跟他們放牧的忠實部下一起在這裡牧羊，直到馬札爾人占領了匈牙利大平原之後再次向東，侵略外西凡尼亞，並征服了他們：根據這個歷史論，征服行動持續下去，直到解放的《特里阿農條約》為止。

到奧勒良為止，匈牙利版本的歷史跟羅馬尼亞人的一致。根據匈牙利人的說法——他們的理論是基於涉及這問題的唯一文本[26]——不單是部隊和當局，而是所有的移民都已經撤退。如果還有一些達基亞人留下來，也會推定已經被哥德人驅離和消滅，同時，他們定居之地也被隨後的斯拉夫擴張所占領：第九世紀時發現的唯一馬札爾人口是四散的斯拉夫人，隨即融入；這個地區遂被第一位編年史家描述為「荒廢」。為了填補這個空白，馬札爾人在喀爾巴阡山脈安置了自己喜愛戰爭的親戚塞凱伊人[27]，在喀爾巴阡山脈（除非已經超前），他們仍然是匈牙利人口的主體。然後，他們召喚下萊茵河的「撒克森人」前來。而直到此之後，也就是十三世紀初，經由匈牙利人的敦促，羅馬尼亞人才上場；但不是在不間斷的主事中倖存下來的達基亞—羅馬人後代，而是以馬其頓和巴爾幹地區的著名弗拉赫移民群體的身分而來，因長期受帝國統治而使用民間拉丁語（low-Latin）。匈牙利人說這些人和他們的羊群一起在北方流浪，或許是遭庫曼人驅趕，也或許不是，可能還跟野蠻的佩切涅格人一起。他們進入了外西凡尼亞南部，定居在喀爾巴阡山脈的山峰之間，理論就如此這般的持續下去，新抵達的弗拉赫人又強化了穩定性；直到最後，他們的人數超過了那個地區的馬札爾人、塞凱伊人和撒克森人，且數量遠遠的超過。

羅馬尼亞人和巴爾幹地區的弗拉赫人的語言，肯定出自相同起源。他們實在太相像，因此不可能是出於其他原因；很少有羅馬語言會如此密切相關，令人驚訝的只在於幾百年的時光和距離並沒有讓他們變得更為不同。直到一百五十年前，兩個國度的族群都被世界其他國度的人寬鬆地稱為弗拉赫人或瓦拉幾亞人，但羅馬尼亞人本身從未這樣稱呼過，這肯定是共同的起源。哪裡呢？匈牙利人說：在外西凡尼亞以外的地方，他們是移民晚期才進入這裡；羅馬尼亞人則堅稱是在外西凡尼亞之內，他們是比較後期的移民，分散到南方……就在這個時間點上，對這個問題毫無經驗的新手開始嘗試性的推想：答案難道不會就落在兩者之間的某個地方嗎？弗拉赫人分散在東南歐各地；馬札爾人入侵的時候，外西凡尼亞或許還有一些弗拉赫人，就像流浪的斯拉夫人[28]？同樣的，這些受到推測的外西凡尼亞弗拉赫人難道不會像羅馬尼亞人所支持的那樣，既不屬於這個種族更廣泛分布的一部分，也不必然是整個種族

---

26 作者註：已逝的羅馬歷史學家弗拉．菲烏斯（*Flavius Vopiscus*）寫在《羅馬帝王紀》（*Augustan Scriptors*）中。

27 Szelker，匈牙利人的一個分支，絕大多數是在羅馬尼亞。關於塞凱伊人的起源，很早便有爭議。現在一般認為塞凱伊人是匈牙利裔或匈化的突厥民族後代。

28 作者註：根據一份匈牙利資料，貝拉國王（一二三四～七〇年）的匿名公證人記錄了一項傳統，說入侵的匈牙利人必須戰勝外西凡尼亞中部的弗拉赫——斯拉夫部族的領導人格魯的抵抗，才能征服這個地區。

輻射狀的核心？雙方的答案都是「否」：匈牙利人堅持空白論，羅馬尼亞人堅持溫床論。幾乎不用說，雙方參與論戰的人都會引用或挑戰資料來源，同時會舉出語言學、考古學、地理學、地名、宗教信仰、以及整體支持的一系列間接證據來援證，能夠用令人信服和長期熟練的輕鬆來解釋所有反對的論據。

以羅馬尼亞人的觀點而言，庫茲歐—弗拉赫人，即巴爾幹地區的「馬其諾—魯曼人」，可能是兩支新「達基亞」居民傳播出去的某些後裔——是奧勒良為他撤離到摩西亞（現代的塞爾維亞和保加利亞）的百姓，沿著多瑙河南岸所建立的殖民地。在奧勒良皇帝撤離多瑙河以南一百年之後，有一個有趣的人物在這些殖民的達基亞人中發光了一陣子：傑出的雷馬西亞[29]（即現在塞爾維亞的貝拉帕蘭卡）聖尼賽大[30]，他不僅寫了直到二十世紀初都還錯誤歸功於聖盎博羅修[31]和奧古斯丁[32]的〈感恩讚美詩〉（Te Deum），也寫了《使徒信經》[33]的其中一條。他是「諾拉的保林」[34]的朋友，在他去義大利南部拜訪保林時，保林還曾以莎孚式詩體[35]寫了一本書，這件事讓他成為唯一一個遭到奧索尼烏斯[36]所在的羅馬波爾多[37]隱晦不提的人。然後，黑暗又吞噬了這個微明的信號。

要是我們知道奧勒良皇帝撤退時發生什麼事就好了！但是除了弗拉菲烏斯[38]陰暗的句子外，我們不得而知；一無所知：沉默與黑暗持續了一千年。我們知道的是，羅馬撤離發生於西元二七一年（在羅馬人離開英國的一百多年前），但是在那之後，除了格魯，最早再出現的，就是一二二二年和一二三一年提到外西凡尼亞的拉丁語居民了，還有「弗拉赫地區」和

---

29 Remesiana，一個古老的羅馬城市，位於塞爾維亞皮羅特州。在雷馬西亞曾挖掘出大教堂，一九八七年被宣布為重要考古遺址，受到塞爾維亞共和國保護。

30 St Nicetas（三三五～四一四年），雷馬西亞主教，在聖餐崇拜期間促進了拉丁聖樂使用，並被認為寫了許多聖歌。

31 SS Ambrose（約三四〇～三九七年），羅馬公教會神職人員，擔任米蘭主教，四世紀基督教著名的拉丁神父，也是羅馬公教公認的四大教會聖師之一。

32 全稱謂為Augustine of Hippo（三五四～四三〇年），希波的奧古斯丁，羅馬帝國末期北非的柏柏爾人，早期西方基督教的神學家、哲學家，曾任天主教會在阿爾及利亞城市安納巴前身希波的主教。

33 Apostles' Creed，基督教三大傳統《信經》之一，被視為早期基督教會信仰的敘述，很可能寫於第一或第二世紀的「辯士時期」，主要目的為澄清信仰內容，共十二條，分成三部分寫作。

34 Paulinus of Nola（約三五四～四三一年），羅馬詩人、作家和參議員。

35 指莎孚（Sappho，西元前六三〇～西元前五七〇年）的文體。莎孚是古希臘的女同性戀詩人，一生寫過不少情詩、婚歌、頌神詩、銘辭等。著有詩集九卷，但大部分已散佚，現僅存一首完篇、三首近完篇的詩作，以及若干斷句。

36 全稱謂為Decimius Magnus Ausonius（三一〇～三九五年），古羅馬詩人。曾任王子的教師，後出任財政官和行政官，最終隱退。作品多為詠嘆詩、田園詩、諷刺詩，詩歌語言駁雜，著有《薩莫拉》、《諸帝賢能似凱撒》等。

37 Roman Bordeaux，凱爾特人於西元前三〇〇年前後建立的城市，稱之為布爾迪加拉（Burdigala），羅馬人約自西元前六〇年開始統治，曾為奧索尼烏斯的封地。

38 Vopiscus，《羅馬帝王紀》的四名作者之一，可是也有研究指出，這只是真正作者的假名，他從未在史上真正存在過。

「佩切涅格人和弗拉赫人的森林」。他們在瓦盧瓦[39]和金雀花王朝[40]達到高峰時，自陰影中出現——或可說是重新出現——就在十字軍[41]奪占君士坦丁堡的二十年後，距離大憲章[42]訂立也才僅僅六年。讓人覺得困惑、也幾乎不可信的是，我們對於跟他們同時代在外西凡尼亞的人同樣知之甚少。有些人把這驚人的空白怪罪到蒙古人在這個世紀之前的入侵上頭。蒙古人毀滅了一切：不僅是城堡、教堂和修道院，似乎還有這些地方可能保有的每一份文件。人們渴望得到自拔都對寶庫放火之後，某些深埋於廢墟中的堡壘有著奇蹟般沒受到波及的訊息，也許是外西凡尼亞的一些林務員挖出了一隻狐狸或一隻獾，以及突然之間穿過爬行動物和草樹根部，進入一個充滿了羊皮紙鐵箱的乾燥穹頂……

然而，從不同觀點來看，這個空白給了敵對爭議者相當大的優勢。理論可以在空白中發展，實際上也真的是如此，而偶爾出現的一些確切事實的碎片，諸如語言、地理、民族或宗教，便無需拼入任何拼圖裡；事實上也無法這樣做，因為其他所有的拼片都不見了；並且在某些特定的鬆散範圍內，發聲者可以依照個人最適合的任何圖樣來加以排列。演繹者就像兩位古生物學家的不同作品，道理是一樣的，其中一位要重建恐龍，另外一位則是從同一把骨頭碎片中重製出乳齒象。「讓我們假設」在幾頁之後便成了「我們或許可以假設」，再過去幾頁就變成了「就如我們已經表明的」；然後，再下來幾頁，最初閃閃躲躲的假設已經堅定地成為一個已然堅硬完成的地標，可是自始至終都沒有舉證一丁點兒的新證據。利基點遭哄騙成為華麗的綻放，尷尬的部分被謹慎刪除後變得不存在。陰暗統治。這是一個隱諱不明的區域，其中「suggestic falsi」（虛假陳述）和「suppressio veri」（隱瞞真相）這兩個歷史衝突的邪惡雙生子，帶著黑暗的燈籠和弓弦，在陰影四周猖獗漫行。

要不是因為糾纏著他們的激烈對抗，後來依舊糾纏著不放，這些古老的歧異也不過是學術上猜想的領域而已。可以證明的是，歷史性的優先順序將是所有權爭議訴訟中的重要證據；而在本世紀早些時候，在思考種族成立的首要因素之前，更重要的是：由歷史持續性和

---

39 Valois，卡佩王朝的支系，繼卡佩家族後承繼法國王權，並於一三二八至一五八九年間統治法蘭西。家族地位較低的成員在阿朗松、安茹、勃艮地和奧爾良建立支系。

40 Plantagenet，在法國又名安茹王朝。王室家族是源於法國安茹的貴族，從十二世紀起統治英格蘭，首任英格蘭國王是亨利二世，一度擁有從庇里牛斯山到蘇格蘭邊境的廣大統治版圖，後世稱此時期的英格蘭王國為「安茹帝國」，期間英國文化藝術逐漸成形，但政治氣候多變，「百年戰爭」便是一次代表性的歷史事件。

41 Crusaders，伊斯蘭世界稱為「法蘭克人入侵」（一〇九六～一二九一年），是一系列在羅馬天主教教皇准許下的戰役，由西歐的封建領主和騎士對他們認為是異教徒的地中海東岸國家發動了持續近兩百年的宗教戰爭。最初參與成員包含騎士、商人和農民，多數是自願的，受拜占庭帝國之邀，參與奪回聖地的戰爭，東正教徒也參加了其中幾次東征。

42 Magna Carta，又稱自由大憲章，是英格蘭國王約翰最初於一二一五年在溫莎附近的蘭尼米德訂立的拉丁文政治性授權文件，一二二五年首次成為法律，直到一二九七年的英文版本，至今仍然是英格蘭威爾斯的有效法律。這份由坎特伯里大主教史蒂芬·朗頓起草的大憲章，乃是封建貴族用來對抗英國國王權力的封建權利保障協議，主因是教宗、英王約翰及封建貴族對王室權力出現意見分歧，所以要求王室放棄部分權力，保護教會的權力，尊重司法過程，接受王權受法律的限制事件。

條約強化所支撐的征服占有，仍然是一個有效且值得尊重的考量。英國和法國的殖民地帝國毫無阻礙地蓬勃發展，俄羅斯依然嚴厲掌握了沙皇們併吞亞洲的巨大潛力。在這樣一個氛圍中，所有研究的客觀性，反而可能挖掘出對研究者自己這一方造成損害的證據，且似乎一定會變成叛國罪。

很明顯的，當時我對這一切知之甚少，但是不瞥見些暗示是不可能的；後來，當我在「老」羅馬尼亞待了一段長時間後——在外西凡尼亞這邊提到時，都是稱為「Ragat」，或是「王國」——多多少少學會了羅馬尼亞方案的要訣，但不是很強就是了（因為該想到的是我在摩爾達維亞公國時同住的那些人家和朋友，而不是馬上浮現沙文主義者的面孔，這實在有點困難），不過來到我手裡的兩邊資料我都看了。對立的情況巧妙而具說服力的辯論；在每一個邏輯鏈中似乎都無懈可擊；所有反對意見都獲正面迎擊並予以拆除；當我從一個爭論點轉投其對手時，相同的事情也會發生，使得我在兩者之間進退維艱。在熟人當中，我可能是唯一一個覺得這佈陣兩造都溫暖的人，並且熱切期盼他們能夠成為朋友。在廢墟中發現那些虛構的卷軸是否能解決問題？因為兩造之間都顯得立場不足，讓我這個角色對兩者而言亦都無濟於事。

在外西凡尼亞的匈牙利土地的所有者中，還有另一種苦難。土地改革徵用並重新分配了農民大部分的財產，儘管這種措施可能一直都是如此運作，但沒有人喜歡失去土地，憤怒的呼喊因而高漲。他們似乎不得而知的是，其實這些呼喊與羅馬尼亞舊貴族的鄉間別墅裡所能聽到的哀號，本質上並沒有什麼不同，這些舊貴族的房屋同樣也已經遭到拆除。更重要的是，這些舊貴族憤憤不平地認定，「他們的」羅馬尼亞政府提供給這些不情願的匈牙利新臣民更多的好處，以討好他們。在後來的旅行中，我向匈牙利的外西凡尼亞人提起這件事時，堅定地認為自己是受到歧視的特殊受害者的他們，對這點只感到驚訝且完全不相信。他們面對這個政權的不公平和來自「王國」新官員的貪汙受賄時，更顯激動。賄賂的傳說甚囂塵上，使得他們對新國家和喀爾巴阡山脈區域以外官員的態度，類似於後美國內戰時期，農場主人對美國北部帶著手提包旅行者的不信任和蔑視。不討喜的一面的確存在：也許是源於過去針對匈牙利專制主義的報復，缺乏機智和顧慮。幾個世紀以來，匈牙利人處理他們外交事務的手段很笨拙，與自己的同胞相處又更遜一籌；蔑視、壓迫、盲目的封建制度，在他們協議、嚴格的馬札爾化中，排除掉任何聲音，所以瑕疵始終未曾消失。（如果他們的罪孽會讓英國人心中產生自滿，那是因為他們對於農奴人口的感情，最能讓人信服地回想起史威夫特[43]在克倫威爾征服愛爾蘭後，諷刺英國的態度。）紛爭累積起來，不時爆發衝突，接著是惡毒的反抗，然後是毫不留情的報復。如果把主從位置倒轉過來，過去這嚴苛的幾世紀以來，匈牙利人早已處於羅馬尼亞宗主國之下的話，也沒有理由認為現在這種轉變的軛就會變

43　全名Jonathan Swift（一六六七～一七四五年），英國—愛爾蘭作家。身為一名諷刺文學作家，以《格列佛遊記》等作品聞名於世。

得比較輕一些：羅馬尼亞統治者對自己的臣民採用緊縮和壓迫的手段，正如匈牙利人對於自己的子民亦然。那是東歐的殘酷時期；現在依然如此[44]。

但在日常生活中幾乎沒有這些痕跡。無論是好還是壞，地主和佃農已經相識了好幾代，反而是來自「王國」的官員，對他們雙方來說都是新來者；當下就有一種溫暖的感覺超越了邊界和所有權的改變，以及過去的衝突。「我記得老伯爵——」，我後來聽到一個羅馬尼亞牧羊人說：「以及他所有馬匹與四輪馬車的模樣！看起來很棒。但看看現在的他，可憐的老傢伙！」互相比較的感覺往往凌駕互相對立的模式，而且在我為數不多的經驗中，那些在飲酒之間大罵國家不公不正的鄉紳們，對於那些從他們手中取得田畝的當地人，反而會予以豁免的回應。他們的古代封建關係可能已經蒸發消失，但強硬的象徵仍然存在於脫帽、親吻手和致意的禮儀形式中，因而給了這種外西凡尼亞人的生活一種奇怪的、幾乎是脫離實體的偏遠感。大多數的小地主已被環境所逼，歸化成為羅馬尼亞公民；但其中很少有人去過布加勒斯特。他們把它看作是一個蒙塵、賄賂和邪惡的遙遠巴比倫，並發誓如果可以的話，絕對不前往那裡，甚至不能跨越從前的東部邊界。他們渴望著聖斯德望的王冠，而除了割讓給西方已變得支離破碎的王國外，對任何事物都無眼、無耳也無心。

最後還有一點可說的是，一個陌生人幾乎難以察覺這種痛苦。（以我的特殊情況來說，倖存下來的主要事物是無限仁慈的記憶。）資產依然存在，只是大大減少了，而且經常還會有種幾乎什麼都沒改變的感覺。魅力和「douceur de vivre」（甜蜜的生活）依然飄浮在室內褪了色的裝飾之間，而在外頭，一切都令人愉悅。如孤島般住在質樸的羅馬尼亞人群中，他們的種族和宗教雖不同，已經失去的優勢魅影卻依然存在，盛行於這些城堡居民周圍的氛圍，喚起了如英裔愛爾蘭人在瓦特福或戈爾韋頹傾領地的氣息，有著所有的悲傷和魔力。對過去懷抱鄉愁，除了鄰近莊園裡自己的同胞和在那裡工作的農民之外，眼中沒有其他人。他們生活在一個向後看、世系的、幾乎是儒家的夢裡，而許多句子都以嘆息作結。

～

梨亞有無數的法文書可以讓我自由借閱。蒂博爾不是個讀書人，但他的祖先肯定是，因為圖書室裡藏書豐富，主要是匈牙利語和德語作品。我放棄了閱讀馬札爾作品的希望，渴望能更深入德國作品些，於是開始閱讀威廉·布施[45]大部頭書中的《麥斯和莫里茲》（*Max und Moritz*），以及《漢斯·哈克》（*Hans Huckebein*）[46]燦爛畫作下所有的韻律對聯。讀得開心

---

44 作者註：「所有傷心的想法都在此，但全為徒勞，恐怖和鄙視和憎恨和恐懼和憤慨……」——前述字句經常出現在我腦海中。譯註：作者引用的詩句出自英國詩人阿爾弗雷德·愛德華·豪斯的詩作〈安靜，我的靈魂，安靜〉。阿爾弗雷德最為人所熟知的詩歌集是《什羅普郡的少年》。

45 Wilhelm Busch（一八三二～一九〇八年），德國畫家、詩人及雕刻家，以諷刺性插畫故事聞名。

46 威廉·布施以韻律對聯撰寫的德文圖文書。這系列高度原創的黑色幽默故事集被視為現代連環漫畫的主要先驅之一。

的我繼續瞄準更高的目標，轉向了湯瑪斯・曼[47]的《魂斷威尼斯》（*Tod in Venedig*），開始緩慢的閱讀，因為每隔幾個字就要查字典；要是卡住了，就找梨亞協助。不過我確實設法在幾週內讀完了它，同時想著，我學德語也不過是五個月前開始的事，這樣看來似乎已經是躍進了一大步。我的早晨時光就消磨在書房和一張戶外的桌子之間，鑽研《邁耶百科詞典》的中歐歷史，尤其是匈牙利和外西凡尼亞歷史；接下來，轉移到了庫恩・貝拉的時代，借助的是相當古怪的由尚・塔羅[48]和傑若米・塔羅[49]所寫的書：《霍布斯堡王朝的終結》（*La Fin des Habsburgs*）和《當以色列為王》（*Quand Israel est Roi*）。這兩位法國兄弟（其中一位成了院士[50]）在這些領域中相當傑出。雖然每個人都非常了解中歐的過去，但他們的知識卻都終止在喀爾巴阡山脈頂峰。山的另一邊的瓦拉幾亞和摩爾達維亞這兩個主要國度，最後終究在一位親王手中統一，變成了羅馬尼亞王國，這段歷史就超出了大家所了解的範圍；歷史總是以「die wilde Wallachei」（野生的瓦拉幾亞）一筆帶過（這點或許是個引用：但引用自誰呢？），彷彿它是位於遙遠的蒙古大草原中心似地加以忽略。

從這個主題出發，但沒有離題太遠，我發現「gelding」（閹割）的法文是「hongre」——匈牙利人被認為是將這種做法引進歐洲的民族——德語是「Wallach」，暗示了這個字源自羅馬尼亞語，每一個相關的國家都再往東前進一步。我很高興地發現「hussar」（輕騎兵）一詞是馬札爾語——*husz*，代表二十，讓人想到一個多達二十人的騎兵中隊——是個短命詞，但是最近的詞典編纂者透過塞爾維亞人，從義大利語的 *corsaro*（海盜）引申，任意地以有蹄類動物的龍骨（a keel for hooves）加以取代。一直有人試圖從「Hungarian」（匈牙利）這個字，或者說是從其祖先烏爾戈人（Ugrians）那裡，追尋到「食人魔」（ogre）的字源；但這個詞的真正起源是羅馬神話中的冥府之神奧加斯（Orcus）。不過，至少「cravat」（三角圍巾）是源自匈牙利的附庸國「Croatia」（克羅埃西亞）這點似乎無庸置疑；這個詞透過路易十四[51]的傭兵，即克羅埃西亞騎兵間流行的圍巾而植入法國。「coach」（公共馬車）一詞則讓人想到匈牙利科奇鎮（Kocs），可能是因為這種交通工具最早便是起源於當地。

~

這些早晨很快便告終。只要燈火還亮著，鸛鳥就會繼續統轄，杜鵑也繼續從不同的樹林

---

47 全名Paul Thomas Mann（一八七五～一九五五年），德國作家，一九二九年獲諾貝爾文學獎。

48 Jean Tharaud（一八七七～一九五二年），法國作家，一九四六年獲選為法蘭西學院院士。

49 Jérome Tharaud（一八七四～一九五三年），法國作家，於一九〇六年獲得聾固爾獎，一九三八年獲選為法蘭西學院院士。

50 這裡指的是當選為法國學術權威機構法蘭西學院院士的極高榮譽。在本書敘述的年代，只有哥哥傑若米當選為院士，所以作者才會有此一說。其實時隔八年後，尚也被選為院士。

51 Louis XIV（一六三八～一七一五年），全名路易．迪厄多內．波旁，自號太陽王，一六八〇年更接受巴黎市政會獻上的「大帝」尊號。他是波旁王朝的法國國王和納瓦拉國王，在位時間長達七十二年餘，是在位時間最長的君主之一。

鳴囀出聲。連續三天，未曾見過的鳥類的到來，成為特別標示的日子：第一天出現的那隻擁有耀眼的黃黑羽毛和縈繞人心的短調啼聲，是金黃色的黃鸝；第二天標註一群閃耀著藍綠黃三色的蜂鳥；第三天則是兩隻戴勝鳥，牠們行走在草地上，張開牠們的印地安人羽冠，然後在樹葉間高高低低蹦跳著相互追逐，牠們的翅膀將牠們變成小小的飛行斑馬，直到再次安頓下來。

蒂博爾的姊姊和一些朋友從維也納前來，所以有了許多的慶典、盛裝打扮和野餐，最後是在那座攀滿葡萄藤蔓的山頂上舉辦的午夜盛宴。篝火點燃了：有輛馬車載來四名吉普賽人，以及一把小提琴、一把中提琴、一副揚琴和一把低音大提琴，他們在樹下集合。我們的手肘斜靠在篝火四周，喝著琥珀色的葡萄酒，這些酒都是從熟透而掉落在斜坡上的葡萄榨取出來的。葡萄栽植人起身，在外圍成一圈，見我們一喝光了酒，就從農舍裡拿來新鮮的葡萄酒，斟滿所有的玻璃杯，直到從某個看不見的農場傳出第一聲雞鳴，散播傳染性的召喚並穿破夜色，喚醒其他公雞；接下來，大平原的盡頭開始往我們眼下閃耀過來，吉普賽人以外的一切顏色漸漸變淺了。吉普賽人的琴弦和聲音一路陪伴著我們下坡，然後穿過大門，沿著草地上的小徑穿過樹林。我們的腳印在露水中轉為灰色；等我們抵達房子正面的廊柱時，受到驚動的鳥巢和醒來鳥兒的聲音，加上山形牆上鸛鳥拍打著翅膀，都顯示此刻要上床睡覺已經太晚了。

這些是每天喚醒我的聲音。很快地，每天清晨會再加入穿牆而入的鐮刀沙沙聲，以及割草機對著自己的共鳴聲；聲音中斷一分鐘時，傳來的便是磨刀石沿著刀鋒發出了鏗鏘聲。屋內充滿乾草的氣味，地景上處處是忙於處理乾草的工人，他們在淺色殘株間把一束束的乾草列鋪排成一道道銀色條紋。我的房間向著一塊大乾草堆不斷往上堆的田野，這些乾草束繞著一個高高的中心柱子，以順時鐘的方向，層層的往上及往外輻射堆疊。帶著乾草叉的婦女，雙腳深陷在運貨馬車內扔擲著乾草，站在不斷變細的錐體上的男人，則把乾草像鸚鵡螺化石上的螺旋一樣加以固定。沿著車道吱吱作響的運貨馬車堆得如此之高，以至於所有的矮枝椏都會勾到纏繞著枯萎罌粟花和野花的乾草。

我和蒂博爾在田野間度過了許多時光，在山上走了好幾公里，撿拾整理羅馬尼亞的點點滴滴。然而，有一段時間我放棄了寫日記，所依據的原則是我個人認為這些停滯的間隔在旅行中是不相干的紀錄。我希望自己別那麼驕傲：這些間隔很容易就讓人忘了去算已經過了幾天，甚至是幾個禮拜；不過，奇怪的物品和散布在背後的幾張素描協助我重建了這些日記，毫無疑問的，其中有件事修復了這段特定的時間。蒂博爾一時興起，說他要開車送我去阿拉德——他記得他在那裡有些事情要處理——然後去我的下一個落腳處，我們全部的人之後都會在那裡碰面。喝過茶以後，一輛只用於四輪馬車能抵達範圍旅程的旅行車，帶著些許莊嚴氣氛開到了前門，蒂博爾對我們的旅行保留著一些神祕感。

阿拉德大約是基爾福[52]一般大小，不像鄉村，印象中我在那裡的街上聽到的馬札爾語，

52 Guildford，位於英國薩里郡的一個城市。

要比羅馬尼亞語多些。店鋪上有很多匈牙利名字、許多猶太名字和一大堆屬於士瓦本定居者的普通德文名。在匈牙利歷史上，這個地方因為奧地利對十三名匈牙利將軍執行死刑而聞名，此事發生在科蘇特崛起對抗霍布斯堡王朝統治末期的一八四八年。（我之前一直在讀這件事的相關資料。）然而，我並沒有太多的時間可以看很多；蒂博爾所謂的任務，原來是去找他最心儀的女孩伊洛娜。她的身材高大、膚色深，長得非常漂亮，住在通往穆列什河一條綠樹成蔭的素樸街道上。她已經邀請了一位名叫伊莎貝拉的朋友前來，同樣長得很漂亮，我想是為了我而請的。伊莎貝拉有著非常漂亮的頭髮和深藍色眼睛，除了匈牙利語之外，一語不發，但那一點兒也沒關係。（我很好奇，她長得那樣美是不是因為摻雜了斯洛伐克血統的關係：在歐奇優這個我倒數第二個匈牙利落腳處周遭，我已經看到類似的北方移民金髮後代，兩地的直線距離不是很遠。）無論如何，她就在眼前，如一片被壓製在我日誌後面的花瓣，被仔細的畫出來。只見我筆下的她，頭靠在前臂上，拱型眉毛下的雙眼凝視著，而且幸運的是，素描中的她看起來就像活生生的她那般美麗。頂端用鉛筆寫著：「伊莎，阿拉德，一九三四年五月十六日。」

～

再次回到阿拉德北部，隔天早上，波浪般的山丘已經後退了幾公里，荊棘教堂這我遍尋地圖卻徒勞無功的那些低矮如牧場般的莊園大屋，就靜靜地臥躺在榆樹下的玉米田之間。

我們一被帶進撞球室，蒂博爾就看見了一把越過窗台架著的雙筒槍。他很快就把它拆解開來，兩個彈藥匣跳出了槍的後膛。「請你看看這個！」他大笑著說，然後嘆了口氣，把它們放在架子上。「波蘭經濟[53]！這是為你準備的波蘭管理法！」我們的東道主雅許（Jaš，發音是雅許「Yash」）在這當兒走進來，說他一直保持著子彈滿膛的狀態，以便對付禿鼻鴉，「否則牠們會連續好幾公里連一根青麥穗都不給你留下！」

在這些圈子裡，如果沒有讓新來的人事先了解他們即將要碰面的人的任何特定細節，會被視為一種無禮的疏失。這些交談不會有英式的審慎或細究的模糊性約束，更不用怕會太過世俗化，或因為紋章的誇張和權力的浮華而預先產生深刻的印象。「雅許？」有個人這麼說過：「他來自波蘭南部的一個優秀家族，有八千英畝土地，離克拉科夫不遠。他的曾祖父是奧地利派駐聖彼得堡的大使，家族的土耳其頭盔是在烏克蘭擄獲了三面韃靼旗幟之後獲頒的。」

「他太太叫克萊拉吧？來自一個非常古老、古老、古老……*uralte*（古老）」此時，說話者的眼皮就像是想到如此古老的夢一樣，幾乎快要全部閉上了。「高塔特拉山[54]的家族，他們住在匈牙利最古老城堡的其中一座；現在是斯洛伐克的，真是可惜啊！從馬加什一

53 Polnische Wirtschaft，泛指十八世紀末至二十世紀最初在普魯士和德國創造的刻板印象，引申為無組織化、低效率和荒漠化。

54 High Tatra mountains，位於斯洛伐克北部和波蘭南部的一座山脈，也是塔特拉山脈的一部分。

世[55]統治以來的伯爵們，家徽是雙山形，間夾以三隻火蜥蜴，再用五條狗魚分成四等份；你知道的，就是河水奔流，有魚兒優游其中的那面盾徽。」（一提起盾徽上的動物，有一會兒，房間裡或草坪上似乎處處可聞有著藍色腳爪和毒牙的叉尾獅子，小心翼翼地往後看著；獨角獸、鼴鼠、雞身蛇尾怪、獅鷲、飛龍、噴火龍，還有身上有條紋的小龍；鬆綁的隼和鷹，空中到處是烏鴉、岩燕和脖子以螺旋狀繫上金鏈的天鵝。）

只有在處理過這些要素之後，比較不重要的點，如個性、外表或氣度才會出現。儘管有一些領土上的問題，匈牙利人對波蘭人卻毫無疑問地表示同情；發現東歐通常會仇恨鄰居的這件事出現了例外，還真是讓人大鬆一口氣！這份情感早在對德國人、土耳其人和俄羅斯人環抱共同敵意的很久以前就已扎根，尤其標註在波蘭人選了外西凡尼亞的匈牙利王子斯特凡．巴托里[56]當選波蘭國王時的十六世紀晚期。他排除全部的敵人，奪取了許多俄羅斯城鎮，並把「恐怖的伊凡」[57]從王國驅逐出去。

雅許身材纖細、金髮、高鼻樑，理著平頭，明亮的藍眼睛掩在厚厚的角質框眼鏡後面，帶著一股不確定和善意的氣息。關於考古學、歷史、宗教和物理學的想法不停在他心中湧現，據說他在經濟學、作物輪作、動物訓練、冬季飼料、林業、養蜂、綿羊藥浴，還有如何養出春季市場上最好的鴨子方面，具備很強的專家理論（付諸實現就失效）。他歡迎任何古怪的想法，我們到那裡還不到五分鐘，他就詢問我們對下述想法的看法：地球可能是中空的，而其中心有顆小太陽，並有一顆大很多的月球繞著它旋轉，其影子便形成了黑夜和白天。數百萬大約有維也納或華沙大小的星星以不同的距離和速度，繞著太陽這顆中心轉？那天早上的郵件幫他帶來了此理論的發明者以三種語言印製的小冊子，一看就點亮了他鏡片後的淺色眼眸。「Die Welt ist eine Hohlkugel!（世界是顆空心球！）」他讀出封面來：「Le monde est une boule creuse!（世界是顆空心球！）Ze vorld（世界）是顆空心球，親愛的！」他把著我的前臂解釋著，熱情地翻閱紙頁，讀出了最有說服力的段落。我們說再見時，蒂博爾不禁向我眨眼做了個鬼臉。

~

在其他事務上，實務可能落後於理論，但雅許是個神射手。槍很快就重新填裝好子彈，而且經常的是在聊天當中，似乎也不見有特別瞄準，他會隨意似地朝著窗外往空中射，而且往往僅用單手，行雲流水般的過程絲毫不見停頓；而一秒鐘後，從遮蔭了房子的龐大禿鼻烏

---

55 全稱謂為King Hunyadi Mátyás I（一四四三～一四九〇年），匈牙利及克羅埃西亞國王。經過數次軍事行動，又成為波希米亞國王及奧地利公爵。在他治下，匈牙利確立了東歐第二強國的地位，彼時第一強國為鄂圖曼土耳其。

56 Stephen Báthory（一五三三～一五八六年），外西凡尼亞的匈牙利貴族巴托里家族一員，後來當選為波蘭國王和立陶宛大公。很多歷史學家都認為，他是自波蘭推行自由選王制以來，最偉大的波蘭國王之一。

57 Ivan the Terrible，即伊凡四世（一五三〇～一五八四年），又因為出生時電閃雷鳴而被稱為「伊凡雷帝」，是俄羅斯帝國的開創者。俄國史上第一位沙皇，曾為莫斯科大公。

鴉群中，就會有隻像個沉重的包裹般落到草坪上。這讓我覺得難過，因為這所有的盤旋和呱呱叫，都誘發了我的思鄉情懷。白天裡的每個小時都會有這種隨意的砰砰轟響。

克萊拉是高塔特拉那些古老城垛的孩子，生得一副狂野的模樣，頭髮很少精心梳理。她喜歡馬，生活就圍繞著兩匹美麗的黑色生物運轉，名叫安塔爾的倔強獨眼馬夫幫牠們修剪皮毛並保持光滑。「不像我，」她坦白招認，飛掠上鞍座，像騎師一樣輕巧，馬上英姿漂亮，並且跨過了巨大的柵欄。雅許已經放棄了，說「沒有時間」，所以我們在夜晚涼爽時才騎馬到遠方。

炎熱的中午時分，冰涼的蘇打水濺到我不斷提及的深金色葡萄酒中。酒名聽來雖野蠻，卻很美味，德語稱之為「Spritzer」（飛濺），在馬札爾語中，則稱為「hosszú lépés」，「長路」的意思，是關於稀釋度的許多術語之一。一般而言，這些葡萄酒全都是從那個特定地區來的，不過每種葡萄酒似乎都會隨著是在哪戶人家暢飲而有所不同。打從自發酵中沉澱的那一刻起，葡萄酒就準備好要為人飲用，而放置在涼爽酒窖多年之後，這點讓人誇不勝誇。晚餐時，一個接一個喝光的醒酒器，如今在高高的玻璃鬱金香形保護罩中的燭光映射下，顯得純粹透明。雅許喜歡在晚餐後坐下來待到很晚，聊著各式各樣的輕率話題直到午夜之後。當他舉起食指，我們就會安靜下來，一起聆聽夜鶯一分鐘。螢火蟲構成的幾何圖形，在大量的匙形栗子樹下不斷變化地飛來飛去，某天晚上起身要上床之際，我們還看見了比三葉草還小的翡翠色樹蛙，有如筏子上的微型綠色流浪漢。

待在這裡的最後一個下午，克萊拉和我躺在草坪盡頭的河岸邊聊天。雅許在室內彈著已經相得熟練的複雜賦格曲，中斷幾秒，復又在乒一聲、乓一聲後，回到鋼琴上，屋子上方盤旋著一群擾人的白嘴鴉。沿著整片草坪，彷如蠟燭般的板栗花已經開始散播，粉紅色花盤不時閃耀在落於青草間的白色花瓣上。在這個視野的盡頭，我們可以看到兩匹馬，幾分鐘前剛卸下馬鞍，在確認自身目前狀況之前，先馬鳴嘶嘶和搖搖身子，狂喜奔騰，接著才悠閒吃草，輕輕甩動尾巴趕蚊蚋。早上，隨著射烏鴉的步槍轟鳴聲越來越小聲，其中一匹馬帶著我來到下一站。

~

奧特凡尼（Ötvenes）是「朋友與屋子」這種獨特連結的最後一位，而就像其他所有人一樣，我其實在蒂爾博家的第一晚就遇見了這些居民。這個家族是從土耳其人手中重新取回這些失土時，就一直定居在那裡的士瓦本人，他們廣布的土地很快就讓他們晉身為領導階層。可以把持續幾世紀的衝突跟西班牙復國運動[58]的漫長過程加以比較，而且以鄂圖曼人來

58 Reconquista，又稱收復失地運動，指西元七一八至一四九二年間，位於西歐伊比利半島北部的基督教國家逐漸戰勝南部的穆斯林摩爾人政權的運動。史學家以西元七一八年，奧瑪亞阿拉伯征服西哥德王國，以及阿斯圖里亞斯公國建國為復地運動的開端，而以一四九二年格拉納達的陷落為終。這個事件的西班牙語和葡萄牙語名稱「Reconquista」一詞有「重新征服」的意思。

取代摩爾人[59]嗎？早期的戰役，以及匈亞提[60]、巴托里[61]和任斯基[62]的勝利，具有鮮明的親和力：但後來的外西凡尼亞英雄的精力卻消耗在製造公國上，同時至少有一段時間是處於土耳其封建之下，作為對抗霍布斯堡王朝的馬札爾自由堡壘。他們以迎娶匈牙利皇室女繼承人，然後宣稱是傳承而非選任的精明技巧登上王位，進而讓王朝併吞了匈牙利；等皇帝的軍隊終於進軍下游時，帝國主義者就回過頭，把這些被解放的匈牙利人視為被征服的種族。因此，外國定居者和非匈牙利氏族的數量突然散布在贖回的土地上。陌生人從國外被召回來；在過去三個世紀裡，神聖羅馬帝國和匈牙利王國變得世界化，不過一般來說，主要還是表現在軍隊的指揮官身上；唯獨他們的後代在很久以前就已經被同化。而彷彿為了具體呈現這一點，兩位從鄰近地產過來的兄弟，就擁有知名的熱那亞姓氏帕拉維奇。他們是謀殺了有一半威尼斯人血統、亦即外西凡尼亞的救世主紅衣主教馬丁齊[63]的侯爵後裔嗎？我剛剛讀過關於他的資料，但不敢開口問。另一位客人是位身材高挑的公主，她嫁給了博學的博物學家地主利普賽・貝拉[64]，出身自巴納特[65]的鄉鎮洛夫林，是有名的奧代斯卡爾奇家族[66]教宗諾森九世的後裔（但願不是直接的），也是布拉恰諾[67]的領主。

這家人的女兒喬治娜，看起來就像個正在探險旅行、有著一頭漂亮頭髮的英國女人，而且和克萊拉一樣善於騎馬。她與一位長期不在家的捷克籍丈夫分開，正為了想要嫁給一個騎術更好的騎士而毫無希望地努力解除婚姻關係。全聾的他皮膚曬得黝黑、身材瘦削、個性可愛。她善良的父母充滿疑慮，尤其是她母親，非常認真地看待我旅程的危險性。她的一個兒

59 Moors，指中世紀伊比利亞半島，即今西班牙和葡萄牙、西西里島、馬爾他、馬格里布和西非的穆斯林居民。歷史上，摩爾人主要指在伊比利亞半島的伊斯蘭征服者，主要由衣索比亞人、撒哈拉人、阿拉伯人和柏柏爾人組成，也有伊比利半島出身的原住民穆斯林。

60 全名Hunyadi János（一二八七～一四五六年），外西凡尼亞總督、匈牙利王國大將軍和攝政，馬加什一世之父，為國民英雄。他於一四五六年的貝爾格勒圍城中，成功救援並擊敗鄂圖曼土耳其十萬大軍，阻止其入侵歐洲。

61 Báthory，匈牙利有名的貴族家族之一。

62 全名Zrinyi Miklós（一六二〇～一六六四年），克羅埃西亞和匈牙利軍事領袖、政治家和詩人，出身於克羅埃西亞和匈牙利貴族家庭，是匈牙利文學史上第一部史詩的作者。

63 Cardinal Martinuzzi（一四八二～一五五一年），克羅埃西亞貴族，聖保羅教派神父和匈牙利政治家。

64 Béla Lipthay（一八九二～一九七四年），匈牙利昆蟲學家、博物學家，出身匈牙利利托托夫（現屬斯洛伐克）地區貴族。

65 Banat，中歐的地理和歷史地區，一九四一年由於匈牙利王國與納粹德國聯合入侵塞爾維亞，使匈牙利王國得以擁有今塞爾維亞巴納特一省。現在則分屬三個國家，東部屬於羅馬尼亞，西部屬塞爾維亞，北部少量土地屬於匈牙利。

66 Odescalchi，義大利貴族家族名。隨著班尼德托．奧代斯卡爾奇在一六七六年當選教宗諾森十一世，其家族社會地位便開始晉升。

67 作者註：據蘇格蘭詩人華特．史考特爵士（或者是麥考利男爵引用了他的文句；我已經檢索過了，卻沒有成果，正確答案很可能會在這本書出版之後的第二天出現），湖畔滿是蘆葦的布拉恰諾，是他所見過中世紀堡壘的最好例子：聚集的圓柱塔往上拔升到拉齊奧的天空，遍布的自戀槍眼石冠高踞在其反射於許多噚之下靜止的倒影上。譯註：麥考利男爵，全名Thomas Babington Macaulay（一八〇〇～一八五九年），英國詩人、歷史學家及輝格黨政治家。

子已經在巴西待了十五年，如果我同意，她願意將他整個衣櫃裡的衣服都塞進我的背包裡。

我可以記住這個房子的每一個細節，還有其他所有的事情，以及居民、僕人、狗兒、馬匹、還有風景，全都完整無缺。也許在這個偏遠的社會中，身為一個陌生人打倒了某些習慣性的障礙，讓我成為他們生活中親密的人，感情日益加深，並持續得比我在外西凡尼亞交界區待的那幾個星期裡快速轉移的任何事物都還要久。最後幾天，梨亞的到來，讓這個特別快樂的逗留時光更加深了這種感覺。我們看到一座巨大的乾草建築，慢慢地運過樹林；而在停留的最後一天，我們在木屋裡發現了一些煙火，晚餐後就把它們全部給放了。

到目前為止，我行過的歐洲每一處都已經慘遭戰火的撕裂破壞；事實上，除了土耳其邊界前的最後一個階段，這趟旅程走過的所有國家，在幾年後都因兩股無情的破壞力所致而捲入了對抗；戰爭爆發時，這些朋友全都消失在突如其來的黑暗之中。戰後連根拔起和破壞的規模非常龐大，以至於要在戰爭結束後好幾年，當籠罩的烏雲變得不那麼密集時，我才能四處找到線索，把其間發生的事情拼湊起來。他們幾乎全都被拖進了衝突之中，切膚入骨的感受和災難完全吞噬了他們。不過這個迷人和愉快的家庭，與這嚴峻時期中所突襲的悲劇和衝突倒是毫無關係：讓整個家和易燃的莊園全化成灰燼的，都怪夜裡突發的一場火。

第五章

穿越森林

「Frater petre, possumusne kugli ludere post Vesperas?」（彼得弟兄，晚禱後可以一起玩九柱戲[1]嗎？）

「Hodie non possumus, fili,」（今天不行，孩子，）彼得修士說：「Tarde nimium est. Cras poterimus.」（太晚今天。明天吧。）

「Quando? Qua hora?」（什麼時候？幾點？）

「Statim post Missam. Expecte me ad egressum ecclesiae.」（彌撒結束後。等我教堂出口。）

「Bene, frater, sed nonne ante Missam fierip otest?」（呃，弟兄，不行彌撒之前嗎？）

「Velnon. Est contra regulam nostram.」（不行，違反我們規定。）

「Eheu!」（真可惜！）[2]

從這段洋涇濱的拉丁語對話，就可以輕易理解彼得這個古怪的人！九柱戲，德語為「Kegeln」，是馬札爾語的「skittles」。彼得修士是拉德納瑪利亞教堂方濟會隱修院的訪客接待事務助理，他開朗的面容、剃光的圓頭和涼鞋、棕色連帽道袍、中廣腰部繫著白色繩索的裝束，儼然就是塔克修士[3]。由於沒有共通語言，我們只好被迫使用拉丁語。（我的對話其實比上面引述的文字更不流暢。我得先想好每一句話，並試圖在句子裡加入「um」結尾的動名詞以表達我的意圖[4]；對於「velnon」[5]一字的使用方式也深感納悶。後來我在拉丁語字典中查不到這個單字，也許是兩個字併用，只適用於教會圈，以代替拉丁文中所沒有的「不」字；但聽起來像是合併的一個單字。拉丁文的「是的」是「etiam」。）除了在學校時進行文法分析，或旅途上吟誦拉丁詩文外，我和其他人一樣從來沒有說過拉丁語，所以這一切讓我有陶醉不已的幻覺，彷彿回到昔日拉丁語是文明歐洲共通語言的時代：召喚來一個學者四處漫遊，以及一個我在出發之前恣意視為典範、近日卻逐漸遠離的世界。

那天早上從奧特凡尼[6]出發的道路，一路往東南而行，直到林木茂密的山丘突然在阿拉德以東約三十二公里外一分為二，我行走的小徑亦和美麗的馬洛斯河河谷交會；再往上游方向不遠處，即可見到拉德納瑪利亞教堂的青銅圓頂上方，閃爍著午後的陽光。該教堂興建於一五二〇年，不過乍看之下，沒有人會將這座巴洛克極盛時期[7]的建築群與方濟會教團[8]聯想

1 kugli，十六世紀歐洲人在室外草皮上玩的九瓶式保齡球。

2 這裡故意將中文前後次序倒錯，以顯示下列的洋涇濱。

3 Friar Tuck，在羅賓漢傳說故事中，因修道院不仁不義而伴隨羅賓漢行俠仗義的修士。

4 拉丁語中用「um」作為動名詞的結尾，既是和將進行的活動動詞同時使用，也能直接指出活動本身的目的。比如說在「睡覺」這個動名詞後面加上um，就有「現在就要去睡覺」的意思。

5 根據William Whitaker's Words線上英文—拉丁文辭典解釋，有可能是vel（or，或者、其實）和non（not，不是、絕不）兩字合併而來。

6 羅馬尼亞語為Utvinis。

7 High Baroque（約一六二五～一六七五年），藝術、建築和音樂強調極端的情感、細節和繁複。

8 Franciscan Order，跟隨聖方濟阿西西教導及靈修方式的修會，是天主教托缽修會的派別之一。

在一起。十六世紀時，這座教堂遭鄂圖曼帝國蘇丹穆斯塔法二世[9]的軍隊摧毀；一百年後，教堂以嶄新面目重建，彼時鄂圖曼帝國已經一路遭受擊潰，無力再發動戰爭。其後，一幅奇蹟倖存的聖母像使得教堂聲名鵲起[10]；贊助持續增加，教堂裡也充滿了朝聖者和奉獻品。

栗子樹葉的陰影下，是一截寬闊的樓梯，兩側豎立著阿西西的聖方濟[11]和皋玻穆的若望[12]兩尊巴洛克風格的高大雕像。在樓梯頂端，我遇上正在設置九柱戲戲局的彼得修士；他正想找人一起玩，所以我來得正是時候。我們玩了一整個傍晚，除了偶爾幾句拉丁語，兩人均心無旁騖地樂在其中。因為需要費點力氣才能用沉重的圓球撞散巨大的九柱球瓶：待晚禱鐘聲響起、結束遊戲時，我倆已是汗水淋漓，上述對話便是發生在我幫他收拾好所有器具之後。晚禱結束，他領我前往一間客房，隨後又領我前去餐廳。餐廳裡大約有四十名修士正在進餐，一名修士正在講台上朗讀，先用拉丁語，然後用馬札爾語[13]。夜禱後，我又在修道院見到彼得修士，並跟他說：「Dormitum ibant omnes?（要去睡覺了？）」要表達的意思是我已經準備好要就寢了！但他只是笑笑，將一根手指按在嘴唇上：這是我第一次住在修道院，此刻已是「magnum silentium」（靜默時間）。

第二天早上，六月二日，是個星期日，彼得修士忙於招呼訪客，所以我遵命等待，心想他或許又得玩 *non possum*（不行）遊戲。不料他竟以一身粗布道袍和腰帶匆忙出現，待遊戲結束，我試圖付錢，他揮揮手拒絕了——我是陌生人，是個 *viator*（過客），又是 *pelegrinus*（陌生人）等等；所以我往教堂奉獻箱的投幣孔丟下幾枚硬幣，硬幣的叮噹聲算是顧全了我的顏面。他幫我揹上背包，用拉丁語說：「願上帝與你同在。」接著又說：「Quoniam angelis suis mandavit de te, ut custodiant te in omnibus viis tuis.（因為祂必為你委派自己的天使，在你行走的每條道路上保護你。）」這段話令我印象深刻又相當困惑，我納悶地走下寬大的樓梯，往河流方向前進；那段話好像是一段引文，而我很好奇它出自何處[14]。

9 Mustafa II（一六六四～一七〇三年），鄂圖曼帝國蘇丹，執政時期為一六九五至一七〇三年。

10 一幅繪製於羊皮紙的聖母像，奇蹟地在一六九五年鄂圖曼土耳其人的火災中倖存下來。

11 St Francis of Assisi（一一八二～一二二六年），苦行僧，方濟會的創辦者。

12 St John of Nepomuk（約一三四五～一三九三年），一七二九年封聖。捷克共和國的民族聖人，被波希米亞國王瓦茨拉夫四世淹死在伏爾塔瓦河中。後世認為他的死因是由於他是波希米亞王后的告解神師，並且拒絕透露告解的祕密。根據這種說法，梟玻穆的若望被認為是天主教會第一位因告解保密而殉道者，也因此，他成為反誹謗的主保聖人，同時也是抵禦洪水的主保聖。

13 作者註：這一地區的羅馬尼亞，只有匈牙利人和德裔士瓦本人遵循拉丁儀式。我想，這附近人口大多是東儀天主教教徒，自十七世紀後期以來，其正統聖餐禮儀便一直以羅馬尼亞語進行。而之前希臘時期，則是以原本的教會斯拉夫語進行。

14 作者註：二十年後，這個問題在諾曼地的聖萬德里修道院終獲解答。那是《詩篇》第九十一篇第十一節經文，每晚夜禱時都會吟誦，所以我一定在前一晚聽過。

當多瑙河在一個多月前拋於身後，接下來是蒂薩河，以及最終的匈牙利大平原，我覺得自己正對那些知名的地標一一道別。之前我從來沒聽過馬洛須河[15]。

那是外西凡尼亞的一條大河，支流像末梢神經般呈扇形蔓延，橫跨喀爾巴阡山整個西側山坡，順坡湍急而下，凝聚成一條大川，再往西南迤邐穿過幾處小山脈，掠過修道院，滾滾流入匈牙利境內。這條河在塞格德匯入蒂薩河，亦即我和馬列克在索爾諾克噠噠地穿越橋樑南方約一百一十二公里處；接著，匯流的河水往南直入南斯拉夫，注入多瑙河。不久後，另一條薩瓦河，匯集了克羅埃西亞東部斯拉沃尼亞地區和阿爾卑斯山的支流，在貝爾格勒城牆下匯入這條大河，之後，各支流的獨特性便全部淹沒在多瑙河的洪流中，一併往鐵門峽谷挺進，直奔黑海。

層層山丘封閉了這段特殊流域的北岸，修道院也始終停留在視線之內，直到凸出於岩石基座、逐漸損毀的修伊摩什城堡廢墟赫然在望。這座城堡是匈牙利大將匈雅提．亞諾什的大本營，生存年代卻遠比他還要古老。這時，山麓的樹木開始如波浪般層層堆疊，枝椏間點綴著野生紫丁香。對岸的山丘漠然而立，那條大河就在兩岸山脈之間悠然開展。有時繞行兩、三公里後又蜿蜒而回，雲集的柳樹和山楊標示著它的彎曲河道，其間不時點綴著白楊樹，有些如紡錘般細長，有些如捕蝶網般粗壯。田地裡的婦女頭上繫著頭巾，外面戴著編織的柔軟草帽，狀如車輪般寬闊；高大的玉米披覆著羽葉，狀似破損的矛頭；微風不時襲來，在小麥田裡掀起道道麥浪；葉面噴灑著硫酸鹽肥料的藤蔓植物，層層疊疊的恣意攀爬。成群淺色牛隻嚼食著青草，牛角又寬又直，河畔的沼澤和濕地則是水牛打滾的天堂；牠們的皮毛時而光澤如海豹，時而如盔甲般覆蓋著乾燥泥塊，以防止昆蟲的騷擾；當牠們埋身於泥潭和沼澤時，只能從氣泡或露出的口鼻，目睹其蹤跡。此外，只要馬匹帶著小馬徜徉於草坪之處，便一定有幾頂破爛的帳篷搭建於附近。這些遍布著蘆葦的河灣，每樣事物都顯得悠閒懶散，靜謐無聲，默默地沉浸在成長發育與逕自富饒的慵懶魔咒中。

我發現一叢赤楊木，裡面滿是毛茛、罌粟花和長滿絨球的蒲公英，於是在林間以麵包和乳酪果腹，然後臣服於漸濃的睡意。醒來時，頭頂上的枝葉間，金雀和黑蠅嚶嚶喧鬧。我今天不需要走太久，因為事先已經安排好今晚留宿在馮．柯諾琵先生的住處。我知道距離城堡有數公里之遙，遂搭上一輛載運乾草的順風牛車，車夫很快便指出我的目的地：一幢凸出於草木茂盛山邊的鄉村房舍。

~

這裡很像英國的鄉間教區，馮．柯諾琵先生的和藹可親和滿頭華髮，儼然就是鄉間牧

15 作者註：穆列什河的羅馬尼亞語，亦即該河流的正式名稱，應該是「Mureş」（發音為「Mooresh」），但因緣際會下，我在這段旅程只聽到馬札爾語的「Maros」（發音為「Marosh」），若刻意置換成另一名稱總覺不妥。從此刻開始，此間若干地區通常有兩、三個名稱，所以勢必引起混淆，我先在此致歉。

師；他身上有股晚禱的氛圍，嗜好是小麥育種，兩名同住的瑞典同事也跟他一樣聲音柔和，個性安靜。只見家具到處覆蓋著麥穗，其中一名瑞典人不但樂在其中，而且以一口流暢的英文術語，在我們參觀各個樣本之際，熱切解釋著一種腫脹的麥穗和一般有芒品種之間的差異；接著又檢視波蘭的不同品種，鑑識小穗、麥芒、小麥花和穎苞的差異。他帶了一本德文版的《聖米歇的故事》（*The Story of San Michele*）[16]給馮・柯諾琵先生，這本書幾年前在英國曾風靡一時。接下來兩天，他朗讀著這本書，歲月靜好。這一切跟近日有關鹿角、馬蹄、以及蒂博爾回憶從舞者淺口軟鞋品嚐香檳的氛圍都迥然不同。

山丘沿著北岸逐漸高聳，樹木繁茂，讓我有種闖入幽深的未知之境而無從逃脫之感。傍晚前，我抵達薩沃爾欣[17]，附近的森林間隱密地座落著一座納達斯迪家族的城堡，於是過橋來到對岸。雖然這條河南岸的這一帶地區感覺上很像外西凡尼亞，但嚴格說來，實屬於原霍布斯堡王朝行省蒂米什瓦拉巴納特的最東北角，省名是從位於該省西部的首都蒂米什瓦拉（羅馬尼亞語為Timişoara）而來。十六世紀時，匈牙利戰敗，此地落入入侵的土耳其人之手，人口大幅減少；兩個世紀後，霍布斯堡王朝的歐根親王和帕爾菲伯爵[18]再度奪回此地，重新移民。近代該省人數最多的是羅馬尼亞人，在我旅行期間便一直是如此，但據說新移民來自四面八方，如果把一條變色龍放在巴納特的彩色人口分布圖上，牠一定會在劇烈變化中爆炸身亡[19]。

一、兩個小時後，我邁著疲憊的步伐，在拉長的影子中來到位於卡波爾尼斯的城堡。只見兩道台階攀升而上，通往一座設有扶手的露台，人們會在日落前的舒爽時刻在露台小坐；透過落地窗，得以瞥見其後已經燈火通明的房間。在布達佩斯招待我的善心贊助人保羅・泰勒基伯爵已經寫信給城堡主人，這是他的堂兄弟，而我在前一天也已經打過電話。他和歐根伯爵（Count Eugene）同名——「歐根」即匈牙利語的「Jenö」（杰納）——我看到他起身緩步迎上前來。

「你總算來了？」他先是親切招呼，繼而又相當驚訝地說：「過來坐吧！」

他是個高大、隨和、容易相處的中年男子，戴著金框眼鏡，有張極富才智、有點醜、卻又堪稱非常有趣的臉孔；就像他的堂表兄弟一樣，帶點遙遠的亞洲氣息。我知道他是位著名的昆蟲學家，也是卓越的蛾類權威，尤其是遠東地區的飛蛾，據說有兩位昆蟲捕獵專家終年

16　瑞典醫生阿克塞爾・芒西（Axel Munthe）用英文撰寫的回憶錄，曾以多種語言發行，暢銷一時。
17　作者註：Soborsin，即Şavarşin。
18　全稱謂為Kolaus VI Graf Pálffy ab Erdöd（一六五七～一七三二年），匈牙利貴族、帝國元帥和領主。
19　作者註：「Ban」（巴恩）乃一波斯單字，是阿瓦爾人最先帶到此地，意指一名軍事總督，其管轄地區為巴納特（Banat）。這個名詞後來適用於匈牙利、斯拉夫和克羅埃西亞若干邊陲省分；但真正的「巴納特」一直是指這片特定地區。相當奇怪的是，其實從未有任何「巴恩」統治過這裡。

為他忙碌不休，一位在中國，一位在日本，源源不絕地為他提供標本。只見屋內到處都是展示在玻璃櫃中的鱗翅目昆蟲[20]，其中有些體型很大，布滿茸毛，色彩鮮豔，有些則呈灰褐色，或像枝條、或似透明，還有些則小到看不清楚。除此之外，他具有博學之士的所有天性：每樣事物都會激起他的好奇心，讓他不辭辛勞地爬上書房的梯架。他喜歡八卦和有趣的故事，對五行打油詩情有獨鍾，越辛辣越好。他會花上好幾個小時不斷咀嚼：從一則神奇的軼事引出另一則軼事；其中有許多軼事以描繪名人或聖賢人物為樂，雖顯得荒謬，卻總能令人會心一笑。他很渴望聽聞類似故事，一旦心願得逞，總樂不可抑，不過是幾近無聲的笑，並且激動得暗自雀躍不已，待終於回復鎮定，他才取下眼鏡，用手帕仔細擦拭。他旅行過很多地方，對不列顛群島知之甚詳；英語幾乎無懈可擊，照顧他的一位來自蘇格蘭高地的保母也留給他許多蘇格蘭諺語，因此在言詞間也不時引用：問他對一位鄰居的看法，他說：「I hae me doots（我持保留態度）」；考慮某種困境時說：「I'll dree my own weird.（如果命當如此，我也認了。）」（在大戰前，英國保母對若干中歐孩子的支配力量實非誇大之詞；遠在學習用手指撥弄念珠祈禱之前，這些孩子便會用腳趾計算送去市場的小豬，而早在對三位一體有任何概念之前，就熟知《三隻盲鼠》[21]到處亂闖的故事。）他的妻子凱瑟琳伯爵夫人，暱稱婷卡，身材高挑，深色頭髮，面貌姣好，極其和善又非常聰明，她博覽群書，但涉獵範圍與伯爵迥異。尤其有一項最特別的，在這孤立的匈牙利社交圈，她可謂獨具一格：她是羅馬尼亞人；不過是一種比較獨特的羅馬尼亞人。許多外西凡尼亞的匈牙利家族——且不論他們在世上成功立足時，是滿腔熱血的匈牙利人——其實原本是羅馬尼亞人。伯爵夫人的祖先正屬於這種典型，只是雖然躋身匈牙利貴族，他們依舊記得自己的出身，也支持羅馬尼亞人的抱負與志向。馬札爾語雖然可能是他們這幾代人的母語，但作為國會議員，他們在布達佩斯議會中始終表達非正統的觀點。杰納伯爵身為外西凡尼亞匈牙利著名家族之一的後裔，就像任何草莽的鄉紳一樣，在戰後存有根深柢固的仇恨心理，只是並未強烈表達出來；而婷卡伯爵夫人一旦有機會，則會站在反對立場謹慎的提出辯護；如果他們當中的一位提出爭議性的觀點，另一位稍後就會私下向客人表明對方是在胡說八道。（「太遺憾了！杰納這麼聰明，偏見卻這麼深。」抑或，「嗯，我看婷卡又在胡說八道了……」）他們彼此太過恩愛，而且太有教養，因此無法公開辯駁。城堡裡還住著他們長相英俊、備受寵愛的兒子麥克和他的匈牙利家教老師，以及一些來來去去的訪客；大家也知道，伯爵夫人的母親最近病弱，在一側廂房療養。「她的身體不太好。」伯爵這麼說。

20 鱗翅目屬於完全變態生物（卵、幼蟲、蛹、成蟲），包括各種蝴蝶和蛾類。

21 這裡指的都是英國童謠，分別是《這隻小豬》（This Little Piggy）和《三隻盲鼠》（Three Blind Mice）。小豬是用來數腳趾頭，把十隻腳趾頭比喻成十隻小豬，分別去不同的地方；三隻盲鼠則是數數字的童謠。

宅邸後方矗立著濃密的樹林。屋前，閃爍的草地朝馬洛須河方向緩緩下沉，與北岸陡峭的森林相互應和。「這只是十九世紀初期的建物，」伯爵談及他的宅邸時說：「或許稍嫌炫耀了點。」一樓是方石堆砌而成的格狀粗糙牆壁，嵌飾的半露方柱直抵飛簷；整棟建築的正面佇立著凹槽直紋的科林斯柱式[22]，其間妝點著女巫、女神和山神的面具。

露台是伯爵下午和傍晚的僻靜之所。他會坐在藤椅上聊天幾個小時，或在灰底綠紋的亞麻遮陽棚下沉吟漫步。通往馬廄的是一條比較崎嶇的路。那裡有座閣樓，裡面養著扇尾鴿，還有一窩馴養的原鴿，會沖天而起，自在翱翔，往後翻筋斗，然後像石頭般墜落，回復成一團雪白的羽毛，非常引人注目。返回屋內的小徑，紫丁香成蔭；牡丹花落下殘餘的花瓣，空氣中瀰漫著椴樹花開的香氣。

但藏書數以千計，還有捕蟲網、標本採集箱和採集者裝備的書房，那裡其實才是伯爵最愛逗留的地方。早餐後，他帶我到書房，我用梯架開始探索，他則坐在桌前，愉悅地嘆了口氣。只見他拆開一個個包裹，上頭都貼著奇特的郵票，遠從富士山山麓或長江的某處河港郵寄而來；他先用鑷子挑出包裹內的物品，放在放大鏡或顯微鏡下檢查，同時口中不斷用各種語言嘟囔著評論。「……Jól van（好吧）……gyönyörü!（太美了！）……真漂亮。看看這傢伙！啊，你終於到了！……這是紫斑蝶……是爪哇的，我敢打賭……Hullo（哈囉），這是什麼啊？……我要翻翻漢普森[23]查查看……還是柯比[24]……I dinna ken, I dinna ken（我不知道，我真不知道）……還是布萊登巴哈，也許……」此時此刻，沒有人比他更快樂。至於我，書房裡無盡的寶藏正召喚著我：一排排多種語文的百科全書，十五世紀匈牙利與克羅埃西亞裔佩奇地區主教亞努什．潘諾紐斯[25]憤世嫉俗的拉丁詩文，堪稱「匈牙利的馬提亞爾」[26]；還有古老外西凡尼亞生活的回憶錄和印刷品、專利特許證、農奴轉讓書、以及蓋有紅色大型關防的羊皮紙所有權狀；褪色的宗譜上面裝飾或標示著閃閃發光的盾徽，甚至有埃利澤．何可律[27]那令人嘆為觀止、冊數眾多的《世界地理志》（*Geographie Universelle*）。有太多誘惑，讓人動輒就不知不覺地耗費一上午時光。

---

22 Corinthian column，源於古希臘的一種古典建築柱式，比列比愛奧尼柱式更為纖細，柱頭是用莨菪作裝飾，形似盛滿花草的花籃。雅典的宙斯神廟採用的正是科林斯柱式。

23 全稱謂為Sir George Hampson（一八六〇～一九三六年），英國昆蟲學家，著有《大英博物館鱗翅目蛾類目錄》等著作。

24 全名William Kirby（一七五九～一八五〇年），英國昆蟲學家，被尊為「昆蟲學之父」。

25 Janus Pannonius（一四三四～一四七二年），克羅埃西亞—匈牙利的拉丁語學家、詩人、外交官以及佩奇主教，也是匈牙利王國文藝復興時期最重要的詩人。

26 全名Marcus Valerius Martialis，西元四〇年生，卒年不詳，古羅馬文學家。早年生活貧寒，後來憑藉詩歌而聞名於世。其作品取材廣泛，短小精悍，經常為時人所稱道，其作品亦流傳至今。

27 Elysée Reclus（一八三〇～一九〇五年），法國地理學家、作家、無政府主義思想家和活動家。無論在其本行地理領域，還是有關人類生活及無政府主義主題等，皆著作頗豐，花費將近二十年時間，完成多達十九卷的《世界地理志》。

伯爵對於深奧難懂的偏見頗感興趣。有段時間，他對雨果・馮・喀茲奇拉[28]關於東歐地區阿什肯納茲猶太人[29]的理論頗為執迷：他們真的是來自於古老可薩帝國[30]的居民嗎？這帝國的統治者真的在中古黑暗時代中，擯棄異端，改信猶太人的信仰嗎？他特別感興趣的是，用以佐證的阿提爾和柯爾多瓦希伯來學者之間的信函，阿提爾是可薩帝國首府，靠近窩瓦河河口，大致位於今日俄羅斯的阿斯特拉罕。那些信件是偽造的嗎？可薩人的約瑟夫國王[31]真的和安達盧西亞的猶太教拉比哈斯代・伊本・沙普魯[32]有過書信往來嗎？[33]還有一次，在研究有關哥德人的北歐古語碑文時，伯爵靈光一閃，從書本中抬起頭，以驚訝的口氣問我，我認為匈人以前穿什麼。我回答應該是穿獸皮，再上上下下搭配些金屬品吧。「我也這樣認為，」他說：「不過我們都錯了。」他朗讀起阿米阿努斯・馬爾切利努斯[34]對出使匈人帝國拜見阿提拉一事的描述：「他們身穿亞麻衣物，或田鼠毛皮縫製的衣服。」[35]

他的家族一直沉浸於旅行、科學和文學領域。其中一支旁系親族前往中非探險，在衣索比亞邊界發現了湖泊和火山；就是我在布達佩斯那個畫出遠東群島地圖的朋友；塞繆爾・特萊基伯爵[36]是十八世紀一位狡猾的外西凡尼亞大臣，在羅馬尼亞語為「Târgu Mureș」的特爾

28 Hugo v Kutschera（一八四七～一九一〇年），奧匈帝國外交官、東方學家，熟稔土耳其、阿拉伯、波斯等東方語言。退休後著有《可薩人：歷史研究》一書。因為是業餘歷史學者，且未及提供書目和參考資料即過世，故很少為正宗歷史學家所重視。

29 Ashkenazi Jews，指的是源於中世紀德國萊茵河地區的猶太人後裔（阿什肯納茲在近代指德國），約占全世界猶太人的百分之八十。在歐洲有久遠歷史的猶太群體，除了地中海一帶的，大多數屬於阿什肯納茲。最近兩個世紀以來從歐洲外遷，特別是移民美國的猶太人，有相當大的一部分是來自這個族群。

30 Khazar，常指一西突厥的屬部落，他們的汗國是中世紀初期最大的汗國。十世紀時，阿拉伯人說他們已與猶太人無異。也有一說，可薩人是歐洲突厥語部落中最文明的一族。

31 全稱謂為King Joseph ben Aaron，生卒年不詳，西元九五〇至九六〇年可薩汗國的統治者。

32 Hazdai-ibn-Shaprut（約九一五～九七〇年），猶太學者、醫生和外交官，也是哥多華哈里發阿卜杜拉赫曼三世的親信和顧問。

33 作者註：大約二十年前，我和阿瑟．庫斯勒在雅典一家小酒館午餐時，曾突然想起杰納偏見的往事。庫斯勒立即提高警覺，表示他對這件事也很感興趣，不過還了解得不夠多。一、兩年後，他的《第十三個部落》（*The Thirteenth Tribe*）出版，在猶太歷史學家間引發一陣騷動。那次小酒館的談話是否讓他起心動念，再次探究這個問題？可惜現在已來不及問他了。譯註：阿瑟．庫斯勒（Arthur Koestler，一九五〇～一九八三年），匈牙利猶太裔英國作家、記者和批評家。

34 Ammianus Marcellinus（三二五?～三九一年），古羅馬士兵和史學家。以文學書寫及編年方式詳細描繪西元九六至三七八年的羅馬帝國後期歷史，共三十一卷。雖經動亂等各種原因而大部佚失，但遺留下的十八卷仍是研究羅馬史的主要資料之一。

35 作者註：覺得游牧民族及其歷史的祕密對自己而言已經日益減少的布魯斯．查特文告訴我，這是根據西元前四〇〇年的古物獲得證實的，從阿爾泰山脈的卡塔達一座突厥古墳挖掘出來的那些古物，因屬永凍層而保存完整，其中包括一位游牧民族族長身上穿的菱形拼接短袖上衣，長四吋、寬三吋，染成橙色、藍色、黃色和紅色，是用小型哺乳類動物，也許正是在大草原上四處蹦跳的跳鼠毛皮剝製而成。

36 全稱謂為Sámuel Teleki de Szék（一七三九～一八二二年），外西凡尼亞大臣，著名書籍收藏家，與他同名的曾孫是歐洲有名的探險家。

古穆列什，特別為他們家族建造的圖書館蒐集了四萬本藏書，然後把圖書館送給了鎮上：館中充斥十六世紀之前的古早版本、首刷版本、以及手抄書稿，包括塔西陀[37]最古老的著作版本之一。（他必定跟那位收集和編輯潘諾紐斯雋語的人同名。）還有一位約瑟夫．特萊基伯爵，則在和他的藏書家堂弟去法國旅行時，與盧梭交好並結成同好，對伏爾泰[38]發動了一次聰明的攻擊，其結果是隨後發行三版的著作，此刻一本就放在書架上：一七六〇年萊登出版公司發行的《論強烈精神力量之弱點》（*Essai sur la Foiblesse des Esprits Forts*）。我的房間還放置著圖書館溢出的部分書籍：包括亨提[39]和巴蘭丹[40]的作品，與《南非草原的喬克》（*Jock of the Bushveld*）[41]、《老鮑伯》（*Owd Bob*）[42]、《紅鹿的故事》（*The Story of the Red Deer*）[43]、《黑神駒》（*Black Beauty*）[44]、《叢林奇譚》（*The Jungle Books*）[45]和《原來如此的故事》（*Just So Stories*）[46]等書。其中不乏遭蛀蟲啃穿的陶赫尼茲公司出版的系列圖書[47]，已然在霍布斯堡王朝的落日餘暉中逐漸褪色，令人不禁緬懷起那段和平時光，當時除了巴爾幹地區習慣性的傳來刺耳的槍聲外，在普法色當會戰[48]以及塞拉耶佛事件[49]之間，幾乎一彈未發。我房間裡的陶赫尼茲圖書包括：薇達[50]和貝洛克．朗茲夫人[51]的作品、《桃莉的對話》

37 全名為Publius或Gaius Cornelius Tacitus（約五五～一一七年），羅馬帝國執政官、雄辯家、元老院元老，也是著名的歷史學家與文體家，最主要的著作有《歷史》和《編年史》等。

38 Voltaire，原名François-Marie Arouet（一六九四～一七七八年），法國啟蒙時代思想家、哲學家、文學家，啟蒙運動公認的領袖和導師，被尊為「法蘭西思想之父」。盧梭與伏爾泰乃法國啟蒙運動雙傑，然彼此卻是冤家對頭，互相仇視與攻擊，至死不休。

39 全名George Alfred Henty（一八三二～一九〇二年），多產的英國小說家和戰地記者。

40 全名Robert Michael Ballantyne（一八二五～一八九四年），蘇格蘭少年小說作家，著作超過一百本。

41 南非作家詹姆斯・珀西・菲茲派翠克爵士（James Percy FitzPatrick）的作品，講述一九八〇年代，菲茲派翠克爵士帶著他的狗喬克，在南非亞熱帶林區布什維爾德旅行的故事。

42 英國作家阿爾弗雷德・奧利旺（Alfred Ollivant）的兒童讀物，為其第一部小說，描繪一隻牧羊犬鮑伯的故事，在英國和美國都很暢銷。

43 約翰・威廉・佛特斯裘（Sir John William Fortescue）所著關於一隻公鹿一生的故事，對其家鄉埃克斯穆爾和其間動物著墨甚多。

44 安娜・史威爾（Anna Sewell）僅有的一部著作，以一匹駿馬「黑美人」的立場撰寫，出發點在呼籲動物保護。

45 英國作家及詩人吉卜林（Joseph Rudyard Kipling）的著作，為講述動物世界的經典名作，迪士尼曾改編為卡通動畫故事《森林王子》。

46 吉卜林創作的童話故事集，又名《原來如此：獻給孩子們的故事集》，描繪動物們如何各具特徵，比如花豹的豹紋。

47 德國陶赫尼茲出版公司從一八四二年起持續出版英國作家的作品，一百年間，出版五千三百本圖書，幾乎涵蓋當時所有最佳英國文學作品。

48 Battle of Sedan，普法戰爭中最具決定性的一場戰役，發生於一八七〇年九月一日，結果法軍慘敗，法皇拿破崙三世淪為階下囚。

49 一九一四年塞爾維亞王國基拉耶佛發生了來訪奧地利王儲遭暗殺事件，導致歐洲兩大勢力：協約國（英俄法）和同盟國（德奧義）之間的衝突惡化，隨後更升級為第一次世界大戰。

50 Ouida，筆名，本名為Marie Louise de la Ramée（一八三九～一九〇八年），英國作家。

51 Mrs. Belloc Lowndes（一八六八～一九四七年），一位多產的英國小說家。

（*The Dolly Dialogues*）[52]、《我的朋友普羅斯佩羅》（*My Friend Prospero*）、《紅衣主教的鼻煙盒》（*The Cardinal's Snuffbox*）[53]、《輕率的安布羅莘》（*The Indiscretions of Ambrosine*）[54]、《伊麗莎白和她的德國花園》（*Elizabeth and her German Garden*）[55]。此外，還有法國作家莫泊桑[56]、姬普[57]、保羅・迪卡克[58]、維克多・馬格里特[59]、以及早期的柯萊特[60]作品……但是，其中最重要、也最令我心動的發現是匈牙利作家馬洛斯・約卡伊[61]的多部歷史小說，譯於維多利亞時代[62]的作品：《狂野的喀爾巴阡山之間》（*Midst the Wild Carpathians*）、《大君的奴隸》（*Slaves of the Padishah*）、《一位匈牙利富豪》（*An Hungarian Nabob*）、《無名的城堡》（*The Nameless Castle*）、《可憐的財閥》（*The Poor Plutocrats*）、《美貌的麥克》（*Pretty Michael*）、《小販哈利勒》（*Halil the Pedlar*）、《王子的兒子》（*Ein Fürstensohn*）……還有其他幾部作品。這幾部歷史故事的背景設定在動亂時期：科蘇特叛亂，對抗土耳其人的戰爭使得整個外西凡尼亞籠罩在戰火中；高聳的城堡、深幽的峽谷、狼群、封建權貴、禁衛軍、輕騎兵、懸掛六馬尾的帕夏[63]、圍城、戰場、以及最後的一搏；故事囊括外西凡尼亞歷史上所有的大人物：匈雅提、任斯基、托克利、拉科齊王朝、波斯凱家族、比坦、巴托里家族、班菲家族[64]；外西凡尼亞領袖和王子中，似乎很多B字頭的人物；當然，還有泰雷基家族。故事情節可謂融合史考特、哈里森・安斯沃斯[65]和大仲馬[66]等傑作的大雜燴，只是把地點搬到喀爾巴阡山脈和平原區。由於浸淫於這些史料並不斷提出相關問題，當伯爵夫人帶領我們前往馬洛須河畔游泳野餐時，大夥臨時起意，決定進行一次歷史探索之旅。

52 英國小說家與劇作家安東尼・霍普（Anthony Hope）的作品，以慧黠的筆觸描繪桃莉和男主角山姆的曖昧關係，嘲弄維多利亞末期的時髦社會。
53 兩本皆為美國小說家與編輯亨利・哈蘭（Henry Harland）所著的羅曼史。
54 確切的書名經查應是《The Reflections of Ambrosine》，英國小說家和劇作家埃利諾・格林（Elinor Glyn）的作品。
55 英國小說家伊莉莎白・亞寧（Elizabeth von Arnim）的暢銷書，描繪其一年間從事園藝的日記。
56 全名Guy de Maupassant（一八五〇～一八九三年），法國作家，被譽為「短篇小說之王」。
57 Gyp是法國女作家西貝兒・艾梅・理奎蒂・迪馬拉布（Sibylle Aimée Riquetti de Mirabeau，一八四九～一九三二年）的筆名。
58 全名Charles Paul de Kock（一七九三～一八七一年），法國小說家。
59 Victor Margueritte（一八六六～一九四二年），法國小說家和劇作家。
60 Sidonie-Gabrielle Colette（一八七三～一九五四年），法國女作家，大部分著作是關於愛情的小說作品。
61 Maurus Jókai，即Mór Jókai，匈牙利之外的世界較熟悉他為馬洛斯・約卡伊。
62 Victorian days，確切的名稱為Victorian Era，前接喬治王時代，後啟愛德華時代。維多利亞時代後期是英國工業革命和大英帝國的峰端，與愛德華時代一同被認為是大英帝國的黃金時代。它的時限常被定義為一八三七至一九〇一年，即維多利亞女王統治時期。此長時期的和平與繁榮，得以更加細化英國的理性發展，並鞏固了大英帝國的國家自信。
63 帕夏是伊斯蘭國家的高級官銜，其職階可以從其長矛或軍旗上的馬尾數看出來，馬尾數越多，職階越高。
64 上述均為匈牙利貴族或外西凡尼亞王子等，活躍於政壇或戰場的人物。
65 全名William Harrison Ainsworth（一八〇五～一八八二年），英國歷史小說家。
66 全名Alexandre Dumas（一八〇二～一八七〇年），法國浪漫主義文豪，《基度山恩仇記》和《三劍客》的作者。

此舉讓我們名正言順地調用車輛，畢竟鄰近地區路況惡劣，用車是一件慎重的大事。由伯爵夫人開車，當一隻漫遊的水牛擋住我們的去路時，帶著英國港口小鎮考斯的回憶，伯爵便會舉起手，口中念叨著：「帆船比車輛有先行權！」然後靜候水牛笨重地緩步而過。我們開車沿著綠樹成蔭的北岸向東而行，在德瓦[67]高峻陡峭、頂端佇立著廢墟的山丘下轉向南行，穿過幾座山谷，來到架設於聳立著石墩的一道橫跨峽谷上方的狹橋。

橋的另一側正是維達胡雅德城堡[68]，大將約亞什・匈雅提的主要據點，這座神奇而戲劇化的建築，乍看之下有種如夢似幻的感覺。就像許多城堡一樣，它曾經毀於大火，然後依原貌重建；但它絕對是真實的。這座橋樑通往一座高大樓堡的暗門，樓堡高聳而上，末端是一層柱廊建築，上方支撐著一個圍繞軸心設計的對稱式屋頂，頂端呈楔形造型，就像布拉格那些氣勢軒昂的碉堡一樣：尖刺狀金屬與傾斜的屋瓦設計，可防止鬼魅般的騎士在入夜後飛越上屋頂。陡峭的基石上，高高低低群聚著塔樓，有些呈正方形、有些呈圓形，全都有堞口設計。廊柱間流瀉的燈光，烘托著橋頭堡有如稜角狀煙囪帽的屋頂，使得整個建築呈現出一種輕盈、飄浮、有些不可思議的風貌，成排緊密相間的垂直扶壁，更增添其向上推升的氣勢。自深谷底部石砌底柱開始，往上延續建構為圍牆、主樓和宴會廳外牆，然後在高空綻放出一排半外凸、半嵌入的八角形側塔，全都是窗戶採光設計，形成一道具有主導氣勢的豎框尖頭窗型設計，其間交織著晚期哥德式花式窗格，窗飾或分叉、或繁茂、或銜接，充分展現法國火焰式風格[69]衝動和精緻的內涵。

沿著上端外垂的屋簷，是成排凸出的塔樓，頂端有如滅火器外殼，輪流呈圓錐形和八角錐形，簷邊有一連串尖刺設計，其上是彩色屋瓦，圖案複雜，一如維也納的聖史蒂芬大教堂（德語：Stephansdom）。從橋頭堡出擊口往內走，是迴廊、欄杆和羅馬式連拱設計的內院，穿過尖頂洋蔥飾門頭可通往螺旋式階梯；室內，玫瑰色多邊形大理石柱的葉片雕飾柱頭，噴灑出美麗的哥德式晚期拱頂，籠罩著整個騎士大廳。自從離開維也納和布拉格以來，我第一次見到這種景象；突然迸發的火焰式造型，令我聯想起捷克的城堡區[70]和法國羅亞爾河河岸[71]。

67 作者註：這裡因為石匠師傅妻子的犧牲而有鬧鬼傳聞，就像希臘伊庇魯斯的阿特拉橋和瓦拉幾亞阿爾傑什河畔的庫爾泰亞。這三者都是古老民謠常見的主題。
譯註：敘事歌謠〈阿特拉橋之歌〉中有言：「為了建造這座橋，一定有人必須犧牲；是誰的骸骨埋在這座橋下？誰的鬼魂守護著橋身？」瓦拉幾亞阿爾傑什河畔的庫爾泰亞則因吸血鬼的原型，即十五世紀瓦拉幾亞大公弗拉德三世治世手段殘酷，殺人如麻，而有鬧鬼傳聞。

68 作者註：又名胡內多阿拉城堡。

69 Flamboyant，一種晚期哥德式建築的華麗風格，以火焰式曲線花飾窗格為主要特徵。

70 Hradcany，捷克首都布拉格的一個區，環繞著世界最大的城堡布拉格城堡。

71 作者註：布達佩斯市立公園一座湖中島的白楊樹間，有一座和維達胡雅德城堡一模一樣的複製品，乃一八九八年為了慶祝匈牙利一千年生日，紀念匈雅提而設置。這千年一瞬的記憶，反倒使得外西凡尼亞的真品在片刻間增添一抹近乎虛構的感覺。

腦海裡滿是匈雅提的我，在院子裡踱步、爬著階梯、探索一間間拱頂房間，沉浸在極其興奮的情緒中。匈雅提是匈牙利歷史上最著名的英雄；羅馬尼亞人視他為親族的主張也不失正確；他是十五世紀整個基督教地區最偉大的鬥士。年輕時，他曾在匈牙利國王西吉斯蒙德（那位在法國克雷西被殺、盲眼的波西米亞國王的兒子；之後，出任神聖羅馬帝國皇帝[72]）麾下服務，有傳言宣稱，匈雅提是西吉斯蒙德國王的私生子。他有幾次輝煌的勝利，在困頓時期統治外西凡尼亞，最後終於掌管整個王國；在巴爾幹地區的征戰，破壞了蘇丹在赫塞哥維那、波士尼亞、塞爾維亞、保加利亞和阿爾巴尼亞的勢力；而他最大的一項成就，是在穆罕默德二世[73]這位號稱「征服者蘇丹」拿下君士坦丁堡三年後，在遭圍困的貝爾格勒城外，擊敗了穆罕默德二世的軍隊。這次成功的解圍，以及擊潰所向無敵的穆罕默德之舉，讓天主教世界每日正午都會響起教堂鐘聲，再次稱慶傳揚；今日的匈牙利依舊保有這項儀式。事實上，這場勝利使得匈牙利王國暫時獲得七十多年喘息的時間，直到莫哈奇戰役為止。匈雅提在全歐洲以「白騎士」聞名，他不僅是偉大的指揮官和政治家，在充滿陰謀的王國和時代，他更是代表公義的磐石[74]。

他出生於英國金雀花王朝末期，與聖女貞德[75]和玫瑰戰爭[76]屬於同一時期。（只有透過這類連接，或藉由服裝，我才能將歷史人物定位在正確的時代背景，因而在這幾頁中，我不時會置入這類連接，以免讀者跟我有同樣的困擾。）日後，他饒富名氣的兒子繼續擴充城堡，城堡的建築裝飾或許也是出自他兒子之手[77]。馬加什[78]跟他的父親一樣不凡，但情況稍有不

72 此指「盧森堡的約翰」（Johann von Luxemburg，一二九六～一三四六年），波希米亞國王。一三四〇年起，約翰雙目失明。一三四六年在援助法國抵禦英國入侵（百年戰爭）時，陣亡於著名的克雷西戰役。不過繼任者應為查理四世，查理四世之子才是西吉斯蒙德，作者這裡的書寫可能有誤。

73 Mehmet II（一四三二～一四八一年），鄂圖曼土耳其蘇丹，外號「征服者」穆罕默德，二十一歲時揮軍攻陷君士坦丁堡，後來更西侵巴爾幹半島、東征西亞，為日後鄂圖曼帝國百年霸業奠下穩固的基石。能使用流利的土耳其語、亞美尼亞語、希臘語、斯拉夫語等八種語言，堪稱史上最以尚武好戰著稱的蘇丹。

74 作者註：有些專家，包括最近翻譯匈雅提有關著作的大衛・羅森塔勒皆相信，以加泰隆尼亞語寫就的史詩般傑作《白騎士蒂朗》，是根據匈雅提的豐功偉業所撰。這部作品在這位英雄死後數十年寫成，是西班牙作家塞凡提斯最喜歡的作品之一；而如果正如某些人的看法，「lo Blanc」（白）其實是「the Vlach（V和B可互換）」（弗拉赫人），那麼他父系出於羅馬尼亞的理論便獲得了強化。

譯註：大衛・羅森塔勒（David H Rosenthal，一九四五～一九九二年）是美國作家、詩人、編輯和譯者。《白騎士蒂朗》（*Tirant lo Blanc*），瓦倫西亞王國騎士朱亞諾・馬托雷爾（Joanot Martorell）所著的小說，以當地白話文寫就，講述一個騎士在拜占庭帝國的冒險經歷。

75 Joan of Arc（一四一二～一四三一年），法國的軍事家、天主教聖人及民族英雄。英法百年戰爭時，她帶領法蘭西王國軍隊對抗英格蘭王國軍隊的入侵，最後被捕並被處以火刑。

76 Wars of the Roses，又稱薔薇戰爭（一四五五～一四八五年），為金雀花王朝英王愛德華三世的兩支後裔：蘭開斯特家族和約克家族的支持者，為了爭奪英格蘭王位而發生斷斷續續的內戰。

77 作者註：其後城堡又在著名的三十年戰爭指揮官比坦・加布里埃手中，進一步擴建。

78 匈牙利語全名為Hunyadi Mátyás（一四四三～一四九〇年），匈牙利及克羅埃西亞國王，從一四五八年以十四歲之齡登基，至一四九〇年過世為止，一直統治整個帝國。期間經過數次的軍事運動，又成為波希米亞之王及奧地利大公。

同。他通常被稱為馬加什．科維諾斯或馬加什．科文，乃因其盾牌上烏鴉標誌之故[79]。十二歲起便隨同父親參與戰役；後來四萬名貴族惴惴不安地齊聚在冰封的多瑙河邊，推選他為匈牙利國王，日後他也成為舉世最偉大的國王之一。他追隨父親的腳步[80]在新近取得對抗土耳其人的勝利後，又繼續在巴爾幹半島東征西討，驅散波蘭人和神聖羅馬帝國皇帝的軍隊，討伐異端胡斯派教徒[81]；捷克天主教徒也遴選他為波希米亞國王。他包圍今日波蘭境內的弗次瓦夫，占領義大利東境的安科納，又從土耳其人手中收復今日義大利東南的奧特朗托，還削減半數奧地利領土，以凱旋之姿踏入維也納。除了軍事天賦外，他還是個政治家、立法議員、雄辯家，並且是個才華卓越的學者，經常看書看到半夜。「毋庸置疑地，他是當代最偉大的人，」一位英國歷史學家表示：「而且是最偉大的統治者之一。」他的學識淵博，懂得數種語言，是個熱情的人文主義者，還是著名的科維諾斯圖書館的收藏家，以及偉大的宮殿建築師——其實就是一位多才多藝的文藝復興王子；然而，跟許多這類人士不同的是（那位歷史學家繼續說）：「儘管慘遭忘恩負義和背叛的經歷無數，他卻從未犯過任何一種殘酷或報復的罪行。」

我一直聽說戰後許多匈牙利的歷史古蹟皆遭到忽視或消滅，但這座城堡絕對是個例外，狀況維護得極為良好，箇中理由也極為正當。「匈雅提．亞諾什，」《大英百科全書》上這麼寫著，幾乎所有歷史學家也都同意：「是沃伊克（Vojk或Vaic）之子，一位馬札爾化的弗拉赫人。」這句話意味著這位偉大的十字軍戰士有羅馬尼亞人血緣。羅馬尼亞人對這對典範父子始終有種與有榮焉的驕傲，尤其是對於父親匈雅提；也許是因為兒子馬加什在西部的若干作為[82]，以及尤甚於他父親認同天主教會的態度，使他跟東正教的領域隔閡太大。當然，羅馬尼亞人還是以他為傲，而且絕對有權如此。但任何閱讀城堡內解說的人卻或許會以為匈雅提是純正的羅馬尼亞英雄：因為與他一生密切相關的匈牙利種種作為都遭到忽略，彷彿跟匈牙利王國毫無關聯。看到這麼卓越的人物，被牽扯入領土抗爭的苦澀和黑暗裡，著實令人感傷。所有的輝煌燦爛也似乎在一瞬之間變得晦暗而偏狹。

杰納伯爵則抱持著宿命論的反應。「他們似乎認為《特里阿農條約》割讓出去的不只是匈牙利的領土，就連匈牙利歷史也得拱手相讓。」他心情低落地打開瓶蓋。「就像科西嘉人[83]自詡科西嘉為拿破崙的家鄉，卻絕口不提法國。」我們背對附近某家鐵工廠棄置的鏽鐵和爐渣，安頓在一棵樹下，城堡便昂然矗立在我們面前。「是啊，」伯爵夫人說著，把餐盤

79 Matthias Corvinun 或 Matth as Corvin，拉丁語 Corvinus 起源於「corvus」（烏鴉）一字，故維達胡雅德城堡也稱為柯文城堡。

80 此指一四五六年成功救援貝爾格勒，並擊敗鄂圖曼土耳其十萬大軍後，匈雅提便在當地感染疫病，於當年八月過世。

81 Hussites，由基督教改革者揚．胡斯發起的基督教運動，是歐洲宗教改革的前驅。天主教會宣判其為異端。

82 指他往西擴展領土的作為。

83 Corsica，拿破崙後來雖貴為法國皇帝，但出生地卻為科西嘉。

放在草地上，分發雞肉三明治。「不過我想匈牙利人也一樣貶低羅馬尼亞人吧！」

我也認為如此。

～

就這樣，六月前幾週，就在書本、聊天、遠足和相互拜訪中逝去。許多鄰居來訪；一位鄰人把頭髮染成濃豔顯眼的紅褐色。「他人很有趣，」伯爵說：「但他的外表！O wad some power the giftie gie us, to see oursels as ithers see us!（啊！如果能有種神力，能讓我們看見別人眼中的自己就好了！）[84]」他們帶我一起過河，參加納達斯迪城堡的午餐會，那裡住著一對高挑而傑出的夫妻：他們與英雄人物匈雅提同姓，但我相信應該不是親戚。有位名叫阿波爾男爵的匈牙利外交官住在他們這裡；說來很古怪，有些人明明只見過一次，卻會突然從記憶中湧現，歷歷如繪：那位外交官頭髮完全剃光的腦袋圓滾滾的，我依然可見他頭皮反射的光澤，還有他圖章戒指上所鑲的血紋玉石，好像他前一分鐘才離開房間；但我卻想不起來當時所說過的任何一句話。

伯爵夫人有個堂表兄弟居住在幾公里外的布爾奇，他們家族在戰前匈牙利議會中力挺羅馬尼亞，因此大勢底定後，這立場也就讓他水漲船高。他的鼻樑很高、下巴後縮、年約五十幾、都會作風、舉止儒雅、機敏聰慧，還是個射擊高手，卡羅爾國王任命他為皇家狩獵大師；這個職位主要跟獵物、獵物驅逐者和射擊有關，而非馬匹和獵犬。（杰納伯爵跟我解釋說——在我看來是嗤之以鼻——他這個姻親堂表兄弟以為腳踏兩條船的立場，可能會讓國王視他為羅馬尼亞人和匈牙利——外西凡尼亞人之間的橋樑：他不屑一顧地聳聳肩說道：「奢望！」）皇家狩獵大師在布加勒斯特有個招待客人食宿的聚會。「他會帶客人過來便餐！」伯爵宣布道；而在他們逗留期間，每天都會有來來去去的活動。

除了當地農民和我那就某種程度上只能算半個的女主人之外，這些來訪的客人便是我唯一碰到的羅馬尼亞人了，而且絕對是來自「Regat」，或稱舊王國的首批人。其中一位是身材高大的外交官，這位正在休假的公使戴著單框眼鏡，相當冷漠而安靜，名叫葛雷格理·杜卡（Grégoire Duca）[85]。處處可見剪裁精美的巴黎鄉間度假服飾，女士們佩戴的珍珠首飾，以及雖低調卻總是察覺得到的香水味，無不令人聯想到《時尚》雜誌的頁面。他們全都說得一口好英語，但令人驚訝的是他們之間卻以法語交流，彷彿法語才是他們的母語；而奇怪的是，事實也的確如此。其中有位長得極美、有雙灰綠色大眼眸的是前外交部長的女兒。（那位外交部長前往法國參加和平會議[86]期間到巴黎歌劇院去時，一位朋友向他問起也是羅馬尼

84 引自蘇格蘭詩人羅伯特·伯恩斯（Robert Burns）的格言。

85 作者註：他的兄弟楊是前任總理，六個月前才遭到鐵衛團暗殺。「一群恐怖的人，」杰納伯爵簡潔地表示，接著說：「真可惜！杜卡是羅馬尼亞最好的政治家。」譯註：鐵衛團是羅馬尼亞的一個極右派組織。

86 Peace Conference，一九一九年第一次世界大戰結束後，在巴黎凡爾賽宮召開的會議，又名巴黎和會。

亞人的某某娶了什麼人？他據實回答：「Une grue, hélas.（討了個妓女，可惜了。）」過了一會兒，從隔壁包廂伸過來一隻手，拿著的竟然就是他們方才討論的那位丈夫的名片；事後他們以手槍決鬥，對方射穿她父親的腹腔，以至於他極其痛苦的度過餘生。）「他們的決鬥比我們的彎刀決鬥嚴重多了，彎刀只用揮砍的，」伯爵說：「他們喜歡用手槍，或者用長劍直接刺穿，反正都很糟糕，動輒喪命。」另一名女性一臉粉白，一身全黑裝扮，拿著一支玉製長煙嘴，煙霧繚繞中神情煥發，她是個熱切而著名的橋牌玩家，牌技令人心驚。另一位名叫瑪塞爾的女子，長得好，人又聰明，始終黏著一位身材高大、迷人英俊的外交官約西亞・凡・蘭曹。當打扮齊整的司機分別駕駛兩輛光潔的深色轎車載送他們離開後，伯爵提議我們去書房小酌；啜飲間，我對方才那些人也有了較深的了解。「蘭曹是德國公使館的一等祕書，」杰納伯爵說：「德國霍爾斯坦人；他們家族在當地很優秀。跟梅克倫堡—斯特利茨，還是什未林公國的王室有關係？我老是記不清楚[87]。路易十四曾經任命他們家族的一個人為法國元帥，但是被首相馬扎然[88]關進巴士底監獄……」（我重複這些細節，是因為這些新認識的人，五個月後會再度出現在四百八十公里外；正如後述，約西亞・凡・蘭曹和我後來變得很熟[89]；其中有些人更將出現在我日後的生命中，且遠在這些旅程結束之後，依然長長久久。）

「他們真時髦，」伯爵夫人相當自憐地說道：「讓人感覺自己又土氣、又邋遢。」

「『然後，天哪！當他們掀開蓋子！』」杰納伯爵喃喃念著，掀起一個剛送到的標本盒的盒蓋。儘管對五行打油詩的創作興致勃勃，伯爵對自己年輕時便投注的專業更是始終如一。

「『天哪！當他們掀開蓋子！』」[90]他手中拿著鑷子，愉快地重複著；「咯咯竊笑」這個詞或許就是為他量身打造的。那天晚上我想到一則謎語，第二天早餐時便拿出來考他：

我：「莎士比亞戲劇中，哪齣最具昆蟲學的意義？」

杰納伯爵（沉吟片刻）：「我放棄。」

我：「《鱗翅目和鞘翅目》[91]。」

---

87 Mecklenburg-Strelitz，Mecklenburg- Schwerin，梅克倫堡公國在十七世紀分屬斯特利茨和什未林兩公國。

88 全稱謂為Jules Cardinal Mazarin（一六〇二～一六六一年），法國國王路易十四時期的宰相及紅衣主教。

89 作者註：蘭曹是亞當·馮·卓特的密友，日後捲入「史陶芬堡密謀案」中，不過他本人對暗殺行為不無道德上的顧慮。參見塔蒂亞娜·梅特尼奇（俄羅斯公主）的自傳：《塔蒂亞娜》（*Tatiana*）（英國版本）或《五張護照下方》（*Under Five Passports*）（美國版本），以及她妹妹「小蜜蜂」·瓦西奇科夫的《一九四〇～四五年柏林日記》（*The Berlin Diaries 1940-45*）（倫敦查托出版社，一九八六年）。

譯註：亞當·馮·卓特（全名Adam von Trott zu Solz，一九〇九～一九四四年），德國的一位律師兼外交官，參與了對納粹主義的保守抵抗。與克勞斯·馮·史陶芬伯格一起在七月二十日的陰謀中密謀出逃，但失敗被捕，後被判死刑。史陶芬堡密謀案又稱「七月二十日密謀案」。第二次世界大戰後期的一九四四年，由納粹德國陸軍上校史陶芬堡等組成的德國抵抗運動主導，刺殺納粹德國元首阿道夫·希特勒與後續政變行動，密謀藉此推翻以納粹黨為首的德國政府，進而和西方的同盟國達成和平協議。

90 引自埃塞爾·沃茨·芒福德（一八七八～一九四〇年）所寫，在一九〇三年出版的《五行打油詩》。

91 Antennae and Coleoptera，取自《Anthony and Cleopatra》（安東尼和克麗奧佩特拉）的諧音。

我的謎語極為成功，那些單字也立即轉化為各種語言的評論和獨白，以及打開包裹、進行分類時喃喃吟誦的片段打油詩：「啊！這個漂亮的小傢伙！……很容易辨認！鱗翅目和鞘翅目，真是的！可怕！」[92]他開始調整顯微鏡控制鈕，我則抱了一堆書坐下來，準備展開一段安靜的圖書室上午時光。

不過伯爵夫人很快走了進來，神情憂煩。她母親的狀況急轉直下：看來城堡似乎馬上要成為靈堂。我的下一站已經安排妥當，就在上游數公里處河對岸的扎姆；於是我當下決定早上便離開，同時婉拒了他們客氣的挽留。

～

嚴格說來，扎姆是此行第一處真正屬於外西凡尼亞的停駐點。原本外西凡尼亞公國的邊界就在該村的西邊，南方便以河為邊界。薛妮雅是當地城堡區的居民，三十歲，但看起來年輕得多。她長得很標緻，有關她的一切都很不尋常。她父親是米哈伊・塞爾諾維奇，每個人提起他都面露敬愛；他曾在英國念書，並周遊列國，從海外帶回來的異國高大樹木，為步道和池塘提供了遮蔭。每當杰納伯爵論古道今、調教新人時（正如此刻對我一樣），昔日歷史便宛如憑空而來，瞬間展現在眼前。他告訴我，塞爾諾維奇的一個旁系祖先是著名的阿西尼厄斯[93]，即伊佩克當地的獨立東正教修道院主教[94]；伊佩克位於阿爾巴尼亞、蒙特內哥羅和鄂圖曼土耳其新帕札爾行政區交界處。在神聖羅馬帝國利奧波德皇帝[95]的慫恿下，主教挺身對抗土耳其人，一七一七年歐根親王也大展身手，再度進攻貝爾格勒。不過在土耳其重新奪回貝爾格勒並威脅展開報復時，皇帝給予阿西尼厄斯和其塞爾維亞親族庇護（因此薛妮雅的家族才在扎姆出現），追隨他的四萬名塞爾維亞人就此散置在霍布斯堡領域。塞爾諾維奇家族仍信仰東正教會，鄰近地區稱之為「希臘東方教會」；杰諾伯爵和薛妮雅的其他朋友則經常以她狂野的塞爾維亞血統戲弄她。她皮膚雪白，頭髮烏黑，一雙又圓又大的黑色杏眼十分

92 作者註：發音成「Rett-en-ett-esh!」，意指「可怕的」。

93 全稱謂為Arsenije III Čarnojević（一六三三～一七〇六年），佩奇和塞爾維亞族長的大主教。他領導塞爾維亞人從鄂圖曼塞爾維亞大規模遷移到霍布斯堡王朝，鄂圖曼人終止對他的認可，另立一個對立的主教。他還曾試圖從霍布斯堡當局取得出版塞爾維亞書籍的許可，惜無濟於事。

94 作者註：即今日南斯拉夫南部的佩奇。主教當年的古老修道院依然豎立於梧桐樹的陰影中，到處妝點著美好的壁畫。今日這個地區的居民幾乎全是阿爾巴尼亞族的穆斯林，稱為科索沃人。譯註：南斯拉夫乃一九二九至二〇〇三年建立於南歐巴爾幹半島上的數個國家的總稱，佩奇位於其中之科索沃自治區，即今日之科索沃共和國。

95 Leopold I（一六四〇～一七〇五年），霍布斯堡王朝的神聖羅馬帝國皇帝及匈牙利和波希米亞國王。在位時最著名的事蹟就是他力抗鄂圖曼帝國十幾年後，獲得天才將領歐根親王的效力，終於打贏大土耳其戰爭（一六八三～一六九九年），讓戰敗的鄂圖曼在一六九九年的《卡爾洛夫奇條約》中割讓外西凡尼亞、波多利亞及幾乎整個匈牙利中部給奧地利，並在史上首次承認神聖羅馬帝國與鄂圖曼帝國的地位相等。利奧波德等於是把匈牙利王國從一五二六年第一次摩哈赤戰役後所強加的土耳其枷鎖給除去，並徹底統一了匈牙利。有鑑於利奧波德一世和阿西尼厄斯主教的卒年，文中作者所稱的「一七一七年戰役」，應該是「大土耳其戰爭」的誤稱。

引人注意，難以忘懷。我的住處已經空置了一段時間，散發著一抹憂鬱和魔幻的氣息。至少，在我逗留的那數日，漫步在喜馬拉雅山脈和南美巴塔哥尼亞樹種的林木下，俯視著月華下泛著銀白色澤的馬洛須河時，便瀰漫著這種意境。森林中、溪流畔，夜鶯處處。

最後以及最長一段貨真價實的外西凡尼亞之旅，是沿著馬洛須河往前開展的數公里旅程，其間每一細節迄今仍深印在我腦海裡。

早在布達佩斯時，我便已聽說過伊斯特萬的大名[96]，在卡波爾尼斯城堡的飛蛾和五行打油詩裡，也風聞過幾次，那裡的人都很喜愛他。他曾經被送往奧地利的特蕾沙學校就讀，那是瑪麗亞·特蕾莎特別為貴族子弟在維也納所設立的學校：這種古印度種姓制度中王室貴冑所屬的剎帝利[97]階級，一直綿延存續，直到帝國和王國永遠消失才畫下句點。（這所學校和我二月份時曾在地圖上仔細搜尋過的外交學院[98]比鄰而居；而讓我印象頗為深刻的是，這兩所學校的學生昔日都頭戴三角帽，身繫輕型佩刀，和小說人物「青年托里斯」一樣[99]。）一次世界大戰期間他逃離學校，加入輕騎兵軍團，並立即獲得錄用，結果正好趕上日後所有的不幸事件。在共黨庫恩·貝拉執政期間，他從激進份子薩穆利[100]手下的一支行刑隊脫逃，結果又涉入後來的麻煩；再不久後，外西凡尼亞便割讓給羅馬尼亞。教養良好、高頭大馬、長相英挺、鷹勾鼻、高額頭，還有著一雙鶺鴒般清澈寬闊藍眸的伊斯特萬，既是神射手，又是騎士和障礙賽馬好手，堪稱一位多才多藝的能人。他此刻三十出頭，正值活力巔峰，渾身散發出的衝勁、魅力、進取心和幽默感，讓他受到每個人的歡迎，雖然有時也會讓他陷入窘境，包括四次「彎刀相向的緋聞事件」，而每次他都是受到挑戰的一方。由於土地改革，使得他家產業所剩無幾，只不過儘管以往總是收益豐盛，卻也從來算不上是富饒。祖產由來已久，所以年邁的雙親仍舊住在那裡。他和這地方有著深切的依附關係，管理僅剩的耕地和林地，限制了他去海外開發新財源的機會，讓他有種受限的困擾。當聊到我早先曾打算加入印度軍隊的時候，他兩眼為之一亮。「那我也會喜歡！」他說：「現在去還可以嗎？你覺得如何？」為什麼不行？十八世紀時就有個愛爾蘭人奧唐納爾擔任過外西凡尼亞的總督；「還有

96 作者註：這幾頁所提到的一些人已憑空消失，但偶爾在天涯海角，比如本章的伊斯特萬，以及下一章的安葛拉，仍像我一樣倖存於世，因此更改姓名似乎是最好的做法。如此在追述他們的話語時，會有比較大的空間。再說，從那段輕鬆的歲月以來，有太多事情都已改變。

97 Kshatriyas，印度種姓制度，就是封建社會四大階級中的第二種姓：戰士與貴族。

98 Konsular Akademie，同樣為瑪麗亞·特蕾莎女王創建，始於一七五四年，目的在培養有外交長才的年輕人，以為霍布斯堡帝國所用。其後經數次易名和重組，才具有後日的獨立地位。

99 Young Törless，指奧地利小說和散文家羅伯特·穆希爾自傳小說《青年托里斯的混亂》（*The Confusions of Young Törless*）中的主角。此書內容講述他在奧匈帝國軍事學院中，介入一群男孩間暴力、虐待和同情的故事。

100 全名 Tibor Szamuely（一八九〇～一九一九年），匈牙利狂熱共產黨，對打擊反革命份子不遺餘力。

蘭曹那傢伙的親戚？是霍爾斯坦人耶！他可是統帥過路易十四的大軍！只要給我一中隊的孟加拉長矛輕騎兵，我就心滿意足了！」他覺得自己可以勝任這個角色，我也覺得自己可以。他又倒滿飲料，嘆了口氣。這世界實在變得太狹窄、太侷限了！我非常崇拜他；他非常有趣，我們後來成為很要好的朋友。（幾乎就像這書頁中所提到的每個人一樣，一旦戰爭來臨，他便銷聲匿跡，隨後歷經離鄉背井和四處飄散，使我們在八年後才重新取得聯繫，而且還是出於相當偶然的機會。）

為什麼不住上一、兩個月，他慫恿我。或者待上一年？甚至在我終於成行的時候，還叨念著：幹麼這麼匆匆忙忙的？

「我有個主意！」他在午餐時大叫：「我們一起捐錢幫你買頭小牛！你可以趕著牠走在你前頭，一起上路。等牠長大了，你可以把牠介紹給一頭公牛；然後就會有另一頭小牛；然後，又有另一頭。等幾年後抵達君士坦丁堡時，你就有一大群牛了……」

同時，他就像個好心的東道主，熱切地希望我什麼都不要錯過。我們拜訪的一個鄰居是位嚴肅的士瓦本長者，他問我是學什麼的：「Was studieren Sie?」這是個尷尬的問題；我想不出個答案來。語言？藝術？地理？民俗？文學？好像沒有一個吻合的。時間一秒一秒的過去，我絕望地搪塞，「什麼都沒有！」一時大夥陷入震驚的沉默之中，時間持續得更久，氣氛更不自然。對於一個崇尚德國式勤奮和實用，也可以說是「Fleissigkeit」（內心歡暢）的人，我的供詞不啻是種褻瀆，伊斯特萬後來一路笑到家。還有一位鄰居，伊斯特萬認為我一定會感興趣，因為他正巧不在，所以無法造訪，此人名曰K伯爵，住在維達胡雅德城堡再過去的哈采格山谷。聽他談來，彷彿是典型的鄉紳「威斯頓大爺」[101]，外加少許「米頓」[102]和「沃特頓」[103]。「我見過他有次為了打賭騎上馬背，」伊斯特萬說：「然後有人在馬頭綁上一個袋子，惹得牠瘋狂亂跳，不過他還是奮力在馬背上騎了五分鐘。」

伊斯特萬一口羅馬尼亞語，處理起實際的鄉村事務相當流利，若干農業細節甚至比用母語更嫻熟，不過一旦涉及抽象或浮誇性的言詞，他就無能為力了。有一次，我們在山毛櫸樹叢中的長條擱板桌上，跟四十名長工和農民一起晚餐，其中有些是剛購得農地的新業主；還有一次，他帶我去拜見一個老牧羊人，那人跟我們說了不少精靈、仙女和狼人的故事。（他提到「Priculici」，近似斯拉夫語的「vrkolak」，是吸血鬼。還有「stafi」和「strigoi」，聽起來應該是邪靈和鬼魂的混合體；還提到女巫，「strigoi」，正如義大利語的「strega」，是來自拉丁語的「stryx」。）那附近所有鄉下人都相信這類超自然力量，也心懷恐懼；狼人潛伏，

101 Squire Weston，為英國小說家亨利・菲爾丁小說《湯姆・瓊斯》（*Tom Jones*）中，女主角仁慈而拘禮的父親，是典型的鄉紳。

102 全名加外號為John "Mad Jack" Mytton（一七九六～一八三四年），英國攝政時期的浪蕩子，曾混跡軍政界，個性不羈，行事脫軌。

103 全名為Charles Waterton（一七八二～一八六五年），英國自然學家和環保主義者先驅，個性跳脫，曾將吼猴的屁股雕製成人面，標示為「難以歸類」，迄今仍展示於韋克菲爾德博物館。

準備在黃昏時變身；從熊的腳印中飲用雨水的人或野獸，必遭厄運！他還帶我去見一個乾癟的老女巫，乞求她吟誦些咒語。這位女士張合著牙齦吟誦，露出一顆深色牙齒，就像希臘神話中共用單眼的灰色三巫婆[104]，我根據語音記錄了一些：他們稱之為「descântece」的神祕頭韻咒語，後來我在摩爾達維亞公國也遇見過類似的內容。

~

伊斯特萬的城堡，比我迄今所住過的任何城堡都要古老許多。就外觀而言，是莊園、修道院和農莊的混合物，佇立在林木披覆的山丘上，俯瞰馬洛須河和一片綿延攀升、一望無際的樹海。厚重的黃土色牆垣，搭配扁弧形拱廊，圍築著一座庭院；裡頭栗子樹聳立，依舊飄落著花瓣，棲息在樹下鵝卵石徑上的鴿子會突然撲翅而起，宛如捲起的陣風。兩隻牧羊犬和一群狗仔不斷跳躍，趨前相迎；苔蘚覆蓋的穀倉上方，鳥巢裡的幼鸛在父母猩紅色的長腿間不斷探頭探腦。院落的一邊是馬廄、糧倉和裡頭停放著四輪馬車、貨車及雪橇的車房，另外三邊則是柱廊，宛如方柱串接的迴廊在角落處轉接為八邊形廊柱，把窩巢聚築在那邊的毛腳燕不時飛竄而過。拱廊遠端一彎拱門上端的扇型窗閃爍著綠色和紫色光澤，其下門戶通往一處涼廊，晚間，我們便坐在涼廊下遠眺林木和水域形成的寬闊景觀。室內，煤油燈從燈罩下散發著光暈，照在一位官拜大使的祖先精美肖像，以及我如今已經熟悉的外西凡尼亞典型裝潢上；屋內處處妝點著盾形紋章，房門上雕飾著一把彎弓和一支指向天際的箭矢；機緣天定，一如歷史所昭示。

伊斯特萬蓄著濃密鬍髭的年長父親，已然避世索居，退隱於煙霧間。他一面閱讀著一星期前的《除害新聞報》，一面焦躁地吞雲吐霧；而他那每當我的德語打結時便改用法語的母親，則是個機敏風趣的人，也略帶點嚴肅，和伊斯特萬與他的姊妹伊洛娜一樣，眼眸都很清澈；伊洛娜個性安靜、美好、仁慈。晚餐後，女眷們會帶著女紅避到室外，一名循規蹈矩、有些年紀的男僕桑德爾則會為我們準備咖啡、酒瓶和酒杯。（幾名老僕人會在城堡四處遊蕩；一名男僕負責照顧馬匹，駕駛古老的四輪馬車；還有若干身體虛弱、年紀已大的家屬在附近逗留。他們沒有多少現金，但其他都不虞匱乏。我想這裡的工作人員之所以像一家人，是以其善心獲得回報。這正是更遠的東部摩爾達維亞公國貴族們所營造出來的模式。）每天晚上，伊斯特萬會在餐具櫃上把一些乾燥的菸草葉切碎，伊洛娜則使用一台別出心裁的機器，將菸葉碎片堆放在兩個捲軸的一條亞麻布間，為我們捲出完美的香菸；待她和母親退開時，還會留下一堆剛捲好的香菸。有一或兩次，我們會坐到舊地圖前：伊斯特萬對拿破崙的戰役頗為熱衷；不過通常我們只是坐著聊天，有時一聊就聊到黎明。他跟我一樣討厭上床睡覺；當香菸抽完時，他會像牛仔一樣，粗手粗腳的自己動手捲香菸（後來我也掌握了這門手藝），用舌頭舔上，再湊到油燈口去點燃。我依稀可以見到當年他扭轉燈芯按鈕，火光瞬間

104 Three Grey Sisters，希臘神話中共用一隻眼睛和一顆牙齒的三姊妹。

將他的臉轉化為一幅明亮面具的情景。

滿月剛過，月華在河面鋪上一層金屬的光澤，也沿著林梢鑲上一道銀邊。沒有水氣的天空中，七月的星座和銀河顯得格外明亮，而隨著月光轉暗，流星開始飛馳呈大弧度墜落，有時一分鐘內就會有好幾次，使我們不禁中斷談話，觀看星雨。它們是英仙座流星群，亦即七月下旬和八月上旬從英仙座鐘形或花形的星座灑落的流星雨；在英仙座眾多小星星間，大陵五[105]不時閃爍，發出躁動的光芒。艾．古爾（El Ghul）是食屍鬼（Ghoul）或惡魔（Fiend）的意思，乃阿拉伯天文學家取自希臘神話蛇髮女妖（Gorgon）一詞；這位星界的英雄抓著自己的蛇髮，在北方天際不斷甩動頭顱，揮舞碎片；不過這也可以說是我們喝完一、兩瓶酒後得出的結論。有時我們待得太晚，夜鶯便會填補我們談話間罕有的空白；傾斜於樹木上方的仙后座和英仙座則陸續為昴宿星、然後是獵戶座所取代。

～

早在此之前，震驚的消息便已傳入我們所在的山谷。希特勒[106]、戈林[107]和希姆萊[108]在半夜時分圍捕並謀殺許多同僚，外帶為數甚眾、也許高達數百名納粹衝鋒隊[109]的一般成員。沒有人能解讀這些血腥的凶兆，只是到處散布著沮喪的情緒，在那幾天中，大家都在談論這件事；然後這個話題退燒，被夏日的酷熱和重負所掩沒。

幾天後，一通電話傳來伯爵夫人的母親去世的噩耗。每天有兩班火車旅經山谷行駛，飄著一束蒼白羽毛般的飛煙，宛如穿梭在樹林和山丘間的玩具火車。伊斯特萬和我就搭乘火車往下游而行，穿過高大的玉米田和小麥田，先接了在扎姆月台的金合歡樹下躲太陽的薛妮雅，然後在薩沃爾欣找到守候的馬車，前往卡波爾尼斯城堡。

伯爵夫人一身黑。喪禮在大廳舉行，由三位聯合東方天主教神父主持；他們蓄著短鬍和短髮，跟多瑙河另一邊東正教神職人員的長髮、長鬚迥異，而且以羅馬尼亞語進行儀式。（棺木敞開著；這是我第一次見到逝者。）葬禮在家族墓穴中完成；用過午餐回到城堡時，空氣中仍繚繞著最後一絲焚香的氣息，伯爵領著我們前往書房，向我們展示一些新的標本。「既然談到這件事，那麼趁你們離開前，我們來聊點以前的老故事吧！」因為如此，歸途中

---

105 Algol，大陵五為英仙座內一顆明亮的恆星，也是一對著名的食雙星，即互相繞行，彼此掩食，亮度規律變化的雙星系統。

106 全名Adolf Hitler（一八八九～一九四五年），德國政治人物，納粹黨領袖。作為納粹德國獨裁者的他於一九三九年九月發動波蘭戰役，導致第二次世界大戰在歐洲爆發，並為納粹大屠殺的主要發動者之一。

107 全名Hermann Wilhelm Göring（一八九三～一九四六年），納粹德國的軍政領袖，與希特勒關係密切，曾被希特勒指定為接班人。紐倫堡大審後，於行刑前一天自殺。

108 全名Heinrich Luitpold Himmler（一九〇〇～一九四五年），納粹德國重要政治人物和親衛隊首領，為大屠殺的主要指使者。

109 SA，完整稱謂為Sturmabteilung，又稱褐衫軍，成員穿黃褐色卡其布軍裝，右袖戴納粹標誌。原為希特勒於一九二三年創立的武裝組織，後因勢力過大，影響其權力，反遭希特勒打壓與冷落，成為普通國民組織。

的我覺得自己和這些人好像已經認識了一輩子。

～

一九一七年，伊斯特萬與匈牙利輕騎兵軍團一起受訓時，曾在一百名輕騎兵、龍騎兵和槍騎兵中贏得花式騎術項目的第三名，以及跳躍項目的第二名。「你應該看看我們移防開往加利西亞和布科維納的場面，」他說：「槍騎兵頭戴方頂筒狀軍帽、身穿紅色軍褲，龍騎兵一襲長身軍裝，我們輕騎兵則是一身淺藍色軍裝。」他的軍裝仍存放在壁櫥裡，我幫他畫了一張身著軍服的畫像：淺灰藍色的盤繩飾扣短上裝，一件毛領夾克像斗篷一般斜披在一肩──「他們叫它『匈奴王阿提拉』。」伊斯特萬一邊介紹，一邊調整繫繩──輕騎兵長靴、插有白羽毛的筒狀軍帽、以及掛著劍套的軍刀。這一切實在讓人很難與那段嚴酷的戰爭時期聯想在一起！我對西方戰線[110]略有了解；但是對早期馬背上的相互砍殺，讓喀爾巴阡山脈遙遠的山麓成為可怕的戰場，卻都僅限於耳聞和模糊的猜臆而已。

許多年以後，當我閱讀匈牙利詩人貝卡西．法蘭克[111]的詩作，並從他的姊妹伊娃處聽聞他的相關事蹟時，不禁想起和伊斯特萬之間的深夜對談。貝卡西是匈牙利西部一位思想開放到令人驚異的地主之子，這位地主把所有兒女都送到英國彼得萊斯男女寄宿學校[112]去就讀。之後貝卡西進入劍橋大學國王學院，詩作就是在那裡首度廣為人知。他是一名劍橋使徒[113]，詩人魯伯特．布魯克[114]和精神分析師詹姆斯．斯特拉奇[115]的朋友，經濟學家梅納德．凱因斯[116]

也曾在一次長假期間跟貝卡西去匈牙利小住過。他的詩作，其中包括〈蓋洛普的觸技曲〉（A Toccata of Galuppi）[117]這首輕鬆小品，都展現出莫大的潛力，而他最後寫給英國朋友的信件，則在戰爭結束且他身故後才寄出，信中流露出一種敏銳又迷人的心靈氣質。戰爭爆發時，他返回匈牙利參戰，很快便成為匈牙利第七輕騎兵軍團的中尉軍官。在寫給諾薇・奧利

---

110 Western Front，指一九一四年一次世界大戰爆發，德國入侵比利時與盧森堡後所開闢的戰區。雙方沿著法國邊境自北海至瑞士挖了一連串的壕溝實行陣地戰，一九一五至一九一七年間，雙方曾沿著此戰線發動了一些大型攻勢：進攻方以大規模火砲的砲擊與步兵進行攻擊，結合壕溝、機槍巢、鐵絲網和火砲的防禦工事，造成巨大的人員傷亡，而防禦者也發動反攻。因此，雙方的進攻皆無明顯的成果，也讓整條戰線在戰爭大部分時間都未有明顯的變動。

111 Férenc Békássy（一八九三～一九一五年），匈牙利詩人，一次世界大戰時被殺。

112 Bedales，英國第一所公立男女寄宿學校，創立於一八九三年。相對於維多利亞時代傳統學校的侷限性，這所寄宿學校課程多元，目標不在單純的競爭，目的不單在造福社會，也在成全個人發展。

113 全稱為Cambridge Apostles，是劍橋大學一個半祕密性的辯論社團。

114 全名Rupert Chawner Brooke或Rupert Chaucer Brooke（一八八七～一九一五年），英國理想主義詩派詩人。一戰期間創作了大量優秀的詩歌，《士兵》為其代表作。更因為其孩童般的長相，而被另一位愛爾蘭詩人葉慈稱為「英國最英俊的男人」。逝於加加里波利登陸行動中，葬於希臘的斯基羅斯島。

115 James Strachey（一八八七～一九六七年），英國精神分析學家，與妻子一起把佛洛伊德的著作翻譯成英文。

116 全稱謂為John Maynard Keynes, 1st Baron Keynes（一八八三～一九四六年），第一代凱因斯男爵，英國經濟學家。

117 羅伯特・布朗寧一首頌揚威尼斯作曲家蓋洛普的作品。

維一封標示「一九一五年五月於布達佩斯」的信件中，他這麼寫著：「啟程時分，正是玫瑰綻放的季節，我會為我的座騎戴上三朵紅玫瑰所做的冠冕（但人們不會知道原因），因為在我們的盾牌紋章上標誌著『三』。這絕非我想寫的內容，但我情難自禁。我很渴望見到你……我們還會再見的，不是嗎？總有一天？」一九一五年六月二十五日，他在布科維納一場騎兵戰鬥中喪生，得年二十二歲[118]。

~

一天，我們應幾個鄰居之邀參加午宴。伊斯特萬說：「我們騎馬去吧。」就這樣，我們沿著一條迂迴的上坡小徑，觀看一片砍伐後殘餘的森林。「這裡有很多夏櫟，感謝上帝，」我們透過斜照的陽光，攀爬上一條小路，他從馬背上扭頭對我說：「這種木料什麼東西都能做。」再來最多的是土耳其櫟，乾燥後是上好的柴火，也適合做馬廄地板和木桶板片。接下來是山毛櫸，「燃燒後幾乎不留任何灰燼」；然後是軛榆木和英格蘭榆，「製作家具和棺木很管用。」此外還有很多岑樹，適合製作工具、斧頭、錘子、小鐮刀、大鐮刀、鏟子和乾草耙。白楊木反倒不見，只有溪邊有少許，但在馬洛須河畔有很多：不過沒什麼用處，只能做飲水槽和飼料槽，以及木湯匙等等。吉普賽人很會製作這些東西。他們帶著妻兒，在城堡的花園和庭院裡住下來，然後劈劈砍砍的直到完工。「不涉及金錢交易，」伊斯特萬說：「理論上我們應該各拿一半，不過就算碰到的是誠實的部族，我們能拿到三分之一就算幸運了。

還是跟山區一些偏遠村落的羅馬尼亞人合作比較好，他們雖然又窮困又原始，不過非常誠實。」[119]

我們在一片林間空地上和一位白髮牧羊人相互問候，他倚著一根附有鋼鉤的牧羊杖，肩上披著繡工繁複的手工亮綠色斗篷，衣襬長達地面。羊群圍繞身邊，在樹樁間拉扯嚼食著青草。然後，我們循著一條陡峭而下的順坡小徑穿過一片榛樹林，地面滿覆陳年果殼和果實，在馬蹄下嘎吱作響，有點打滑。

這是熱氣蒸騰的一天。從歡樂的宴會歸來的途中，我們前往河邊，望著小麥田。一看到漫起的河水清涼又清澈，便不禁下馬，在一處跑馬場大小的陰涼田野間卸下馬鞍、脫光衣服、穿過河畔的蘆葦和水田芥潛入了水中。我們慵懶地使用蛙式，或僅僅順水漂流，在白楊和柳樹的樹蔭下笑談議論方才午宴上的一些客人。河水岸邊處處點綴著綠蔭，水面飄流著薊

118 作者註：參見羅伊・哈洛德爵士的《凱因斯的一生》（*The Life of John Maynard Keynes*）、大衛・嘉聶特的《黃金歲月》（*The Golden Echo*），以及G・葛馬利博士在一九八〇年秋季第七十九期《新匈牙利人季刊》（*New Hungarian Quarterly*）中的文章。若干布盧姆茨伯里的朋友還為此責怪凱恩斯，不應設法取消凍結的資金，讓貝卡西得以返國參戰，而應在戰爭期間安全的留滯他。

譯註：羅伊・哈洛德爵士是英國經濟學家，屬於凱因斯學派。大衛・嘉聶特是英國作家和出版商。布盧姆茨伯里（Bloomsbury）為一九〇五年到二戰期間一個英國藝術家和學者的團體，早年多為劍橋畢業生，包括多位劍橋使徒。

119 作者註：我想他們應屬於有趣的古老莫特西人，住在外西凡尼亞西部山巒的山峰和山谷間。

草的冠毛，一隻蒼鷺匆匆飛離，留下一道狹長的陰影。成群松雞加快速度，喧鬧的逃離河面，岸邊小麥、玉米和梯田上的葡萄園也陸續滑過我們身邊，突然間，我們聽到有人在唱歌。只見兩個女孩正在一排狹窄的大麥盡頭忙碌著；從她們所穿的彩色衣裙和繡花上衣、腰間的編織腰帶以及頭戴的方巾判斷，她們是從遠處一個山谷前來收割的。當我們游入她們視線時，她們停了下來，待我們來到眼前，她們更是爆笑出聲。顯然河水並不像我們原先想像的那麼有遮掩效果。兩個女孩都年約十九、二十歲，有著被太陽曬紅的臉頰和厚重的深色髮辮，大大方方的毫不害羞。其中一個女孩大聲叫嚷了幾句，於是我們在馬洛須河中踩著水停了下來。伊斯特萬口譯說：「她們說我們應該感到羞恥才對。」他說：「還威脅要去找我們的衣服，然後跑掉。」

他也大嚷了回去：「你們不應該對陌生人這麼壞！最好小心點，否則我們會過去抓你們。」

「你們才不敢！」對方回答：「光溜溜的像青蛙一樣，你們敢才怪！」

「那是做什麼用的？」伊斯特萬指著岸邊的樹枝，「我們可以跟亞當一樣穿得好好的。」

「你們永遠抓不到我們的！白白嫩嫩的腳怎麼在麥梗上跑？總之，你們是紳士。看看你的頭髮，前面都快禿了。」

「才沒有！」伊斯特萬吼了回去。

「還有那個年輕的，」另一個女孩大叫：「他才不敢。」

伊斯特萬翻譯最後一句話時，一雙藍眼閃閃發光。接著，二話不說，我倆就像鱷魚一樣飛速衝向岸邊，順手摘些白楊樹枝和柳蘭莖葉，跳上了河岸。那些女孩抱起收割的穀物跑到隔壁田間，停在一處佯裝為堡壘的乾草堆，揮舞著鐮刀假裝反抗。樹葉的遮掩和赤腳在散落麥楂間跳躍的小碎步，使得場面更加歡樂。看到我們就快要追上，她們便拋下鐮刀，拿收割的穀物丟我們，並跑到乾草堆後面。然而，即使只能使用一隻手臂，我們也成功逮住她們，然後四個人在乾草、大麥和大笑的騷亂中一起栽到地面去。

～

「Herrgott（上帝）！」許久以後，我聽到伊斯特萬突然繞著乾草堆周圍數公尺處傳來的大叫聲，還用手猛敲一下額頭。「噢，天啊！主教！伯爵夫人！他們要來吃晚飯，你看太陽的位置！」

太陽已遠落天際，夜色正逐漸逼近。乾草堆、白楊樹、無數成捆的收成和乾草束在收割過的田野上形成一條條陰影，一群飛鳥正飛越森林回歸窩巢。伊斯特萬糾纏著乾草的頭髮和驚駭的表情相映成趣，引得大夥哈哈大笑。我們幫薩芙塔和伊莉娜揀出纏結和黏附在頭髮裡的乾草與大麥，整理因為一番粗魯滾動而弄亂的髮辮，然後手牽手一起往河邊走去，伊斯特萬和我一路艱辛地踮著腳尖。「可憐的腳。」她們呢喃著。互道再見後，我們跳入水中，開始長泳返家，並不時回頭揮手呼喚那兩個可愛的女孩，她們也揮手呼應，直到聽不見彼此的聲音，然後繞過彎道，對方的倩影也消失在視線外。

水流比我們想像的要快。靠近河岸流速緩慢，但菖蒲、水芹和浮萍都是障礙，所以無論哪種方式，速度都比先前愉快地隨波逐流緩慢得多。燕子在樹枝下方掠過；一個牧羊人和幾個收割返家的農夫一臉神奇表情地看著我們。經過一番努力，加上暮色照顧，我們終於得以從河中脫身，奔躍在逐漸昏暗的暮光中，然後感謝上帝，找到了丟在原地的一切。我們急急忙忙穿上衣服，繫上馬鞍，然後驅馬踏上五公里的返家之路，經過明亮的村莊外圍，再次進入森林，俯身行過低矮的枝椏，最後的半哩路更是乾脆相互競速奔馳，直到蹄聲噠噠地度過橋樑和拱門，心臟狂跳地躍入庭院，一時驚得鴿子四處竄飛。我們快速洗澡、更衣和梳理頭髮，不久後便攀上台階，來到涼廊。

只見晚餐擺放在一側，賓客則群集在另一側，其中有的坐著、有的手持酒杯有禮地站著。伯爵夫人頂著一頭鐵灰色短髮，兩手交疊放在腿上，手指纖細，珠光寶氣；主教身披紫色綬帶，在燈光下閃閃發光。

「啊，你們來了。」伊斯特萬的母親招呼著。我們完全沒有遲到；片刻後，伊斯特萬便風度翩翩、瀟灑自如地親吻伯爵夫人的玉手，以及主教的戒指。直到在餐桌前坐定，我還是無法專注於談話：那天下午的氛圍依然縈繞四周；雙腳飽受麥樁戳刺的痛癢，臉上則始終笑意難掩。伯爵夫人打開餐巾，藍寶石一閃，抖鬆了餐巾。

「啊，伊斯特萬，」她的語氣透著親切與戲弄，正如阿姨對自己最疼愛的外甥說話的口吻：「你最近在忙些什麼啊？」我避免往他的方向望去。如果我們對視一眼，一定會穿幫。

兩天後我們回到田間，卻不見任何人影。所有作物都已收割，連乾草堆都消失不見。我們再也沒有見過薩芙塔和伊莉娜，內心不無傷感。

~

夏至過去，牡丹和丁香已不見芳蹤，杜鵑也改變啼聲，準備飛去。烤玉米棒出現，鱒魚從山中游出；櫻桃、草莓、杏子和桃子紛紛成熟，最後登場的是美妙的瓜果和覆盆子。桌上放著兩種猩紅如烈焰的辣椒，其中一種像炸藥般火爆，得賴薄如細布的黃瓜片或摻入蘇打水的冰鎮葡萄酒予以冷卻舒緩；那些冰塊是從樹木間一個類似冰屋的地窖取來，而且早在六個月前便已謹慎儲放，實在很難想像當時這裡還滿滿覆蓋著白雪。貨車上堆滿杏子，壓得車輪嘎吱作響，而樹上依舊一片杏黃；但見地面處處落果，黃蜂吃穿了果實，車輪和腳步落下之處更平攤成一堆堆黃果漿；高高的木製大桶在灰塵密覆的向日葵間不斷冒著泡沫，院落間瀰漫著發酵的甜美濃郁氣味；很快地，即使正當白天，剛蒸餾好的烈酒也像狙擊手一般，放倒了眾多農民，或俯臥、或歪倒，在太陽下形成各式各樣的塊狀陰影。他們在乾草禾捆和圓堆之間鼾聲大作，成群蒼蠅圍繞飛舞，羊群則聚集在每一片敞開的枝葉下方，四下無風，樹葉動也不動。

城堡的厚重牆壁和傍晚緊閉的百葉窗後面，也斷續有人醉倒，不過很快便甦醒過來。大麥已經收穫妥當，伊斯特萬正忙著操作收割機，處理最後一批小麥。（在匈牙利，收割開始於六月二十九日聖彼得和聖保羅節[120]，但這附近地區開始得更早。）我們出發時，伊斯特萬的母親從上面窗戶大喊：「記得把帽子戴著！」她把帽子扔下來，伊斯特萬放下韁繩，在空中接住帽子，往頭上一扣。「你快跟吉普賽人一樣黑了。」揮舞著大小鐮刀好幾個星期及霍霍磨刀之後，便到了打穀時節。老舊的機器賣力工作，聲音震撼山谷，機器由引擎和傳動帶驅動，高大蒸汽車頭煙囪往上飄散出曲折煙雲。在山中，人們則是將馬匹套在打穀用的木橇和滾輪上，在鵝卵石鋪製的場地上一圈接一圈的繞行打穀。接下來是簸揚穀殼的過程，隨著木鏟鏟動，穀物乘風雲起，在空中不斷發出閃光，漫天穀殼幻化逗趣了整個下午。一袋袋穀米，用牛車載運而去，終於安全地存放於穀倉。如果運貨的車夫是羅馬尼亞人，轉彎時他們不會喊叫：「stânga（左轉）！」或「dreaptă（右轉）！」（如果是匈牙利人，也不會用馬札爾語呼喊：「jobb!」或「bal!」）而會大叫：「heiss!」和「tcha!」我是在牧人勸誘或驅趕水牛時，第一次注意到這些神祕的叫喊聲。伊斯特萬認為水牛最早是土耳其人，或許是從埃及引進此地的吧，不過原產地一定是印度。但這些詞彙既不是土耳其語、阿拉伯語、吉普賽語，也不是北印度語或烏爾都語。

七月天，總會成為世上最大熱帶都市之一的布達佩斯的熱浪，令外西凡尼亞的年輕人偕同親戚四散逃逸，沿著河谷尋求避暑之處。在伊斯特萬家有派對、野餐、游泳和網球，直到天色暗到見不著球，濃密樹林間的網球場也有如一口陰暗的枯井為止；在一間間已顯破落的長形客廳裡，眾人大啖飲食，圍繞著鋼琴唱歌，間或隨著留聲機的音樂起舞。有些唱片只過時一、兩年，多半則是些老歌：〈黑夜與白天〉（Night and Day）、〈暴風雨的天氣〉（Stormy Weather）、〈藍天〉（Blue Skies）、〈懶骨頭〉（Lazybones）、〈待價而沽的愛〉（Love for Sale）、〈聖路易藍調〉（Saint Louis Blues），以及〈每陣微風似乎都在低喚露易絲〉（Every Little Breeze Seems to Whisper Louise）。必要時，伊斯特萬會化身為琴藝精湛的鋼琴師。「不過我只會彈這類曲子。」他說著，隨即展開即興演奏，其間參雜著切分音符，酒館庸俗情歌，不時來段滑音；最後，猛地坐著鋼琴凳旋轉一圈，用大拇指指尖從低音閃電般的掃到高音，華麗結束。

村裡的日曆上，用星星標示著各個宗教節日和聖徒日及婚禮日。吉普賽人活躍了起來，耳邊始終縈繞著他們樂器的聲音，廣場上也會突然出現一圈圈舞者，身著漂亮服飾，像花環般雙手搭在彼此的肩膀上，數目可達幾百人：隨著霍拉和薩巴同時連踩三下的舞曲，很快地，眾人的華服便都籠罩在揚起的灰塵中。（我後來也學會了這所有的舞蹈。）他們在夜晚喧鬧得最為厲害，尤其是婚禮前夕，新郎倌和伴郎們緩步展開誘拐新娘的戲碼時。一旦〈高頂禮帽〉（High Hat）、〈歐陸式舞蹈〉（The Continental）、〈走開，狗狗〉（Get along, little dogie）的旋律在城堡昏暗的鏡子、牆上的燭台和肖像之間逐漸轉弱，被帶往樓上的新娘求

---

120 Feast of SS Peter and Paul，為紀念這兩位聖人殉道的日子。

救聲，從斷續喊叫、高聲尖音到逐漸遠去而啞然失聲，下方村莊的聲音則不斷穿透長窗而入：「加油！加油！加油！加油！」[121]在新釀杏子白蘭地的助威下，舞蹈持續激烈到深夜，吉普賽人的小提琴、齊特琴、單簧管和低音提琴，與遠處村民狂野粗俗的新婚喜慶歌曲相互叫陣；接下來，琴弦、琴錘和簧片的聲音將再度淹沒在流行歌曲〈黛娜〉[122]的歌聲，以及大夥在吊燈下的喧鬧聲中。

黛娜，
有沒有人比她**更棒**？
在**卡羅萊納**？
如果**有**，而你也**稱讚**，
請指給我看看！
每個夜晚，
我為什麼會
害怕得顫抖？
因為我的**黛娜可能**
會改變對我的**心意**！……

「Hai, pe loc, pe loc, pe loc!（加油，快點，快點，快點！）」下面的舞者一起跺著腳。

「Să răsară busuioc!（在地上跺腳，讓羅勒竄出！）」

黛娜，
她南方姑娘的眼眸**閃閃發光**，
我多麼樂於坐著**凝望**——
——望進**黛娜・李**的靈魂之窗……

「Foiae verde, spic de griu, măi!（綠色樹葉，小麥芒花，啊！）」一首真正的吉普賽風格、如泣如訴的多伊娜歌曲[123]透過天際微光，接著是單簧管婉轉的曲調；可惜當地歌曲的綠葉和麥芒跟流行歌曲根本無法較量：

121 作者註：這種粗鄙的婚禮，據說有些在攻城掠地之後，會在新娘的窗口揮舞帶有勝利標誌的床單或襯裙，證明新娘已不再是處女；如果存有疑慮，新娘的母親有時會私下犧牲一隻鴿子，以作為圓房的證據。

122 Dinah，一九二五年發表於美國的一首流行歌曲。

123 doină，羅馬尼亞和摩爾達維亞地區一種人聲和樂器的音樂類型，曲調為即興創作，其中有很多單音節裝飾句。

黛娜！
一旦她流浪去了中國，
我會登上郵輪隨之漂泊，
就為了想要和黛娜．李長相廝守……[124]

124　作者註：就此打住吧！當然，歌曲原文是黛娜的南方之眼（Dinah's Dixie eyes），而不是吉普賽的眼睛在閃閃發光。我們都錯唱為吉普賽，只是這錯誤已在記憶中根深柢固。

第六章

三重賦格曲

我知道伊斯特萬和他的家人說我應該整個夏天都留在這裡的提議是真心的，但是我已經偏離了原定的樸實計畫那麼遠，以至於我越喜歡這宛如奇蹟的幾個禮拜，我的良心就越發不安得厲害。於是我寫信給倫敦，內容是寄送現金的大致日期和地址：這種寄生城堡生活讓我的資金相對完備，但我很快就會需要一些。與此同時，山谷發出強烈的反制魔法，還有提議延後的隨意想法不停地從天而降。「如果你留下來，」伊斯特萬有天早上說：「我們可以去打岩羚羊。」然後說應該也有公鹿；再之後又說會有熊。我說我從來沒有射過任何比兔子還大的動物時，他說：「我會教你。」那麼，跟威斯連尼男爵那一夥人一起去打狐狸呢？我可以想辦法，除了我沒錢以外。伊斯特萬笑了。

「別擔心，」他說：「我也沒有。沒人有錢。」

這個話題被一群聚集過來的人打斷，他們一行十二人，分搭兩輛四輪馬車，要在山溪間捕捉淡水螯蝦，伊斯特萬和我則要繼續前進。我們找到了那條小溪：它在一片滿是斑鳩的空地上，從岩石和蕨樹叢中滾滾流出，周圍盡是外西凡尼亞的各種狐狸，還有雌狐，全都可以用紅色苯胺染料腐蝕染成上等的狐皮手套。其他人也到了，小溪裡的每一塊卵石和每一團水草團塊似乎都包藏著我們豐富的漁場。簍子很快就滿了，而在我們再次爬下坡時，都可聽到魚尾的啪啪聲。我們把馬留在一座水車邊，一輛四輪馬車隨後加入，現在所有的馬都卸下了馬鞍，在一片斜坡上吃草；火已經點燃，瓶子全在水車的水流中冷卻著。

這群人當中，最活躍的一個是穿著紅裙子、既漂亮又風趣的女孩，名叫安葛拉（Angéla，

g要發硬音g，並強調第二個音節），住在伊斯特萬家往上游幾公里，從河流往內陸一點點的地方。她比我大幾歲，已婚，但並不幸福。在杰納伯爵家中見過彼此的我們，襯著繚繞空中的〈黛娜〉和吉普賽歌曲，在喧鬧的那一晚即興地放縱熱舞；我情不自禁地追隨著她的腳步。狩獵期間，她光著腳丫在岩石間跳躍，髮絲飛揚，猶如阿爾卑斯山的野山羊般敏捷。事實證明，她就如別人眼中的我一樣，都是魯莽、衝動，且如我感覺的身手敏捷，因著我對她開心的喜愛和她對我痴迷的眷戀，剎那間天雷勾動地火，我們互相吸引，一拍即合。盛宴持續到很晚，受到樹林、黃昏、以及我們漫遊的森林位居偏遠的煽動，所有的障礙都不見了；我們不知道自己身在何處，直到終於聽見有人呼喚我們的教名，這才跑到馬匹都已上鞍、路徑有人踏過的集合地點。回程中，由於碰上陡峭的草地，馬兒不得不急煞，馬車廂兩側的燈籠便在樹幹上投下一道道晃動的光束。

所有的事情突然間有了奇妙的轉變，而且拜安葛拉的活潑氣息所賜，一切都變得胡鬧滑稽；接下來的兩天兩夜，我倆如果沒有在一起，便感覺那段時光是種浪費。幸運的是，安葛拉的家人正在布達佩斯，可是由於種種原因，要碰面還是不容易，於是我們咒罵著隔阻其間的森林。伊斯特萬是老朋友了，當然立刻就嗅出端倪，於是提出一個令人難以抗拒的計畫來解套：他們會跟住德瓦郊區的一個朋友借輛車，讓我們三個人展開一趟前往外西凡尼亞內陸的祕密之旅。

我收好東西並且道別；因為在這段遠足之後，我會往南方前進。事情就這麼敲定。車子到了，我們兩人先出發，開了幾公里後，安葛拉就出現在指定地點，三人歡天喜地的開車向東行。

借來的車是輛打得晶亮的老式藍色旅行車，前座可以坐三個人。車子有帆布罩，後面有一扇賽璐珞窗戶和一個紅色的橡膠球，要壓一下子後，才會從一把彎管黃銅喇叭中，不情不願地發出吵雜的咩咩聲，迴響過峽谷，對道路上除了水牛以外的所有牲畜發出警告，我們謹守著杰納伯爵的航海格言。路況不佳：車子就像在波濤洶湧的汪洋大海的船隻，駛過車轍和坑坑窪窪，而我們沿著馬洛須河前進所揚起的灰塵，形成了鬼魅般的圓筒，跟著我們的路徑盤旋，在每個停留點上升圍繞，於是我們就像三個幻影般來到外西凡尼亞的舊王朝首府。

~

所有在這些書頁當中爭論不休的地名麻煩，在此更是沸騰開來。達基亞的阿普隆（Apulon）變成了拉丁文的阿普魯（Apulum），這個地方充滿了古老的羅馬殖民地痕跡。但是隨著斯拉夫人遏止和噤聲的伸展，永遠扼殺了東歐的古老名字，使得這兩個地名都沉寂無聲了。他們將它更名為巴爾格拉德，意為「白城」（許多名字之一），也許是因為它蒼白的牆之故，而這個白色主題獲得了認同，所以薩克森人稱之為魏森堡，後來改稱為卡爾堡，以紀念在這裡建造偉大的十八世紀堡壘的神聖羅馬帝國皇帝查理六世[1]。匈牙利人已經採納了白色的概念，但另外一個字又悄然進駐：「朱利斯」，他是十世紀中葉匈牙利的一位王子，在他到訪君士坦丁堡並在那裡受洗之後，這個名字開始流行，他們改稱這個城市為「白城久洛」。不過羅馬尼亞人堅持使用巴爾格拉德，然後又採用了中古時代的拉丁文名字「阿爾巴尤列亞」。

真希望杰納伯爵和伯爵夫人有跟我們在一起！這樣，她就會告訴我們關於勇敢的米哈伊[2]的故事。米哈伊是十七世紀時征服外西凡尼亞的瓦拉幾亞王子；還有他如何藉由掠取摩爾達維亞公國，短暫的統一了這三個國家，並在波濤洶湧的一年裡，加入現代的羅馬尼亞王國。（為了紀念這件事，斐迪南國王[3]和瑪麗王后[4]在戰後主權移交之後，便選擇在此地加

---

1 Charles VI（一六八五～一七四〇年），神聖羅馬帝國皇帝、羅馬人民的國王、匈牙利國王、波希米亞國王、帕爾瑪公爵。他是霍布斯堡王朝最後一位男性成員。政治手腕平庸，最大的成就是栽培了後來被尊為奧地利國母的瑪麗亞·特蕾莎女王成為繼承人，讓她在一七四〇至一七四八年的奧地利王位繼承戰爭中拯救了國家。

2 Michael the Brave（一五五八～一六〇一年），歷史上首次將瓦拉幾亞、外西凡尼亞和三個小國統一在一起的君主。即便統一僅僅持續了六個月，卻已經奠定了今日羅馬尼亞疆域的基礎，因此他被認為是羅馬尼亞最偉大的民族英雄之一。

3 全稱謂為King Ferdinand Viktor Albert Meinrad（一八六五～一九二七年），德國霍亨索倫親王利奧波德和葡萄牙公主安東妮亞的長子。但在第一次世界大戰時，羅馬尼亞王國加入協約國，對抗德意志帝國。一戰結束後，羅馬尼亞因而獲得大片土地。

4 Queen Marie（一八七五～一九三八年），英國阿爾弗雷德親王的長女，斐迪南一世的妻子，卡羅爾二世關係疏離的母親。她是一次大戰後，羅馬尼亞利益的堅強維護者。羅馬尼亞和保加利亞兩國皇室，係透過薩克森—科堡—哥達及德意志邦聯而具血緣關係，因此也和英國維多利亞女王有血緣關係，所以又有「愛丁堡的瑪麗」之稱。

冕。）在伯爵聽得到的範圍內，她可能會跟我們說一七八四年在羅馬尼亞農民起義之火、屠殺和許多恐怖事件中，長期以來的混亂如何達到顛峰，又以帶頭的兩位農民在城堡門前遭受車裂之刑而畫下句點。同時，杰納伯爵將會像伊斯特萬一樣，把我們帶到大教堂。古老的羅馬式建築遭到韃靼人嚴重破壞，並由匈雅提．亞諾什[5]以哥德式晚期風格壯觀地重建；我們再度置身尖角的拱門之間。整座城市沉浸在外西凡尼亞的歷史之中；在莫哈奇戰役失敗之後的年代，它尤其變得有名。匈牙利大平原已經降階成為土耳其行省，多瑙河以外的西北其他地方則被神聖羅馬帝國皇帝查理五世[6]的弟弟斐迪南國王奪走了。外西凡尼亞，也就是剩下的三分之一王國，得以倖存而成為一個敵對君王亞諾什．贊佩利亞[7]的據點；他過世後，堅決的皇太后，即「波蘭的伊莎貝拉」[8]，將東部縮水的地區聚集在一起；她的兒子約翰．西吉斯蒙德[9]是匈牙利最後一位遴選國王。然後，除了外西凡尼亞就沒有什麼留下來了，同時，年輕的國王過世之後，這東方的領土而今更成了一個巨大的孤立省分，變成一個公國，只能設法以接受鄂圖曼帝國的虛幻附庸來抵制霍布斯堡王朝所聲稱的主權。然後，歷經一個多世紀，外西凡尼亞王子們的非凡隊伍一個個追隨著彼此，直到「收復失地運動」在一七一一年結束，外西凡尼亞重新成為匈牙利的國土為止；的的確確是重新組合和贖回，然而卻已經成為霍布斯堡王國的領域。

伊莎貝拉女王和約翰．西吉斯蒙德埋骨於穹頂下，匈亞提．亞諾什和他的兒子拉斯洛[10]在布達遭到斬首；還有阿帕菲[11]和波斯凱[12]王子，以及遭到暗殺的紅衣主教馬丁齊。精緻的

主教宅邸，一堵赭色石牆加上板栗樹樹蔭下的安靜街道，將城市的這一部分變成一座外西凡

---

5 全名John Hunyadi，匈牙利姓名寫法為Hunyadi János（一三八七～一四五六年），外西凡尼亞總督、匈牙利王國大將軍和攝政，馬加什一世之父，為國民英雄，不但排解貴族之間的對立，收拾混亂的局面。還於一四五六年的貝爾格勒之圍中，成功救援貝爾格勒，並擊敗鄂圖曼土耳其十萬大軍，阻止了土耳其軍隊入侵歐洲。

6 Emperor Charles V（一五〇〇～一五五八年），即位前通稱「奧地利的查理」，頭銜包括西班牙國王卡洛斯一世、神聖羅馬帝國皇帝查理五世、羅馬人民國王卡爾五世、卡斯提亞—雷昂國王卡洛斯一世、亞拉岡國王卡洛斯一世、西西里國王卡洛二世、那不勒斯國王卡洛四世，以及低地國家至高無上的君主。在歐洲人心目中，他是「霍布斯堡王朝爭霸時代」的主角，也開啟了西班牙日不落帝國的時代。

7 King John Zápolya（一四九〇～一五四〇年），匈牙利國王。加冕前就是外西凡尼亞的最高地方長官。

8 Isabella of Poland（一五一九～一五五九年），波蘭國王老西格斯蒙德一世和其義大利妻子波娜・史佛莎的長女，後來嫁給了亞諾什・贊佩利亞國王。因為贊佩利亞國王過世時，他們的繼承人才出生兩週多，所以伊莎貝拉便代替兒子捲入了繼承糾紛，後來遭斐迪南強迫在一五五一年返回波蘭，最後於一五五六年十月返回外西凡尼亞，成為她兒子西吉斯蒙德的攝政，直到去世為止。

9 John Sigismund（一五四〇～一五七一年），外西凡尼亞國王。

10 Lászlo（一四三一～一四五七年），匈亞提・亞諾什的長子，匈牙利國王馬加什一世的哥哥。

11 全名Apafi Mihály（一六三二～一六九〇年），匈牙利外西凡尼亞王子，是由外西凡尼亞貴族於一六六一年所遴選出來的，並受到鄂圖曼帝國的支持。

12 全名Bocskay István（一五五七～一六〇六年），出身匈牙利貴族家庭，外西凡尼亞王子，年輕時任職於神聖羅馬帝國皇帝馬克西米利安二世宮廷。一五八八年，外西凡尼亞國會成立之後，成為統治者西吉斯蒙德的參贊。

尼亞的巴斯克特[13]。（後來在十八世紀，巴塔尼伯爵主教[14]為這個城市建造了一座宏偉的圖書館，裡面有相當多珍貴的圖書館藏，甚至包括最早的《尼布龍根之歌》（*Nibelungenlied*）[15]手抄本之一。）偉大的比坦・加布里埃[16]是另一個施惠者，他成立了一所學院[17]，娶了布蘭登堡選帝侯[18]的姊姊，是這場王位繼承戰中最活躍的王子之一，為三十年戰爭[19]中向西看的強大新教領袖，同時也是帕拉丁選帝侯、冬季王后[20]和古斯塔夫・阿道夫[21]的盟友。

更早的拉科齊家族[22]王子們，也是宗教改革[23]的勝利者。為了加強英國王朝和普法爾茨[24]

---

13 Barchester，指安東尼・特洛普一八五七年的小說《巴斯克特塔樓》的背景地主教城市巴斯克特。這部小說的內容，主要在諷刺英國教會的高派教會和福音派之間的激烈嫌惡。

14 全稱謂為Bishop Count Batthyány Ignác（一七四一～一七九八年），出身匈牙利權貴家族巴塔尼，是外西凡尼亞的羅馬天主教主教，於阿爾巴尤列亞建造了圖書館，後來並授意建造馬丁齊城堡。

15 著名的中世紀中古高地德語敘事史詩，約創作於一一九〇至一二〇〇年，作者不詳。全詩共三十九首，九千五百一十六行，每四行一詩節，講述的是古代勃艮地人國王的故事。

16 Gabriel Bethlen（一五八〇～一六二九年），外西凡尼亞王子和奧波萊公爵。雖曾被選為匈牙利國王，卻從未控制整個王國。但在鄂圖曼帝國的支持下，率領加爾文主義公國反對霍布斯堡王朝及其天主教盟友。

17 作者註：關於學院的某個細節，當時對我來說不具任何意義，現在卻意義重大：西里西亞詩人馬丁・奧維茨曾在比坦學院擔任哲學教授一年。奧維茨是「德國詩歌之父」，十七世紀昂宿星派詩人之一，這詩派還包括西蒙・達赫（譯註：普魯士抒情詩人）、保羅・弗萊明（譯註：德國醫生和詩人）、舍弗勒（譯註：德國天主教神父和醫生），和講述三十年戰爭的偉大小說《辛普利希姆森的冒險》（*Simplicissimus*）作者葛里福斯（譯註：德國抒情詩人和劇作家）和葛林姆修森（譯註：德國作家）（「來吧，夜晚的慰藉，喔，夜鶯」）；以及在米爾頓（譯註：英國詩人和思想家）之前成為克倫威爾（譯註：英國政治人物、國會議員及獨裁者）拉丁語祕書的威克林（譯註：德國詩人），他並寫了一篇關於白金漢宮謀殺案的卓越十四行詩。他們都曾在君特．格拉斯（譯註：德國作家）寫的《塔吉特會議》（*The Meeting at Telgte*）中發揮了想像力的作用。

18 Elector of Brandenburg，是一份布蘭登堡藩侯兼選帝侯的名單。在成為選侯之前，布蘭登堡領主的爵位只是藩侯。此處指的應是腓特烈．威廉（Friedrich Wilhelm，一六二〇～一六八八年），出身霍亨索倫家族，是布蘭登堡選帝侯兼普魯士公爵。因其軍事和政治技巧卓越，被稱為「大選侯」。身為喀爾文教派忠實支持者的他，在位期間奠定了基礎，讓後繼者能將普魯士由公國進一步成為王國。

19 Thirty Years War（一六一八～一六四八年），是由神聖羅馬帝國的內戰演變而成全歐洲參與的一次大規模國際戰爭，牽扯到歐洲各國爭奪利益、樹立霸權、以及宗教糾紛等等。以波希米亞人民反抗奧地利霍布斯堡家族統治為肇始，最後以霍布斯堡家族戰敗並簽訂《西發里亞和約》而告結束。這場戰爭使得日耳曼相關各邦國大約被消滅了百分之二十五到四十的人口，十分慘烈。

20 指伊麗莎白．斯圖亞特（Elizabeth Stuart，一五九六～一六六二年），帕拉丁選帝女侯、波希米亞王后，是選帝侯威廉．腓特烈五世的妻子。由於丈夫在波希米亞的統治時間只持續了一個冬天，故被稱為「冬季王后」。

21 Gustavus Adolphus（一五九四～一六三二年），瑞典瓦薩王朝國王，即位後與神聖羅馬帝國相爭，節節獲勝，卻於呂岑會戰時不幸陣亡。是歷代瑞典國王中唯一被國會封為「大帝」者，此外，清教徒稱他為「北方雄獅」。

22 Rákóczi，十三至十八世紀匈牙利王國的貴族家庭。根據文獻記載，這個家族起源於波希米亞的波哥拉德氏族。十七世紀時，拉科齊家族成為匈牙利最富有的貴族。

23 全名稱為Protestant Reformation，指基督教在十六至十七世紀的教派分裂及改革運動，也是新教形成的開端，由馬丁．路德、喀爾文、慈運理等神學家，以及其他早期新教徒發起。大多數人認為宗教改革開始於一五一七年馬丁．路德發表《九十五條論綱》，結束於一六四八年簽訂《西發里亞和約》結束三十年戰爭。

的支持，也或許是為了波希米亞治權[25]，喬治・拉科齊二世[26]的弟弟西吉斯蒙德與冬季王后的女兒哈麗耶塔結婚。因此，在這奇怪時期的大部分時間裡，外西凡尼亞不僅是匈牙利自由的堡壘，也是各種新教教派在地扎根的避難所，更是人文學科的黃金時期。人口組合中的薩克森人追隨路德教派[27]，匈牙利人改宗正在德布勒森邊界上持續加溫的喀爾文教派[28]，而各式各樣的一位論派[29]繁榮昌盛；他們全都是出於反霍布斯堡的情感和對耶穌會頑固態度的回應。王子們勉力在不和諧的教會之間施加莫大的寬容度。教派的熱情遜於在波蘭和奧地利盛行的激情，即使到了現今，告解的競爭也不那麼尖銳。（伊斯特萬個人傾向雖如同他的父親，強烈的向著天主教，但他已受洗成為新教徒[30]；而他的妹妹伊洛娜就像他們的母親一樣，同為天主教徒。這樣的同一家庭裡對孩子的安排，在這些地方並不罕見。）

～

在一邊往北轉幾公里的地方，還有很長的路要走。通往前面村莊的小徑嘈雜，充滿農場的各種聲音，當我們和牲畜及煙霧灰塵爭道時，一群穿著各式村莊服飾的村民也擠了進來。攤位上滿滿的都是鑲嵌皮帶、羊皮夾克、襯衫、頭巾、以及黑白錐形羊氈帽；來自鐵工廠的馬肚帶、齒片、馬鐙、馬具、小刀、小鐮刀、大鐮刀和各種黃銅懸掛飾品、以及閃亮亮的鐵製羊鈴；還有以金屬絲框起的東正教聖像和許多天主教徒的念珠；大蒜和洋蔥串、炙熱的綠紅兩色辣椒穗；灰斧、耙子、乾草叉、曲柄拐杖、桶板、木盆、攪乳桶、軛、連枷，以及就像在伊斯特萬的庭院裡，吉普賽人製作的那些雕刻的長笛和木製餐具。鍋子、水甕和可扛在肩上或頂在頭上的攜帶式大型有柄水罐聚集了幾百個，一排排鞋子或端正或隨意地擺立著，還有用皮帶串起的卡努伊鞋底的莫卡辛軟皮鞋。我買了一把小刀和一條擋灰塵用的橘色頭巾給安葛拉，她則回送我從一個大車輪捲軸上剪下來，長約一、兩碼、寬約三吋的紅黃色編織

24 Palatinate，德語為Pfalz。德國歷史上一種特殊領地的名字，這種領地的領主稱為普法爾茨伯爵，意思是「王權伯爵」或「行宮伯爵」。

25 Bohemia，古中歐地名，占據了古捷克地區西部三分之二的區域。現在位於包括布拉格在內的捷克共和國中西部地區。波希米亞是個古中歐國家，曾為神聖羅馬帝國中的一個王國，隨後成為奧地利霍布斯堡王朝的一個省。

26 George Rákóczi II（一六二一～一六六〇年），匈牙利貴族、外西凡尼亞王子、喬治．拉科齊一世的長子，後受母親要求而從羅馬天主教改宗喀爾文教派。

27 Luther，為新教宗派之一，源自十六世紀德國神學家馬丁．路德為革新天主教會發起的宗教改革運動，其神學思想成為改革運動的象徵。

28 Calvinism，十六世紀法國宗教改革家、神學家約翰．喀爾文，畢生的許多主張和實踐及其教派其他人的主張和實踐的統稱，在不同的討論中有不同的意義。

29 Unitarian，否認三位一體和基督的神性的基督教派別。此派別強調上帝只有一位，並不像傳統基督教相信上帝是由聖父、聖子和聖靈三個位格組成。

30 Protestantism，又稱基督新教，是西方基督教中不屬於天主教體系的宗派統稱，源於十六世紀的宗教改革，現在與天主教會、東正教會並列為基督教三大分支。

帶，充當腰帶。我們在金合歡樹下的擱板桌上用細長的小杯子喝 *tzuica*（李子酒）[31]，拉長了耳朵聽對方說話；但動物聲、商品叫賣聲、討價還價聲、提琴聲、單簧管聲、領熊人的手鼓和長笛聲，以及吉普賽乞丐的圍攻等各式各樣的聲音，形成了一個如此堅實的屏障，讓我們根本無法聽到對方說的話，只能坐在斑駁的色彩下，舌頭打結地一臉燦笑。穿著黑衣的猶太人點綴在白色長袍和農民的鮮亮色彩中。到處都有吉普賽人：衣衫襤褸（卻色彩繽紛）如乞丐的女性、吸奶的嬰兒、年紀小到還不會說話卻已無情地瀕臨死亡的孩子，以及比任何我曾見過都更加狂野的相貌：黑得如同黑白混血兒，下巴鬍子亂糟糟，毫無光澤的藍黑色頭髮頹垂在肩上，雙眼如同食人魔。喝醉的人蹣跚搖晃、三兩成群，在他們的雙輪馬車下打鼾。高聳的乾草車全都用架子撐著兜攏，擴散成散亂的四邊形：其中一堆上頭還有隻漫遊的母雞，是棲息在頂上雞窩裡的一隻，正倉促地生下一顆蛋。雙輪馬車的車軸在空中傾斜成對角線，數百匹健壯的外西凡尼亞品種的馬，在村莊外煩躁地發出嘶鳴，噴著鼻息。

~

「時間這麼少，真是可惜！」

開車載著我們更加深入傾斜的中央高原的伊斯特萬，對著層層疊疊的山脈揮手，告訴我們正在錯失中的奇蹟。那裡有古老的羅馬鹽礦，至今仍有罪犯在其中工作，鹽礦隧道進入山脈中心，鋸齒狀地蜿蜒向前，在牆壁之間傳送著回聲，直到在遠方消失為止。一條回聲在長廊中反射了十六次；並更新了更深處的呼喊聲，使得整座山岳內部帶著瘋狂雷聲鳴響著。分流的每條小溪和河流都提供了新的驚異：深深的石灰岩裂縫，無數以拱門、拱廊和奇形怪狀的天然窗戶精心製作的洞穴：在黑暗和洞穴中咆哮的隱形溪流，洞穴裡的鐘乳石和石筍彼此相爭，或在蜂腰柱子上如膠似漆地揪扭著；城堡聳立，蒙古人侵吞的老村莊依然散落在陰鬱的森林裡，羅馬尼亞牧羊人以數公尺長的金屬鑲邊椴木號角互通訊息，召喚他們的羊群，就像那些響在阿爾卑斯山草原和西藏牧草地的號角。

圖爾達（Turda，或拼為Torda）的主要大街，讓我想起了英國德文郡的霍尼頓。「他們都是補鞋匠、鞣皮工人和陶匠，」伊斯特萬說：「很多都是蘇西尼派的人[32]。」安葛拉詢問蘇西尼主義者是什麼人？就這一次，我能夠詳述：因為我在杰納伯爵的書房查閱過他們。他們是在世界這個地區興起的一位論教派，並以西恩納[33]的神學家家族，即蘇西尼一族為名；他們在這些特定地區，從創教人冒險的姪子福斯托．蘇西尼[34]取了自己的名字，福斯托．蘇西

31 羅馬尼亞的傳統李子酒，酒精濃度約百分之二十四至六十五。

32 Socinian，反對三位一體論的基督宗教主張，也就是現代的神體一位論派，以十六世紀的李立歐．蘇西尼與其姪子福斯托．蘇西尼而得名。

33 Siena，義大利托斯卡尼區的城市，也是西恩納省的首府。這個城市以獨特的料理、藝術和中世紀景觀聞名於世。

34 全稱謂為Fausto Paolo Sozzini（一五三九～一六〇四年），義大利神學家，也是一位論教派，又稱基督教思想學派的創始人，是小型改革教會的主要神學家。

尼從伊莎貝拉．梅迪奇[35]的法庭流浪到外西凡尼亞，並於一五七八年定居在克魯日—納波卡[36]，他的教義在當地深入扎下異端的根源。接下來，他又輾轉到了克拉科夫。

「是，」安葛拉說：「但他們信仰什麼？」

「呃……」伊斯特萬遲疑地說：「他們從不相信三位一體開始。」

「哦？」經過半秒鐘的教義思考，她說：「傻蛋。」伊斯特萬和我都哈哈大笑起來。

我們晃進喀爾文教派的教堂。舊建築與修道院一樣樸實，十誡以馬札爾語刻在聖餐檯上。正如同英國教區教堂，前一個禮拜日的讚美詩篇數掛在講壇旁一根高大柱子上的木頭框裡。僅有的裝飾物就是精美的巴洛克式靠背長椅：它們漆成了淺綠色，並以金色勾勒出線條，好像牧師一定要確認天主教徒不該完全地隨心所欲。三位中年修女白頭巾下的臉龐紅如蘋果，精力充沛地擦亮長椅，整理前排椅背架上的祈禱書和讚美詩，並把灰塵從祈禱跪墊中打出來。

~

我們正橫衝直撞地急速通過迦南之地[37]。夏天培養的一排排蜂箱排列在森林邊緣。斜坡上被葡萄藤畫成一道道，上面四散著禾束和草垛，脫落的穀殼與灰塵混在一起。當我們抵達城鎮的某個高點時，整座城鎮就散布在眼下，羊群和牛群也開始投下更長的影子；在慢慢走出一座十八世紀高度警戒城堡的牆下時，凝眼望過一個凌亂的倒塌屋頂。底下橫跨過一處河彎的橋樑，通向城市另一邊較古老的地方。對羅馬尼亞人來說，它是克魯日；對早期定居於此，創建或說是重建了此城的薩克森人而言，它是克勞森堡；但是對匈牙利人來說，克魯日—納波卡才是無可比擬、難以磨滅的名字[38]。太陽往流域方向落下，讓這裡灑滿了傍晚暮色，也點亮了窗戶、西翼的圓頂、尖塔和許多鐘樓，並讓東牆因為陰影而暗了下來；就在我們凝視之際，其中一座開始敲鐘報整點，另一座接手挑戰，全城三分之一的鐘樓緊接著，很快就有大量的教派青銅鐘把它們的古老對手逼進了黃昏，連幾世紀前就定居於此的亞美尼亞人也發出了一聲鐘聲，只有猶太會堂保持沉默。

在我們爬回汽車上的同時，一群吉普賽小孩從洞穴和棚屋裡往我們衝過來，擠在汽車踏

35 Isabella dei Medici（一五四二～一五七六年），科西莫一世暨托斯卡納大公的女兒。為了確保與強大的羅馬奧爾西家族的關係，伊莎貝拉的父親在她十六歲時將她嫁給了保羅・喬丹諾・奧西尼，而在父親去世後，伊莎貝拉可能因為丈夫和兄弟的同謀而遭謀殺。

36 Kolozsvár，是克魯日—納波卡（Cluj-Napoca）的匈牙利文名字，一九七四年前名為克盧日。羅馬尼亞西北部城市，克盧日郡首府，是羅馬尼亞學術、文化和工業中心，也曾是外西凡尼亞首府。

37 Cannan，原意為「低」，指沿海低地，古代地區名稱，大致相當於今日以色列西岸和迦薩，加上臨近的黎巴嫩和敘利亞的臨海部分。是《聖經》中上帝賜給亞伯拉罕的地方，也就是基督徒說的應許之地。此處只是以此名比喻經過之地的豐饒。

38 作者註：Kolozsvár這個羅馬尼亞名字，最近藉由與古老名稱的Napoca（納波卡）連字而加長了，這就是達基亞人風格化自己家園的模式。Kolozsvár的「zs」相當於法語的「j」。

腳板和引擎罩上又哭又求，一雙雙如褐色捲鬚般的手臂糾纏著我們，我們只能藉著把硬幣像五彩紙屑一樣扔到他們頭外，才得以脫身。一秒鐘內啟程，車子滑下坡，穿過橋樑，進入了老城區。

～

我們的行程是個祕密。這城鎮並不像宴會、劇場和歌劇爆滿的冬季時那樣地危機四伏，但我們本就不該出現，至少安葛拉不該。這種偷偷摸摸的氣氛讓伊斯特萬非常陶醉，我們也是如此；這為我們的旅程帶來了刺激和喜歌劇般的氛圍，所以我們把顯眼的馬車留在住處外面，就像攔路的盜賊一樣在城鎮四周遛達。伊斯特萬領頭，擔心會碰到熟人那樣地窺探角落；也會很有把握地突然低聲說：「向後轉！」然後領著我們進入一家五金行和顏料店，背對門口，彎身專心的選著捕鼠器，直到危險過去。要躲的是他在維也納念書時認識的人。老城區裡到處是聯建住宅和宮殿，此刻大部分都空著，因為主人全都為了收成出門去了。多虧了這一點，伊斯特萬已經打過電話，向他們其中一位借了一套氣派的拱頂房間，距離馬加什一世出生的房子不遠。

這裡有很多他統治過的證據。在偉大的市場廣場上，一座壯觀的騎馬雕像展示著身穿盔甲的國王，其下環繞著騎士和指揮官們，一大堆新月形和馬尾狀的橫幅如戰利品般堆積在他的雙腳下。底座上只雕刻著「Mathias Rex」（馬加什國王），架設雕像時並不需要標示他是匈牙利人，羅馬尼亞人和匈牙利人同樣都能感受身為親戚的驕傲，雙方同感適切。跟此地相關的大多數名字都直接出自約卡伊[39]的小說，我們快速看過華麗的班菲宮殿中的巴洛克式拱廊、藏書和珍寶。我想知道自己關於李斯特就是在那裡舉辦獨奏會的記憶正不正確？我認為《唐・喬望尼》（*Don Giovanni*）[40]是先在這三名之城以匈牙利語演唱的，甚至早於布達佩斯。我們在人人剛好自晚禱中走出來時，進入了從城堡望過去相當宏偉的哥德式建築，即偉大的聖彌額爾天主教堂。在只有細長的蠟燭閃爍的昏暗室內，看起來更加廣闊，且極度壯麗；中殿群聚的窗間壁往上飆升，視線毫無阻礙、一路向上的柱頭，然後傾斜相互結合，形成桃尖拱，並在蕨狀枝肋網絡和穹窿的拱頂及陰影中消失了蹤影。

主要廣場盡頭一家名叫「紐約」、一到冬天便是絕妙聚會地點的酒店，彷如磁鐵般吸引住我的同伴。伊斯特萬說那裡的酒保發明了一款驚人的雞尾酒，唯有慕尼黑的四季酒吧稱為「飛行」的那款雞尾酒才能超越，錯過了簡直是種罪。他偷偷溜進去，隨即從幾級的台階上揮手解除警報。我們窩在一個戰略角落，惡魔酒保則瘋狂搖著他的調酒器。酒吧裡沒有其他

39 全名Mór Jókai（一八二五～一九〇四年），十九世紀匈牙利最重要的小說家。是個多產作家，早年作品流露出法國浪漫主義的影響，但是一些成熟的小說卻更反映出現實和個人經歷。《一個匈牙利富豪》和《金人》是處理當代匈牙利題材的兩部最主要的小說。

40 或譯作《唐璜》，由莫札特譜曲、洛倫佐・達・彭特作詞的義大利語歌劇，於一七八七年十月二十九日的布拉格城邦劇院首演，由莫札特本人指揮。

人；天色越來越晚，來自《蝙蝠》（*Die Fledermaus*）[41]的隱約華爾滋樂曲聲暗示著人人都在餐廳裡。我們忐忑不安又暗自竊喜地在攝政時期新羅馬風格的乳白、深血紅和鍍金裝潢之間啜飲著酒：壁柱間的裝飾是科林斯風的柱頭，散布著莨苕葉板和獎盃、狩獵號角、七弦豎琴和小提琴。我們啜著酒時，聊天的內容是祕密且經過偽裝的。「也許我應該假裝牙痛，」安葛拉在喝了第二杯雞尾酒後說，並用新買的頭巾包裹住她的頭，變成一條掩藏的繃帶，「或者，」她把頭巾拉過她的眼下蓋住了臉，「戴上伊斯蘭教婦女的面紗，還是乾脆把整個臉覆蓋住。」她把整個頭用頭巾包起來，還在頂上綁個蝴蝶結，就像聖誕布丁一樣。酒保冷靜地放下第三輪酒杯，然後就在安葛拉重新露臉的同時消失了。她搖了搖頭鬆開髮絲，接著就像施了魔法一樣找到那裡的飲料。我建議像珀修斯[42]戴黑暗頭盔。但伊斯特萬認為《齊格菲》（*Siegfried*）的魔術頭盔「塔爾奈姆」[43]會更好，那麼她不僅可以變成隱形，還可以變成別人。卡羅爾國王、葛麗泰．嘉寶[44]、霍爾蒂將軍[45]、墨索里尼[46]和格魯喬．馬克思[47]紛紛提及，接下來是威爾斯親王、傑克．登普西[48]、瑪麗王后和查爾斯．卓別林[49]；或許勞萊與哈台[50]也可以，兩者她必須選其一；但她堅持兩個都要。

接下來是眼中看著重影的閒聊；酒精開始起作用了。我們離開酒吧，小心翼翼又適切隱祕地走在空曠中，然後撲進一輛冬天時會充作雪橇的有頂四輪馬車裡，蹄聲噠噠地來到了城

41　由奧地利作曲家小約翰．史特勞斯譜曲的輕歌劇，德文腳本由卡爾．哈夫納與理察．熱內所作。

42 Perseus，珀修斯是希臘神話中宙斯和達那厄的兒子。此指他在前往取滿頭是蛇、只要被她看上一眼就會化成石頭的美杜莎的頭時，獲得眾神所送的護身物之一：隱身頭盔。

43 Siegfried's Tarnhelm，此指華格納《尼布龍根的指環》系列歌劇第三部《齊格菲》中的魔術頭盔，乃尼布龍根族的侏儒米梅根據他弟弟亞伯里奇的要求所製作的。

44 Greta Garbo（一九〇五～一九九〇年），瑞典國寶級電影女演員。

45 全名Horthy Miklós（一八六八～一九五七年），匈牙利的軍人與政治人物，一九二〇至一九四四年擔任攝政，掌握軍政實權。

46 全名Benito Amilcare Andrea Mussolini（一八八三～一九四五年），義大利記者和政治人物，曾任義大利王國第四十任總理，同時也是法西斯主義的創始人。他於一九二五至一九四三年間在義大利實施獨裁統治，一九三八年在政權之外，又獲得了義大利最高軍銜「最高帝國元帥」，一九四三年失勢下台，被義大利新政府拘捕，但之後被德國派出的特種部隊救出，改任德國的傀儡國義大利社會共和國的政府總理。。

47 全藝名為Julius Henry "Groucho" Marx（一八九〇～一九七七年），美國的喜劇演員與電影明星，以機智問答及比喻聞名。

48 全稱謂為William Harrison "Jack" Dempsey（一八九五～一九八三年），外號「黑小子」等，美國的職業拳擊手，是一九二〇年代的一個文化標誌，在世界重量級錦標賽中屢獲佳績。

49 全稱謂為Sir Charles Spencer "Charlie" Chaplin（一八八九～一九七七年），英國喜劇演員及反戰人士，後來也成為一名非常出色的導演。卓別林在好萊塢電影的早期和中期尤為成功活躍。他奠定了現代喜劇電影的基礎，與哈羅德·勞埃德和巴斯特·基頓並稱為「世界三大喜劇演員」，戴著圓頂硬禮帽和禮服的模樣幾乎成了喜劇電影的重要代表。

50 Laurel and Hardy，由瘦小的英國演員史丹·勞萊（Stan Laurel，一八九〇～一九六五年）與高大的美國演員奧利佛·哈台（Oliver Hardy，一八九二～一九五七年）組成的喜劇雙人組合，在一九二〇至四〇年代極為走紅。他們演出的喜劇電影，在美國電影的早期古典好萊塢時期占有重要地位。

外一間謹慎的吉普賽餐館，最後帶著紅辣椒、滑著步伐，激情地回到我們精美的拱形住所。

～

第二天早上當七月的陽光從半掩的百葉窗流瀉進來，在床罩上撒上條紋時，被互相分裂的教派不和諧的鐘聲喚醒，是多麼讓人振奮啊！早餐室牆壁上穿著皮毛和盤扣花飾的權貴審視著我們，雙手沉著地交扣在他們的彎刀刀柄上。我們依次看著他們，欣賞著許多飾以紋章的裝幀。在煙霧繚繞的傳令中，一名年紀很大、穿著厚毛呢氈圍裙的老侍從，從房子遙遠的一端送來咖啡和可頌麵包，並在我們塗抹麵包、浸潤麵包和喝咖啡時跟我們聊天；他說著前一晚的消息時，流瀉出長久的陰鬱：陶爾斐斯[51]已遭納粹暗殺。但是就像前一個月的六月清黨[52]消息一樣，我們的心情即便是那般灰暗，卻也沒比早餐長上多少：往西的路程似乎是那麼地漫長遙遠。其實打從二月份的紛擾[53]，亦即我在維也納看到總理領導的那場淒涼的小小遊行至今，不過只有五個月的時間。那時我甚至連克盧日、或克勞森堡、或克魯日—納波卡都沒聽說過。倒是就記憶所及，外西凡尼亞一直是個熟悉的名字，無論是就其本質還是象徵性，都是遙遠、茂盛、半神話的陌生之地；而如今身在現場，它卻好像依舊遙遠，且魅力更甚。在這樣的影響下，對於一些惡兆，我們可說是完全免疫，而圍繞著我們旅程的喜劇、冒險和喜悅的迷咒，則需要一些更激烈和更接近手邊的事物才能加以打破。

我們狂喜到極點。這樣的好心情沿著黑暗的峽谷、傾斜的樹林和陡峭的草地，整天跟隨著我們，一直到進入一座山谷，那裡柳樹和楊樹呈現出彎彎曲曲的迷濛感，再次標記著馬洛須河的蜿蜒；不久之後，城鎮和村落就會出現一種微妙的變化——不是在一直都有變化的景觀上，而是在居民身上。

在我見過的幾個外西凡尼亞城裡，有許多人說匈牙利語，同時在阿拉德的土瓦本人中，也有德國人；但在村莊和鄉村則差不多都是羅馬尼亞人。突然間，趕馬去木水槽喝水的牲畜工、田裡的農民、在樹下整理曲柄拐杖的牧羊人、往河面甩網的漁夫，全都說起了馬札爾語。我們置身塞凱伊人之間，他們是外西凡尼亞的匈牙利人，人數達五十萬以上，住在喀爾巴阡山脈東部和南部一大片飛地上。正是這種讓他們孤立於羅馬尼亞人海中的地理位置，導

51 Dollfuss，德語名為Engelbert Dollfuß（一八九二～一九三四年），奧地利政治人物，基督社會黨籍，曾任奧地利總理。一九三四年七月二十五日在維也納納粹份子的一次劫持暴動中，於總理官邸遭十名奧地利納粹黨員綁架，並遭射傷身亡。

52 June Purge，後世通稱為長刀之夜、蜂鳥行動、血洗衝鋒隊，或為德語中的「羅姆政變」，是發生於一九三四年六月三十日至七月二日的清算行動，納粹政權進行了一連串的政治處決，大多數死亡者為納粹衝鋒隊成員。起因於希特勒無法控制衝鋒隊的街頭暴力並視之為對權力的威脅，故欲除去衝鋒隊及其領導者恩斯特·羅姆，同時也想藉此安撫害怕及厭惡衝鋒隊的國防軍高層。最終成為希特勒清算其政權的政敵，特別是忠於副總理帕彭人馬的清算行動。

53 所謂奧地利的二月暴動發生在一九三四年二月十二日至十五日，乃分裂之社會主義和保守主義民兵間的內戰，在維也納最為嚴重。

致民族問題難以解決。

有人說塞凱伊人是這個省分中最古老的住民；就我們所知，羅馬尼亞人激烈地反對這一點。早期，塞凱伊人被誤認為是匈人後裔，但實際上要到很後來才知道，他們幾乎等同於馬札爾人。還有人主張在查理曼大帝從匈牙利大平原掃蕩阿瓦爾人時，其中有些可能就已經抵達這些山脈了。或者也有人猜想，他們可不可能是好戰的卡巴爾人[54]後裔？這支分裂的部族在雲集於可薩帝國期間加入了馬札爾人，並在後來成為新主人阿爾帕德大公先鋒部隊的一部分。我認為，最新的理論支持他們始自馬札爾人：當他們從比薩拉比亞向西移動時，佩切涅格人緊追在後，不知怎地，與主要部落分開了的他們必定是通過最近的隘口，直接到了現在的定居地點，而其他人則採取更為迂迴的路徑踏上了匈牙利大平原。果真如此，那麼等擴展中的馬札爾人再次向東移動到外西凡尼亞時，就發現自己的塞凱伊親族已經定居下來了。有令人信服的證據顯示，匈牙利早期的國王安置或批准了他們可以沿著喀爾巴阡邊界定居下來，作為永久的邊疆開拓者，並負起監視有沒有後繼野蠻人進軍的責任，而這最後兩種理論並沒有什麼不兼容的。無論如何，整個黑暗世紀和中世紀，他們都是東部行軍的守衛和輕騎兵，上了戰場，身為主軍的匈牙利騎兵全副盔甲、武裝上陣，他們卻堅持自己過去游牧民族敏捷的帕提亞人戰術。匈牙利人、塞凱伊人和薩克森人在匈牙利王權下基本上是自治的，許多塞凱伊人即使被授予爵位，甚至穿著麥卡辛鞋，依然用大拇指來簽名；這三個國家，或者說是他們的領導人和貴族，全體在外西凡尼亞議會都擁有其發言權[55]。

汽車通過塞凱伊人大都市的運貨馬車和牛群，而且透過耳畔的話語聲，我們明白了自己可能已經在匈牙利鄉鎮的心臟。對此地居民來說，正是仍稱為「Márosvasarhély」的特爾古—穆列什另一個忙亂的市場日。我以為自己在沒有任何提示下，就能分辨出不同的外貌特徵：某些在額頭、臉頰和下巴同時會變得模糊，也可能會變得更稜角分明來對應語言的變化；服裝也有差異，只是確實的細節已經消逸無蹤。生皮皮鞋和皮帶都很常見，還有羊毛氈頭飾和矮頂的黑色氈帽。然而，一直以來在我的旅行日記中，匈牙利和羅馬尼亞鄉下人之間主要的差別是寬裙長袍或襯衫，繫著寬版腰帶，而羅馬尼亞人會綁在褲子外面。他們都會穿著自家紡織的白色亞麻衫，不過匈牙利人襯衫的扣子總是緊緊地扣在喉嚨上；他們的褲子從腰部寬寬的往下，偶爾還會打褶，幾乎有種長裙的模樣。伊斯特萬稱呼它們為「Gatya

54 Kabar，本是可薩突厥的一個部落，九世紀時因與其他兩部落反對汗王而遭屠殺，於西元八八〇年左右逃往住在多瑙河岸的馬札爾人處，為阿爾帕德大公收容，成為馬札爾人的第八個部落，因好戰而被列為諸部落之首，同時對馬札爾人有很大的影響，教會了他們可薩語。

55 作者註：「國家」在這背景中有特殊意義：指的是可以立法的少數貴族。匈牙利農奴不在其內，並不像羅馬尼亞多數人的祖先那般具備代表性。它依賴的是階層的位置，而非「國籍」。羅馬尼亞貴族也占有一席之地，但他們總是會被吸收進匈牙利貴族，然後隨即消失。

Hosen」，這些經常會被鬆散的黑色馬褲和閃亮的及膝靴取代。但是就男人而言，差不多這裡的農民都穿著窄版的自家製白色緊身蘇格蘭呢褲，就像縫合在毛氈布上的貼身衣褲一樣。橫跨整個匈牙利平原和外西凡尼亞，婦女的服飾則一直在變化。每個村莊和山谷都有不同的顏色和風格的組合：穗帶、束腰外袍、蕾絲、緞帶、花邊、皺領、飾帶、帽子、頭巾、包頭巾、打散或捲曲的皺褶：還有一系列的細節表明著她們是訂婚、新婚、已婚、熟年單身或是寡婦。有時候，緊包在這些頭上的頭巾就像佛焰花苞和佛焰花穗的模樣；在薩克森人當中，還有些頭巾像往上堅挺的鮮紅色圓筒。有穿在襯衫外的背心、飄垂的或直挺的袖子、刺繡、垂在眉心或喉嚨的金幣、圍前圍後的圍裙，以及宛如鯨骨襯箍從臀部外凸的各色衣裙和裙子，偶爾也伴隨著多彩的俄羅斯靴子。這個村莊的精緻給予所有人群一種節慶歡樂的氛圍，尤其是匈牙利和羅馬尼亞女孩相當美麗。人口則傾向於各自為政；但如果馬札爾人、羅馬尼亞人、塞爾維亞人、斯洛伐克人、薩克森人、士瓦本人，有時再加上亞美尼亞人，在北方偶爾或許還有些盧森尼亞人[56]，他們同時重疊和混合得越多，看起來就越醒目[57]。他們的日常打扮是晚禮服的素樸版；不過到了節日就會大爆發，在婚禮上也會有迷人的展現。衣服不僅在農民的身上可以作為標記：研究羅馬尼亞和匈牙利象徵的專家，只要在這市場上注意看著過往路人——幾名士兵、一個羅西奧利上尉、一位烏爾蘇拉修女會[58]小修道院院長、一位聖文生德保祿教會[59]修女、一位貧窮修女會[60]修女、一位哈西迪猶太教拉比、一名亞美尼亞禮[61]助祭、一位東正教會修女、一位聯合東方天主教派修道院長、一個喀爾文教派牧師、一名奧

古斯丁教團[62]教士、一個本篤會[63]修士、一名方濟小兄弟會[64]修士、一位馬札爾貴族、一個帽

56 Ruthenes，斯拉夫人的一支，以盧森尼亞語為母語，大多數住在羅馬尼亞、斯洛伐克和烏克蘭等國。大部分盧森尼亞人信奉東正教。

57 作者註：那時候，匈牙利的女孩們似乎已經包攬了國際夜總會世界；我記得的每一家夜總會都充滿了匈牙利女孩。許多女孩到海外去追求她們的財富，而我記得有部十九世紀俄羅斯小說裡有個詞「Vengerka」，意思是「匈牙利女孩」，有種土氣又專業的意味。

58 Ursuline，天主教教會的宗教機構，為聖安吉拉．梅里奇於一五三五年在義大利的布雷西亞創建，目的是為了教育女孩和照顧病人及有需要的人。

59 St Vincent de Paul，天主教神父聖文生．德．保祿所創辦的宗教機構，又稱為遣使會，致力於服務窮人。

60 Poor Clare，又名嘉勒修女會，是羅馬天主教的一個女性修會，也是方濟各會的第二會，由修女阿西西的聖嘉勒和聖方濟各創立於一二一二年的棕枝主日。

61 Armenian Rite，一個獨立的東方禮中的禮拜儀式系統，主要使用此禮儀傳統的有亞美尼亞使徒教會、亞美尼亞禮天主教會及喬治亞拜占庭禮天主教徒。

62 Augustinian，又名思定會，是遵行《聖奧斯定會規》生活的男女修會的總稱。

63 全稱謂為Ordo Sancti Benedicti，天主教的一個隱修會，西元五二九年由義大利人聖本篤在義大利中部卡西諾山所創，遵循中世紀初流行於義大利和高盧的隱修活動。其規章成為西歐和北歐隱修的主要規章，象徵是十字架及耕地的犁。

64 拉丁語全名稱為Ordo Fratrum Minorum，「小兄弟」的意思是一個跟隨聖方濟阿西西教導及靈修方式的修會，是天主教托缽修會的派別之一。

上有羽毛的車夫、一個聲音尖銳的俄羅斯出租車司機、一名耍熊的吉普賽人以及他雕刻湯匙的同胞們、一個梳剪羊毛工、一個鐵匠、一名趕牲畜的工人、一個掃煙囪的人、一個樵夫或一個馬車夫，最重要的是來自十幾個村莊的女性，以及廣布山谷和高地的莊稼漢和牧羊人——便可以像十四世紀戰爭中的傳令官掃視過旗幟和鎧甲一樣，快速地揭露他們的出身。

市場上的一座大教堂旁，有名吉普賽人顧著一堆籃子。安葛拉買了一個，再提著這個籃子去商店和攤位選購，裡頭裝滿了瓶子和其他的好東西。我們用低檔開車穿過人群，離開小鎮後開了幾公里路再往上爬，直到抵達河上一處割過草的陡峭田野邊緣。開近的時候，引擎聲還驚擾到一隻蒼鷺。只見牠騰升到下方的樹上，飛越過田野。

「牠們在空中往上騰升得好快啊！」安葛拉說：「不慌不亂，就像天鵝一樣。」

「啊！」伊斯特萬說：「那是因為牠們天生有氣囊。」我們三人盯著牠們往遠方越飛越小。

我們選在一棵橡樹下野餐。山脈向北邊隆起，東部滿布峽谷和森林：伊斯特萬告訴我們，那裡到處都是熊。魯道夫王儲[65]和他的同道——也許是不屈不撓的法蘭茲．斐迪南[66]？——在那裡的幾次逗留期間就射了六十隻。當我們問伊斯特萬那兒還有沒有倖存的熊時，他說：「牠們的數量豐富。」他也曾追蹤進了一望無際的針葉樹林中。那裡也有狼，幼獸現在正值成長期。

伊斯特萬發現我們的香菸抽完了，於是擺脫他的餐後遲鈍，開車回鎮上。我和安葛拉漫遊到河邊，沐浴泡水，躺在草地上，調情嬉戲兼擁抱，看著蜻蜓在陽光下穿梭飛舞，柳枝間的光線分裂成絲，我們昏昏欲睡的睫毛則在一束束分光間裂解成光的碎片。就在車子哼哼地喘著爬上坡那當兒，我們趕快回到橡樹邊。伊斯特萬告訴我們，他遇到了一個輕騎兵老同僚，抽不了身，我們開玩笑鬧他人緣那麼好。他說他希望他也有下去洗個澡；然後喃喃地對我說道：「不過沒什麼意義，反正現在莊稼都已經收成了。」

～

我們讓一位帶著大布丁盆的老婦人搭便車。我透過伊斯特萬問她是不是塞凱伊人，她回

---

65 Crown Prince Rudolph（一八五八～一八八九年），奧匈帝國皇帝法蘭茲・約瑟夫一世的獨子。魯道夫偏好自由主義及馬札爾人，與父親的保守主義立場相反。他的政治立場以反俄及反德著名，尤其反對一八八八年上台的德皇威廉二世，批評父親自一八七九年德奧同盟後的親德路線。個人生活方面也因安排的婚姻極其不幸，後疑因精神病自殺。他的死也讓暱稱「茜茜公主」的母親陷入絕望和憂鬱症。

66 Franz Ferdinand（一八六三～一九一四年），奧匈帝國王儲。法蘭茲・約瑟夫一世之弟卡爾・路德維希大公的長子。堂兄魯道夫王儲精神病自殺後，他成為皇位繼承人。他因主張藉由兼併塞爾維亞王國，將奧匈帝國由奧地利、匈牙利組成的二元帝國擴展為由奧地利、匈牙利與南斯拉夫組成的三元帝國，於一九一四年與妻子蘇菲視察時為奧匈帝國波赫省首府塞拉耶佛的時候，遭塞爾維亞民族主義者刺殺身亡。「塞拉耶佛事件」因而成為第一次世界大戰的導火線。

說：「不是，就是個馬札爾人。」在一頂相當寬闊的草帽下，她用一方寡婦頭巾包裹著的臉，就像把斧頭似的。安葛拉問起她那麼小心擺放在膝蓋上的盆子裡裝的是什麼東西，她說：「摸摸看」，並掀起布的一角。安葛拉跪在座位上，面朝後方，把她的手滑進去，然後發出一陣輕微的驚喜叫聲。老婦人露出無牙的笑容，兩人都叫我試試看，所以我照做了。一開始先發現一大團蓬鬆、溫暖且會移動的身體，待布取下時，變成可見物。原來盆子裡裝滿了新孵出來的小鴨子，她離開的時候，提議說要給我們幾隻以感謝我們的便車之舉，但是很快又衝回室內，帶著三杯李子白蘭地[67]回來，用以替代。

夜色漸深。我們離開河畔往南走，改沿另一條河——是柯凱爾河嗎？[68]——朝上游走的道路狀況惡劣，再次往南，通過牧場和滿是殘梗的田野，在黯淡的陽光和陰影中，拾穗者彎腰撿拾著。這是一處如塞繆爾・帕爾默[69]畫中的太平洋土地，上面有著山丘、森林和穀束圖樣的田地；金字塔般的乾草堆往山下投下了長矛般的陰影；牛隻和羊群籠罩在回家途中的灰塵裡。景觀和村莊再度有一點不同，卻很難說出是哪裡不一樣。瓷磚取代了茅草；側面有間山形屋頂的農舍廂房，圍成了一個寬闊的庭埕，通往裡頭的入口處有著扁平的拱門，高度足以讓滿載的雙輪貨車進來。秩序和整齊占了上風。

在北部和東部的山脈之外，雲層一直讓人不安地自我排列著，起初是靜止的絨毛狀，然後隨著夏天的閃電顫動了起來。閃電在成堆的蒸汽之間跳著舞，將它們變成了藍綠色、銀色和淡紫色，同時在一陣顫抖中，飛快地秒變成或透明或球狀或像舞台上的薄翼：如鎂一樣的戲劇化效果，宛如山丘間有個具備藝術氛圍的小丑還是丑角在自由揮灑著。這一連串不安定的場景變化隨著夜幕降下而展開；然後這次旅程的第八個滿月上升，讓天空變幻無常，直到一輪明月當空，正前方但見陡峭的屋頂、尖鐵欄杆、樹梢和城垛上令人望之暈眩的三角形懸崖，全部如同插圖鮮明豐富的詩篇歌集中的城堡般浮升上來。

「看！」伊斯特萬和安葛拉喊道，「錫吉什瓦拉[70]！」若是羅馬尼亞人可能會這樣喊說：「Sighişoara!」但這座山頂祭壇建造者的後代應該會說：「Schässburg!」

～

如同西方稱為外西凡尼亞一樣，這個省的馬札爾語和羅馬尼亞語的名字「Erdély」和「Ardeal」都與森林有關。但是德語名稱叫「Siebenburgen」（意思是七座堡壘），這個詞召喚來七座堡壘，每座都有三個名字；對於強加完整的二十一個名字，我可是完全避之唯恐不及。

67 原文作szilvotium，但正確的拼法應該是slivovitz，是匈牙利最常見的水果白蘭地帕林卡（pálinka）其中的一種。

68 作者註：是特爾瓦納河（Târnava）？還是庫庫洛河（Kukullo）？地圖上似乎是這麼寫的。

69 Samuel Palmer（一八〇〇～一八八一年），英國風景畫家、蝕刻畫家和版畫家，也是多產的作家，為英國浪漫主義重要人物之一。

70 Segesvár，羅馬尼亞語拼為Sighişoara，德語拼為Schäßburg（Schässburg），是羅馬尼亞穆列什郡城市。一九九九年，錫吉什瓦拉老城入選聯合國教科文組織世界遺產名錄。

這就是此地的故事。當匈牙利早期的國王們，尤其是十二世紀的蓋薩二世[71]——根據匈牙利編年史所載——發現了這個地區荒廢，便召來了萊茵河中下游「薩克森」殖民地的人群、一些來自法蘭德斯[72]的人，以及其他據說是來自莫澤[73]的人，甚至還有一些瓦隆人[74]。他們經常如在此地這般的，在古代達基亞遺址上耕種土地、建造城鎮；這些都是爭端中的「Burgen」（城鎮），隨著時間的增長，星布的農場和村莊，跟塞凱伊人、匈牙利人和羅馬尼亞人地區漸漸互相吻合。一個世紀之後，因為受到庫曼人向西掃蕩的威脅，安德烈二世[75]召喚了來自聖地的條頓騎士團[76]的十字軍教團；他授予他們喀琅施塔特[77]周遭的一大片鄉村土地；不過在騎士團力求使其獨立並將它獻給教宗時，安德烈二世便將他們趕了出去。他們向北移動，沿著維斯杜拉河[78]定居，並建立了一個好戰的國家，即後來的東普魯士；而且很快又在馬祖里亞湖區[79]開戰，並在波羅的海的浮冰之間蹂躪著立陶宛人。

與此同時，他們當中比較和平的「薩克森人」先驅者即刻蓬勃發展。在這裡，他們仍有二十多萬人，很快便成為外西凡尼亞最先進的社群，在圍牆內的農舍周圍耕種土地，多元化工藝帶來了繁榮。哥德式教堂興起，尖頂高升，在磐石中挖出地窖，周圍再設置城垛。他們口說的方言與他們的西方同胞略有不同，但並不會比區域性方言間的差異更大；後來，宗教改革在喀爾巴阡山脈找到出路時，部落團結的感覺促使他們採用路德派教義。（這也是對於蘇西尼派的一種反動，這教派已經開始影響匈牙利的喀爾文教派。）這些定居點，相當程度地遵循了德國城鎮和村莊在西方世界的演變軌跡：同樣的公民和工匠的生活方式盛行了起來，跟馬札爾暴衝和浮誇的風格迥然不同，也不同於塞凱伊人自給自足的固執，和羅馬尼亞人悶著頭如牧人般的勤奮苦幹。看起來與居民的清醒和實質一致的，是教區巴洛克風格的建築興起，堅實且時而燦爛；神學家和老師跟著出現；而我很想知道我（在後來的拜訪中）將他們與當初定居美國大陸的清教徒相比是否正確？無論如何，我在這些騎樓商場和市場上遇到的藍色眼睛、亞麻色頭髮和條頓人口音，也可說是屬於千里之外的西方。沒有人曾將他們

71 Géza II（一一三〇～一一六二年），阿帕德王朝匈牙利及克羅埃西亞國王。他是匈牙利歷史上最有權力的君主之一，曾多次成功介入鄰國的內政。

72 Flanders，比利時西部的一個地區，人口主要是弗拉芒人，說荷蘭語。傳統意義上的「法蘭德斯」亦包括法國北部和荷蘭南部的一部分。

73 Mosel，指德國西南部萊茵蘭—普法茲邦與薩爾邦境內的莫澤河谷，以及莫澤河支流薩爾河與烏沃河的河谷地區。

74 Walloons，主要分布於比利時南部瓦隆大區。居於比利時南部的瓦隆人多說法語，但在私領域仍說瓦隆語，與北方說荷蘭語和弗拉芒語的弗拉芒人相對。由於地理位置和歷史因素，瓦隆人在文化與社會上受法國影響深遠。

75 Andrew II（約一一七五～一二三五年），匈牙利阿帕德王朝國王。在安德烈二世執政時期，匈牙利王權日益衰弱。

76 Teutonic Knights，又稱德意志騎士團。與聖殿騎士團、醫院騎士團並稱為三大騎士團，自第三次十字軍東征時開始崛起。

77 Kronstadt，即現在的布拉索夫，位於羅馬尼亞中部、外西凡尼亞南部，是布拉索夫郡首府。

78 英文為Vistula，若以其所在地波蘭語發音，則為維斯瓦河，是波蘭境內最長的河流。

79 Masurian lakes，位於波蘭東北部地區，以多達兩千個以上的湖泊而著稱，史上曾是東普魯士的一部分。

與之後在重新被征服的匈牙利定居的日耳曼族群，例如阿拉德的士瓦本人混為一談。他們本身和他們的城鎮及村莊、他們的技能和語言，在過去八個世紀的騷動中受到的傷害這麼少，似乎是種奇蹟。他們被稱為「外西凡尼亞薩克森人」，方言叫「撒森」。沒有人知道為什麼，因為他們與薩克森[80]沒有任何關係。那有沒有可能是在中世紀某個時期，「日耳曼」的區域性鬆散用詞；也許是在薩克森皇帝的時代：捕鳥者亨利[81]、鄂圖曼諸皇帝們[82]，還是聖亨利[83]？或者是後來，在獅心王理查[84]的姊夫猛獅亨利[85]治下的時代？

打從孩提時代聽人大聲朗讀《漢姆林的吹笛手》（*Pied Piper of Hamelin*）[86]，我就一直都知道這個地區的名字，描述漢姆林的孩子們如何被扔進一座山間的裂隙，然後在喀爾巴阡山脈重見天日：

外西凡尼亞有個部落
由於異國方式和服裝
被歸為外來異族，
對此左鄰右舍強調
他們的父輩和母輩
是以前遭誘捕進去者當中
一些從地下監獄脫身的

80 Saxony，現在的薩克森是指盧薩蒂亞南部、厄爾士山脈和易北河中游上部地方。它與薩克森人原本居住的北德地區並不一致。一二四七至一四八五年，薩克森的歷史與圖林根的部分歷史是相融合的。

81 Henry the Fowler（約八七六～九三六年），東法蘭克國王和薩克森王朝創立者。原為薩克森公爵，相傳他得知自己被選為公爵時正在捕鳥，故獲得「捕鳥者」的外號。他和匈牙利之間較有名的事蹟，可能是西元九三三年在圖林根的里阿德附近擊敗了匈牙利人，打破了匈牙利人不可戰勝的神話，並暫時阻止他們對德意志的侵襲。

82 The Ottos，指神聖羅馬帝國皇帝鄂圖一世、鄂圖二世和鄂圖三世，他們都出身薩克森王朝。

83 Henry the Saint（九七二～一〇二四年），也稱亨利二世，東法蘭克王國最後一任國王，鄂圖三世繼位者。因為他沒有子嗣，所以薩克森王朝就此消失。因在一一四六年封聖，所以稱為聖亨利。

84 全稱謂為Richard Coeur de Lion（一一五七～一一九九年），中世紀英格蘭王國的國王，因驍勇善戰而有「獅心王」稱號。身為天主教教徒的他曾加入教廷發起的十字軍聖戰，為第三次十字軍遠征的將領，於阿蘇夫會戰中擊敗穆斯林軍隊。

85 Henry the Lion（一一二九～一一九五年），德意志諸侯和統帥。他的封號包括薩克森公爵（稱亨利三世）、巴伐利亞公爵（稱亨利十二世）。猛獅亨利是霍亨斯陶芬王朝時期最有名的政治人物之一，娶了獅心王理查的姊姊瑪爾蒂達。又與神聖羅馬帝國皇帝腓特烈一世的戲劇性衝突著稱於世。

86 源自德國的民間故事，最有名的版本收錄在格林兄弟的《德國傳說》中。故事發生在一二八四年，敘述德國有個村落名叫漢姆林，鼠滿為患。某天來了個自稱捕鼠能手的外地人，並為村民除去鼠患，但村民違反諾言不付酬勞，於是數週後，吹笛人回來吹起笛子，誘走所有孩子，結局則有多種版本。有說村民最後給了吹笛人應得的酬勞，甚至給得更多，他才把被困的孩子放出來。另有版本說兩個一啞一瞎的孩子最終回來了，可是其他孩子被帶到哪裡去卻始終無從知曉。據信故事源於一件真實的歷史事件，但究竟是哪個事件則眾說紛紜。有人認為那些孩子代表了當時到東歐殖民的年輕人，也有人認為那些孩童代表了一二一二年的兒童十字軍。譯註：兒童十字軍，即十字軍中以少年和兒童為主的民間十字軍，指的是發生在一二一二年第四次十字軍東征後的一系列歷史事件或虛構傳說。

很久以前，一大群人，
來自布倫瑞克省漢姆林鎮，
但過來的方式和原因無人知曉。

他們從阿馬什洞穴[87]另一端出現的那個裂縫，依舊立有標示標註出來。這是一座大蝙蝠洞穴，直線距離錫吉什瓦拉正東約四十里格[88]。故事將孩子們定義為布倫瑞克人[89]，就明確指他們為薩克森人了[90]。

這裡要遇上安葛拉和伊斯特萬熟人的危險可能性甚低，所以我們得以悠閒漫步，而不是在城堡高聳的街道上閃閃躲躲。我們向下凝視著月光下的風景，也往上望著金屬和木瓦尖塔頂，並看著一座拱門上的老鐘指針，突然，拱門上冒出個不甚穩固的小雕像，準點報時。這個城鎮閃耀著月光，但在遙遠的明亮山脈之外，東方的天空仍因夏日的閃電而不太穩定。我們投宿在一家有山牆和大格窗的旅館，正方形的大格窗高聳上屋頂，可俯瞰城牆的三角環帶，我們還在接待室一張沉重的橡木桌上用餐。裝著涼爽在地葡萄酒的酒杯，和著當天下午捕獲的鱒魚入喉，加上所見所聞——那些聲音、酒杯、石杯和幾世紀來擦得發亮的家具，都讓此地更接近萊茵河或內卡河的「Weinstube」（德式小酒館）。伊斯特萬離席之後，安葛拉和我手牽手坐在煙霧瀰漫的大房間裡，深切地意識到這是我們旅程中的最後一夜。某些時刻，時間要比鑽石更加珍貴。樓上的山牆窗戶俯瞰著一片偉大的非現實場景。月亮勝過了東方和北方的無聲煙火，所有的空間彷彿都重置刷新。我們靠在門檻上，當安葛拉轉過頭來，她的臉有一會兒被光線所瓜分，一半是月亮銀光，另外一半則捕捉到室內的金色燈光。

～

「裴多菲就是在那邊田野的某處遭到殺害的。」伊斯特萬說。沙皇尼古拉一世[91]曾經派遣一支軍隊協助時年十八的法蘭茲—約瑟夫[92]，當時匈牙利人在科蘇特發起的革命中崛起，

---

87 Almasch cave，位於羅馬尼亞西部阿拉德郡，是外西凡尼亞歷史上的區域。

88 約兩百二十公里。

89 Brunswickers，布倫瑞克是德國下薩克森州東部的城市，曾是猛獅亨利的首府。

90 作者註：一位出身喀琅斯塔特—布拉索夫—布拉索的朋友告訴我，當地並沒有花衣魔笛手的傳說。布朗寧可能從格林兄弟那裡得到靈感，而格林兄弟又可能是從德國一些創新的外西凡尼亞薩克森人研究中取材了這個故事。他們喜歡編排關於自己遙遠家鄉的誇大故事：波昂、耶拿和海德堡，聽起來一定就像韃靼那樣的野蠻和遙不可及。也許原本的西方傳說跟兒童十字軍混為一談。從德國出發的兩支特遣隊以及從旺多姆出發的主軍全都遭到殲滅，或被販賣而成為奴隸。漢姆林本身則處處都會讓人想到花衣魔笛手。

91 Tsar Nicholas I（一七九六～一八五五年），俄羅斯帝國皇帝。內政上最大的改革是讓農奴擁有從事商業，以及從一個地主的屬地遷徙到另一個地主屬地的自由。外交上保護了巴爾幹地區的東正教人口不受鄂圖曼入侵，也讓英國、法國因恐懼他治下的俄羅斯帝國而發動了克里米亞戰爭。

92 全稱謂為Franz-Josef I（一八三〇～一九一六年），十八歲即位成為法蘭茲—約瑟夫一世，奧地利皇帝兼匈牙利國

幾乎就快要打贏一場獨立戰爭。衝突轉移到了外西凡尼亞。錫吉什瓦拉是最後的戰役之一。

裴多菲崇拜莎士比亞和拜倫，是個有魅力、滿懷激情的波西米亞人，也有許多人認為他是匈牙利最偉大的詩人。在他全心全意、英勇無畏地投入整場戰爭的戰鬥之後，於二十六歲的英年戰敗。

但是在羅馬尼亞紀事上，錫吉什瓦拉在十五世紀中葉因為一個奇特又令人困惑的人物而脫穎而出；除卻一個小缺點，他也算是歷史上的英雄了。瓦拉幾亞的弗拉德三世[93]從偉大的巴薩拉布王朝興起，是黑人拉德[94]的曾孫，戰士王子老米爾恰[95]的孫子，龍公弗拉德[96]——之所以會有這個稱呼，是因為一般咸認，由於西吉斯蒙德皇帝這位他的領主、盟友和敵人，親手在他的脖子上掛上龍的勳章——的兒子。由於弗拉德三世在男孩時期便當了蘇丹的人質，後來登上瓦拉幾亞王位，便拿出精力和技巧來跟土耳其人戰鬥。君士坦丁堡的征服者蘇丹穆罕默德二世發動的懲罰，便是因應他的成功而來，不過這支懲罰性軍隊的前進突然因一個難以言喻的可怕場景而停下來：寬闊的谷地裡，滿滿盡是成千上萬、死於前一年的土耳其人和保加利亞人的屍體，被穿刺在一片成林長釘上的他們，遺體在半空中腐爛，蘇丹的將軍被隆重地包裹在所有長釘的最高點。蘇丹，我們從貝利尼[97]的畫和皮薩內洛[98]的雕刻中所認識的他那鷹般的特徵和雪白球狀頭巾，已經像獵鷹般在血泊中高高舉起：他在恐懼中退縮——也有人說他以尊嚴面對諸侯背叛的無情——忍不住對此場景爆出熱淚。弗拉德終身的怪癖就是穿刺。許多當代的木刻畫顯示，這位王子在喀爾巴阡山脈峽谷中所擺的筵席中，那些串在樹林裡的敵人，就像他肉品庫中的伯勞鳥一樣。

王，即奧匈帝國締造者和第一位皇帝。在他長達六十八年的統治中，獲得大多數國民的敬愛，因此晚年被尊稱為帝國的「國父」。

93 羅馬尼亞語的全稱謂為Vlad al III-lea Țepeș of Wallachia, the Impaler（一四三一～一四七六年），三度擔任瓦拉幾亞大公。因「Tepes」（采佩什）在羅馬尼亞語中的意思是穿刺，因此被人稱作「穿刺公」，也是著名的吸血鬼傳說「德古拉伯爵」的原型人物。在二度統治瓦拉幾亞時，羅馬尼亞、匈牙利等國受到鄂圖曼帝國壓迫，幾乎被吞併。弗拉德三世帶兵打仗，勇猛無敵，是守衛羅馬尼亞的英雄。但是他本人和外西凡尼亞以及摩爾多瓦的關係複雜，在瓦拉幾亞向以執法嚴峻著稱。他不光對鄂圖曼帝國的土耳其俘虜，就連對自己國家的貴族、百姓也常常使用穿刺之刑，這也是「穿刺公」名號的由來。

94 Radu the Black，一二六九年生，卒年不詳，傳說中的瓦拉幾亞君主，瓦拉幾亞人相信他是瓦拉幾亞的開國者。

95 Mircea the Old，生年不詳，卒於一四八九年。瓦拉幾亞大公，統治瓦拉幾亞三十二年，被形容為「最英勇與最有能力的基督教王子」。「老米爾恰」這外號的由來是自一三八六年至死亡之前，他都是瓦拉幾亞王子。逝世後，史稱「老」，以區分他與孫子米爾恰二世（又稱小米爾恰）。自十九世紀起，羅馬尼亞的史學家也稱他為「米爾恰大帝」。

96 全稱謂為Vlad II the Dragon，生年不詳，卒於一四七六年，三度擔任瓦拉幾亞大公。被人稱作「龍公」。

97 全名Giovanni Bellini（一四三〇～一五一六年），文藝復興時期歐洲藝術家。新穎的筆法和神韻的氣質是後期畫作的特色。

98 Pisanello，藝術專業名稱為Antonio di Puccio Pisano或Antonio di Puccio da Cereto（一三九五～一四五五年），義大利文藝復興早期最傑出的畫家之一。

在羅馬尼亞，他一直被稱為穿刺公弗拉德，是個「穿刺者」；但對外國人來說，想到他的父親龍公弗拉德，他就是「龍的兒子」。（羅馬尼亞語的「Dracul」〔龍〕是「Dracu」，最後的「l」是「the」。因此，外界所說的「Drakola」、「Drakule」、以及類似的詞彙，都不曾出自羅馬尼亞人之口，而是可能根據「Draculea」〔龍子〕所形成的一個並不正確的名詞。）

這是一個奇特又凶猛的三音節，加上一種隱約的嗜血氛圍，帶給伯蘭·斯托克[99]吸血鬼「德古拉伯爵」的靈感，身穿燕尾服，還戴著白色領帶，飛越過夜晚，將他的獠牙埋在受害者的喉嚨裡；近幾十年來人氣超過它的，可能只有《泰山》電影。外西凡尼亞是城堡、森林、伯爵和吸血鬼的地區，有些人對當地歷史的困惑已經讓自己陷入小說的在地色彩糾結中，（對我而言）魅力一直無窮無盡。人們其實應該把這兩個人物之間的混淆搞得更清楚一點，而在對遊覽車裡的旅客指出「德古拉的城堡」時，我也懷疑出現在他們心目中的，並非戴著羽毛頭飾的王子這號歷史人物——目空一切的眼光、大把的鬍子、熊毛皮、扣子和星形勳章、長長的頭髮和鎚矛，還有一排排的尖端木樁——而是頭戴歌劇帽、身披緞面斗篷、門牙看起來很奇怪的瀟灑伯爵；同一個人也可以廣告刮鬍後乳液、教探戈，或者把一個盒裝女子鋸成兩半。

回到Sighişoara（羅馬尼亞語的錫吉什瓦拉）！回到Segesvár（匈牙利語的錫吉什瓦拉）！最重要的，眼前是回到Schässburg（德語的錫吉什瓦拉）！

許多年以後，爬著通往仰光大金寺[100]第一個平台那不可思議的隱蔽階梯時，我在中途停下來，試圖回憶這陡峭往上爬的時刻所引發的回想；於是，一瞬間我就回到了幾十年前，在外西凡尼亞一處陡峭的木製屋頂、屋樑和木瓦下，爬上一座狂風吹襲的樓梯。薩克森階梯讓我們往上來到城鎮綠草如茵的頂峰，空中的城垛包含了傾斜的墓碑、高大的樹木和一座古老的哥德風教堂。像穀倉倉頂一樣陡峭的屋頂，自斑駁的牆壁向上拔起，所有的半圓形階梯都因地衣而變了色，室內通風的空間則朝上形成一面中世紀的拱頂網。尖頂拱門再度出現，也看到了尖頭窗、三葉紋和尖角，在聖壇中，四分之三的壁畫痕跡已然剝落，那或許是耶穌受難圖或耶穌變容吧：確切的記憶也已經遺漏不見。有紋章的墓碑隨意地堆放在鐘樓之下，管風琴必定已經壞掉了，因為有人在樓廊裡用簧風琴發出咕咕嚕嚕、呼哧呼哧的樂聲。多瑙河畫派[101]的祭壇裝飾品也已晦暗無光。「粗糙石頭的奇妙混合品，」我的日記上寫著：「褪色的

---

99 全名Abraham “Bram” Stoker（一八四七～一九一二年），愛爾蘭作家，以一八九七年的小說《吸血鬼德古拉》聞名於世。

100 位於緬甸仰光的佛塔，是緬甸人一生必定要朝聖一次的地方。佛塔高達九十八公尺，表面鋪了一層黃金，位於皇家園林西邊的聖山西固塔拉山之上。它是緬甸最神聖的佛塔，供奉了四位佛陀的遺物，包括拘留孫佛的杖、正等覺金寂佛的淨水器、迦葉佛的袍及釋迦牟尼佛的八根頭髮。

101 Danube School，十六世紀前三分之一時期，巴伐利亞州和奧地利（主要是多瑙河谷）的一群畫家，其中有許多也是創新版畫家，通常是蝕刻畫。

磚和膠泥、扇形出入口、加上歲月積累，全都是一流，全都是原封不動、發霉感覺的寶藏。」起初我以為這是一個天主教教堂，但沒有聖殿燈和耶穌受難圖卻顯然另有所指。所以這是路德會，比起喀爾文教派和一位論派的教堂內部來說，也比較沒有那樣的質樸和簡約。還有其他的提示。相對於椅子，取而代之的靠背長凳似乎是宗教改革的一個顯著標誌。

我們坐在其中一排靠背長椅上，安葛拉無所事事地從椅背架上挑了一本祈禱書，隨意打開。「喔，你看！」折起來的頁面打開來，只見一片葉脈標記著一段文字，褪色的黑色字母寫著是為「unser wohlbeliebter Kaiser Franz-Josef」（我們最愛的皇帝法蘭茲—約瑟夫）禱告的代禱詞。不過上面隻字未提他美麗的伊麗莎白皇后。她那時必定已經在日內瓦的登船碼頭遭到了暗殺[102]；也沒有提到他們的兒子魯道夫王儲，在射殺了我們此刻得以透過鑽石窗格遠眺的山脈間所有的熊之後，他在梅耶林為自己保留了最後一槍[103]。上面沒有日期，只有以褪色墨水所寫的書主人的名字。我們後來揣想著，有沒有可能這本祈禱書是在他的下一位繼承者，也就是匈牙利人憎恨的法蘭茲．斐迪南大公在塞拉耶佛被殺後才出版的呢？（上面標誌著一八九八、一八八九和一九一四[104]這幾個不祥的日期。）就我所能記得的，我也想不起來我們有沒有找到法蘭茲—約瑟夫的繼任者，也就是末代皇帝卡爾一世的名字。但以此來看，祈禱書的結束日期可能是在一九一六年皇帝寂寞死亡之前，當時安魂彌撒曲、敬禮和宣告的鐘聲，必定已經淹沒在六個前線戰場的非禮儀槍聲中：兩年後的保留條款，把凱撒的王權、匈牙利的使徒冠冕，以及波西米亞和克羅埃西亞的權杖和皇冠——實際上是一整個帝國——

都帶進了倒塌的廢墟中。「可憐的老人！」安葛拉說，一邊把祈禱書放回椅背架上。

在外面的墓碑之外，三面城牆中的最高處環繞著下坡，在凸出的塔樓之間以城垛間隔著，其中有些城垛中塞著鸛鳥的巢。懸垂的接骨木花在雉堞上綻放，我們往下凝視，看著褐雨燕在石造建築的洞裡飛進飛出。在雜樹林的起伏綠意與墓園間的教堂西邊門外，有一片鋪上草坪的平坦空地，墓園中有織工、啤酒釀造師、葡萄酒釀造師、木匠、商人和牧師的名字，其中一些名字的結尾，就像十六世紀的人文主義者一樣，都是拉丁語的「us」，全都以已經過時不用的德語拼寫，雕刻在數代的墓碑和方尖碑上。在疾奔的雲彩之下，懸浮在丘陵、田野和彎曲的河床之間，維修和腐朽，正在世上其中一個最令人蠱惑的教堂墓地上抗衡著。

風琴手下來看看我們是誰。他指出底部一座堅固的塔。「你們看到那個了嗎？」他邊說

102　一八九八年九月十日在瑞士日內瓦，六十歲的皇后與隨行的薩塔瑞伯爵夫人沿著日內瓦湖邊的勃朗峰濱湖路步行，準備登上日內瓦號輪船前往蒙特勒，卻被年輕的義大利無政府主義者盧伊季．盧切尼以一把磨尖的銼刀刺傷心臟。遭到襲擊後，她還不知道自己受傷的嚴重程度，繼續登船，直到除去緊身衣，周圍人才意識到問題的嚴重性，最終因流血過多身亡。

103　魯道夫王儲在維也納西南約二十四公里的小村莊梅耶林有座獵邸。因和瑪麗．韋瑟女爵間的婚外情受到父親法蘭茲—約瑟夫一世的干涉，兩人在此舉槍自盡，而他的死，也加速了母親伊麗莎白皇后抑鬱病情的惡化。

104　一八九八年伊麗莎白皇后在日內瓦遭刺殺；一八八九年魯道夫王儲在梅耶林舉槍自盡；斐迪南大公則於一九一四年於塞拉耶佛遭到暗殺。

邊擦亮鋼框眼鏡，然後戴上。「三百年前，一支土耳其軍隊行軍到山谷，下決心洗劫了這個城鎮。這支軍隊是由一個無情的將軍阿里帕夏所指揮，*ein schrecklicher Mann*（可怕的男人）！有些錫吉什瓦拉人在塔樓裡防衛自身的安全，其中一個人用他的火繩槍瞄準帕夏，然後，轟！他就倒下來了。」他用食指畫了一圈圈拋物線說明，翻了筋斗掉下來。「他坐在大象上。」

「？」

「是的，」他的眼鏡像窗玻璃一樣閃閃發光。「一頭大象。市民掉落壓在襲擊者身上，土耳其人逃跑了，城鎮獲救。」

一陣風繞著高大的木錐體吹時，他嘴裡的話語幾乎一出口就被風聲淹沒。一陣狂衝和拍動的警告。接著，突然間，樹枝一下子暴衝飛舞，像拳擊手一樣彼此相撞，灰塵和花粉從大樹枝上如一朵扭曲的黃色雲朵般散落下來。壓扁的草旋轉並進入了水道，山谷中的每一棵白楊木從根部到樹頂都像一把馬來波紋短刃般戰慄，鬆散的乾草堆被捲成了螺旋狀。一陣大風把殼莢、穀殼、稻草、花瓣、嫩枝、去年的落葉和從墳前果醬罐內捲出的花束全吹上了斜坡，也把羽毛蓬亂的鳥兒拋上空中。雲彩轉為灰暗，豆大雨點落下，我們和風琴手在一群栗子樹下躲避傾盆大雨，旋又驟然停雨，彩虹在短暫的太陽雨之後形成又消融，我們發現自己彷彿透過一枚放大鏡，往下看著一個有山丘和草地、一條河流和遠方一列隆起山脈的世界。枝椏間充滿生氣的呱呱和嘰喳聲，空氣中飄浮著花粉、玫瑰、乾草和濕潤土地的氣息。

當我們開車往南穿過葡萄園和蛇麻草田時，高地上的雜叢林木很快就讓這頂峰消失於視線之外。這是鄉下頗整齊的一區，溫馨小巧的房子安置在河岸旁的森林裡。每當我們問起他們叫什麼名字時，村民總是給我們薩克森風的名字：沙瓦斯、特拉普多、亨多夫、尼德豪森。（專家們在這些中世紀的法蘭克尼亞[105]聚落和村莊的佈局間，找到了親緣關係，當時該地區穿越德國往西部和北部延伸遠去；似乎是外西凡尼亞薩克森方言與莫澤法蘭克語言證實了這樣的親緣關係。）這裡的住家都呈現出鄉村風格，平坦的推車步道、木瓦頂的入口、中有脊樑的四面坡屋頂，外加向著村莊街道的成排山牆。砌石相當牢固，可以持久，處處可見樸素的裝飾，但也有些不必要的巴洛克風格，算是相當大膽的嘗試。堅實的教堂筆直地蹲踞在每個村莊的心臟地帶，四邊的尖塔具有強悍和防守的外觀。我們把車子停在阿格尼塔[106]市場小鎮一座大如小型監獄的教堂附近。開著垛口的牆壁拔高隆起，然後在堞口擴展開來；在這些之上，類似矮胖柱子的排排矮柱，形成了三角尖頂廊道。

我們坐在一家客棧外的長凳上，看著我們前面的那座教堂。隔壁桌旁一名捲髮上有著刨

105 Franconia，德國的一個歷史地區，大致範圍是巴伐利亞邦北部、圖林根邦南部、以及巴登—符騰堡邦的一小部分。巴伐利亞部分是由上法蘭克尼亞、中法蘭克尼亞和下法蘭克尼亞三個行政區域所構成。

106 Agnetheln，作者用了德語拼法，羅馬尼亞語為Agnita，是羅馬尼亞中部錫比烏郡城鎮，一二八〇年便出現於史書記載。一般都認為它位於羅馬尼亞正中央。

花、粗眉上帶著鋸屑的車輪工匠顯然剛剛下工，過來喝上一杯。坐著的他，一隻胳膊環著站在他兩膝之間、頂著一頭毛絨絨髮絲的女兒，同時透過清澈的藍眼睛默默地對我們舉杯祝賀。「你們怎麼看呢？」他用德語問。

「Ein feste Burg（一座堅實的城堡）。」伊斯特萬適切地回答道，說它是一個安全的據點。

「這是必須的。」這位車輪工匠說，我好奇著理由。過了匈牙利和羅馬尼亞邊界以後，沒有一座教堂帶著這麼好鬥的外觀；不過，也沒有一座那麼舊。然而話說回來，在這些地方從來沒有發生過像三十年戰爭期間，法國、愛爾蘭、北歐和帝國之間那種規模的教派衝突。是不是這樣保護了他們免於遭受土耳其人之害？車輪工匠聳了聳肩。是的，是抗衡了土耳其人，但還是有比他們更糟的。

「誰？」

他和伊斯特萬一起回答。

「韃靼人！」

我了解，或者自以為了解：武裝教堂必定是出現於拔都大汗的韃靼猛攻之後；那些蒙古人，也就是他們，使得王國灰飛煙滅，燒毀教堂和城堡，屠殺了成千上萬的人，並俘虜了全體人民。拔都的破壞和他因為一二四一年成吉思汗後繼者[107]死亡而突然回到哈拉和林，造成了蒙古人的繼承危機。幸好他們從來沒再回來過！

「從來沒再回來過？」車輪工匠的酒杯停在送往嘴邊的半途中，然後放回了橡木桌上；

於是我明白了，聽著他和伊斯特萬所說的，和我過去三個月裡在鄉間書房裡惡補的內容，拉開了多大的差距啊！最後一次「土耳其—韃靼人」襲擊事件雖未達到他們大部分先祖的目標，可也確實發生在近代的一七八八年；而在一二四一年至一七八八年之間的廣泛時期，一直可以見到韃靼人和其他掠奪隊伍的較小型襲擊。他們大多數來自比薩拉比亞南部布耶克[108]草原的韃靼定居點。（他們一定是諾蓋人[109]或克里米亞韃靼人[110]的支部。在帖木兒[111]摧毀了金

107 指窩闊台。

108 Budjak，又稱南比薩拉比亞，指位於比薩拉比亞地區南部、黑海沿岸的多瑙河下游與聶斯特河之間的地區。現屬烏克蘭的敖德薩州。

109 Nogai，又稱為高加索蒙古人，已完全突厥化，分布在達吉斯坦共和國及烏拉河一帶，在金帳汗國分裂後，一度擁有自己的汗國，有大小諾蓋之分（即分立在此段後文所指的克里米亞和喀山兩地）。

110 Krim Tatars，原本定居於克里米亞半島的突厥民族，最早可以追溯至斯基泰人、希臘人、哥德人、東斯拉夫人、羅馬尼亞人與切爾克斯人等時期，後來威尼斯人及熱那亞人與突厥人，特別是匈牙利人、阿瓦爾人、保加爾人、可薩人、佩切涅格人及欽察人混血，最終形成克里米亞韃靼人，他們是最早宣傳泛突厥主義的民族。與伏爾加韃靼人不同，他們受到烏古斯人影響比較大，在金帳汗國時代已經被伊斯蘭化。

111 Tamerlane（一三三六～一四〇五年），突厥化的蒙古人，帖木兒汗國的創始可汗，在故鄉附近地區起事時被打傷而跛腳，因此人稱「跛子帖木兒」。也因為娶了東察合台汗國後王黑的兒火者的女兒為妻，又被稱為「駙馬帖木兒」。

帳汗國[112]之後，倖存者在成吉思汗那些到了現在可能已經比較像是突厥人、而不是蒙古人的吉日後裔領導下，在克里米亞成立了一個獨立的汗國，另一個在喀山。）這些襲擊者可能越過了摩爾達維亞，穿越喀爾巴阡山東南角的布沼隘口——當地人稱之為「韃靼人隘口」——襲擊繁榮的布增蘭[113]（這個靠近舊薩克森城鎮喀琅施塔特[114]的區域，原本是賜予條頓騎士團的采邑）。

然而，用來對抗堅定攻擊的防禦措施，並不只有巨大的教堂建築。當攻擊接近時，村民們就避走森林，把他們的馬匹和牛群趕到喀爾巴阡山脈寬闊的洞窟中。整個山脈就是一座鐘乳石的野生動物洞；他們會藏匿在那裡，直到可以安全出來，還會檢查敵人的灰燼加以確認。最後，在教堂建好一個世紀以後，他們採取了更嚴謹的步驟：強化的巨大城牆圍繞四周，至今仍然矗立著，一圈圈令人瞠目結舌的砌石內堆疊著木製棚架，得用梯子往上爬才能到，就像是一座質樸歌劇院的包廂。每一個都是不同家庭的營房，而且為了艱困時期著想，他們會把鹹肉、火腿和奶酪儲存在其中，以預防突然的圍攻。即使是在密布城堡的邊界地區，這一圈圈的防禦還是相當驚人。襲擊還留下了一些別的痕跡，只不過或許也算是普遍性的了：有人說，過往經常性的強暴暴行已經在這地區一些村民身上烙印下蒙古人的外貌。其他人則認為，這可能是庫曼人在匈牙利大平原定居和消失之前所留下來的傳家寶。

伊斯特萬看了看手錶，跳了起來。那位父親一陣低語，小女孩隨即快步衝到他工作坊後面的院子去，並且趕在我們上了車後，氣喘吁吁地靠過來，在安葛拉的膝蓋上放了一小束玫瑰和金針花。

除了我們這輛褻瀆了小徑寧靜的車以外，不見任何機械車輛。長達好幾公里路，我們只見到了牛隻和一、兩輛由當地健壯馬匹所拉的運貨馬車。另外一個有尖塔教堂的村莊也隱隱出現再往後退去，而在我們前方，巨大的喀爾巴阡山脈群峰如波浪起伏般攀升到高空。這是外西凡尼亞阿爾卑斯山[115]最高的山脈，只有高塔特拉山頂能超越它的最高峰，距離斯洛伐克和波蘭邊界的克拉科夫以南甚遠；老鷹可一路直飛西北超過四百八十公里，才需要在一處山峰轉彎。它們也被稱為弗格拉什山脈，是老編年史家稱為弗拉赫人和佩切涅格人的野生森林

112 Golden Horde，又稱欽察汗國，是蒙古四大汗國之一，建立於蒙古帝國西北部，後來成為突厥化的王國，至一三五九年前算是統一了。今日位置是哈薩克鹹海和裏海北部，占有東歐至中歐地區（至多瑙河），由拔都及其後裔統治。

113 Burzenland，羅馬尼亞外西凡尼亞東南部的歷史區域，人口中以羅馬尼亞人、德國人和匈牙利人居多。

114 作者註：羅馬尼亞語布拉索夫（Brașov）或匈牙利語布拉索（Brassó），還有最近、但不再（且最不適合這個老哥德式城市）的名稱是史達林（Stalin）。時尚改變了。

115 Transylvanian Alps，又稱南喀爾巴阡山，是東西橫貫羅馬尼亞的山脈，為外西凡尼亞與瓦拉幾亞的天然邊界，也曾是匈牙利王國和鄂圖曼土耳其帝國、羅馬尼亞王國之間的邊界。

地區；經常都封為瓦拉幾亞王子的領地；就像我們從塞凱伊國度往東北方看的山脈，其中處處都是熊和狼；而舊的同名城鎮和城堡就在其腳下。我原先預期看到的，會是一個令人膽寒的垂直要塞，但是除了裡面的城堡主樓外，結果只是一個巨大的黃土色和磚紅色長方體建築，接近四分之一平方哩，開穿的炮眼，四角凸出於稜堡。無法辨識的盾飾獎章在一扇大門上崩壞。這像是沃邦[116]的插圖，或嚴謹的戰地畫家的中景，面對一整個森林的圍攻軍帳和大砲煙霧，還有一片反向行進、舉得筆直的長矛叢而大聲呼喊，這一切全都在一匹狂亂花紋戰馬揚起的前蹄下，而騎著牠的那位身著甲冑的十七世紀隊長，頭戴羽飾軍帽、蓄著鬍鬚，顯得陰鬱沉著，軍杖就貼在臀部飾帶上。最符合此場景的，應該是著名的比坦．加布里埃塑造了防禦工事最後的規模，最著名的圍攻者則是阿罕默德．巴里貝的耶尼切里軍團[117]，對抗馬札爾人和塞凱伊人所組成絕望的五百名駐軍。雖然我無法提出佐證，但我覺得在一六六一年圍城的阿里帕夏，一定就是那位在錫吉什瓦拉騎在大象上遭難的人。

開過那些寂靜的薩克森巷弄之後，我們才轉進大路，就壓過了一枚釘子，不得不換輪胎。一旦到了Făgăraş（弗格拉什）——對伊斯特萬和安葛拉而言是Fogaras——我們便在堡壘旁的花園餐廳裡等待車子修好，安葛拉去打電話。伊斯特萬的心情有點複雜，讓行程延遲的是早晨過得太悠閒，所以延後出發，而那全都算是我和安葛拉的錯。他原本想要開車往東到韃靼隘口附近那相當重要的薩克森老鎮喀琅施塔特去參加盛宴，去看看黑教堂[118]，並在那裡過夜。但是剩下的時間太少；我們必須考慮轉往西走。打完電話回來的安葛拉一臉憂心忡忡。我們的旅程所依賴的藉口和策略，面臨了崩潰的危險；唯一的補救辦法就是當天改往西走，搭上火車；最終，安葛拉會在我們兩個都無法相伴之下前行更遠。伊斯特萬解釋了計畫的改變。鐵道有條支線穿過城鎮，但這趟旅程將涉及兩個變化和漫長的等待，而對於這停滯的守夜狀態、三人的分道揚鑣、以及這讓人掃興的結尾，我們都大為震驚。在我們說話時，一名吉普賽技工將修補好的輪胎裝在前擋泥板後的凹槽裡。伊斯特萬一見便眼睛一亮，彷彿靈感已經降臨。「我們會堅持原來的計畫，」他說：「而且還會早一點到。」安葛拉想知道我們這樣是否會削減得太過精細。「你們等著瞧，」伊斯特萬說，乾了他的酒杯。「敬馬兒！」

我們爬上車出發，伊斯特萬按下紅色按鈕時，銅管喇叭發出慢半拍的陰鬱哞哞聲。「對於第三匈牙利輕騎兵軍團來說實在不太得體！」安葛拉說。我們就像蛇蛻皮般溜出了弗格拉

116 全名Sébastien Le Prestre de Vauban（一六三三～一七〇七年），法國元帥，也是著名的軍事工程師。沃邦先後領導建築過三十三座要塞，改造過三百座，指揮過五十三次要塞圍攻戰。路易十四統治時期，大小戰役他無役不與，築城理論體系對歐洲軍事學術的影響甚至長達一個世紀以上。

117 Janisseries，也譯為加尼沙里軍團、土耳其新軍、土耳其禁衛軍或蘇丹親兵，是鄂圖曼土耳其的常備軍隊與蘇丹侍衛的統稱。最早是在奧爾汗一世貝伊統治時出現，在穆拉德一世統治時期成為常備軍，最後在一八二六年時，於馬哈茂德二世統治期間廢除。

118 Black Church，布拉索夫的一座著名教堂，由該市的德國人修建，是羅馬尼亞主要的哥德式建築，也是該國最重要的路德教派教堂之一。

什（Făgăraș-Fogaras-Fogarasch），很快地就一路高速疾駛，直到通過了阿格尼塔的彎道，來到一片新天地。

雨水淋過的大地和一團團奔馳過天空的雲彩，讓我們降下了車篷。左手邊可見巨大的脈群在一連串陡峭的起伏間拔升而起。滿覆林木的峽谷穿越山麓，更高的山坡則因為森林圍攏而顯得陰暗，直到混亂的崎嶇山丘和山峰之間冒出光禿禿的岩石。我們知道高高的上頭有無數的小湖泊和冰斗湖凝視著天空，原以為可以四處瞥見白燦燦的雪景，但今年時間太晚；融雪已然成為岩石變色的良機。在我們右手邊，沿著奧爾特河[119]水道的林木隨著風向改變晃向我們多次，有一半的時間持續陪伴著我們，直到河流轉彎向南，並在通往圖爾努羅舒隘口[120]的峽谷之間環繞而去。（一旦通過這個偉大的裂隙，就進入了戰前的羅馬尼亞王國，並開始了它兩百五十公里的旅程，穿越南部山麓，橫越瓦拉幾亞平原，並在途中把它的名字給了整個奧爾特尼亞省[121]命名；接著，它就像喀爾巴阡山脈這廣闊死胡同裡的每一條溪流一樣流入多瑙河。）在我們看不見它之前幾公里處，伊斯特萬橫過河流指向一個點，那是十三世紀的熙篤會[122]修道院，整個外西凡尼亞最古老的哥德式建築矗立在廢墟當中，「馬加什國王鎮壓它，」他說：「為了修士的不道德行為。」

「哦？」安葛拉和我同時說：「什麼敗德行為？」

「我不確定，」伊斯特萬回答，接著開心地說：「我想是每件事吧。」而這罪惡之地，其中一處有著所多瑪[123]和溫柔鄉[124]的氣息，全都落在我們身後的田野中，頑固地慢慢敗壞。

接下來是另一個重要地標：瓦拉幾亞勇敢的米哈伊擊敗西吉斯蒙德的表弟，也就是外西凡尼亞王子暨紅衣主教安德烈．巴托里[125]軍隊的戰場，打敗土耳其人的這場勝利則以赦免和瘋狂作為結束。戰爭結束後，一些塞凱伊叛徒向米哈伊王子獻上紅衣主教的頭：這對偉大的巴托里家族而言，是個悲傷的結局。他們的叔叔斯特凡，即後來又當選為波蘭國王的外西凡尼亞王子，從俘虜的立陶宛城市中擄獲了恐怖伊凡的軍隊，並把他趕回了莫斯科大公國。

119 作者註：拉丁語是Aluta，德語是Alt，匈牙利語是Olt，這個一度跟羅馬尼亞語相同。

120 Red Tower Pass，一般通稱Turnu Rogu Pass，是羅馬尼亞喀爾巴阡山脈的一個山口，連接了瓦拉幾亞的沃爾洽郡和外西凡尼亞的錫比烏。由奧爾特河形成，從外西凡尼亞向南通過南喀爾巴阡山脈流向瓦拉幾亞。

121 Oltenia，又稱小瓦拉幾亞，是羅馬尼亞西南部一個地區，指瓦拉幾亞西部，以東則是被稱為「大瓦拉幾亞」的蒙特尼亞。

122 Cistercian，天主教修會，遵守聖本篤會規，平時禁止交談，故俗稱「啞巴會」。他們主張生活嚴肅，重個人清貧，終身吃素，每日凌晨即起身祈禱，習慣在黑色法衣裡面穿一件白色會服，所以有時也被稱作「白衣會」。

123 Sodom，《聖經》中的城市，首次出現在《希伯來聖經》。因為城裡的居民不遵守上帝戒律，充斥著罪惡，被上帝毀滅。後來成為罪惡之城的代名詞。

124 Agapemone，一八四六至一九五六年存在於英國的一個基督教宗教團體或宗派。希臘原文意思為「愛的居所」，指可以自由戀愛的地方，通常帶有貶意。

125 Andreas Báthory（一五六二或六三～一五九九年），從一五七五年開始統治波蘭—立陶宛聯邦，是無子女的斯特凡．巴托里最喜歡的侄子之一。

溫和的山丘滾滾向北，四處散布著薩克森人的村莊；然後所有的村莊再次充斥著羅馬尼亞的話語聲。伊斯特萬技巧與速度俱佳的開車載我們，在鄉村道上花了大把時間剎車，讓路給嘶嘶邁步的鵝群，然後再度發車疾馳。經過幾段上上下下如雲霄飛車般的路程，衝入坑洞又挺進上坡，進入全新視野，安葛拉為大家點燃香菸，往左向右地分別遞給我們。

在接近赫爾曼斯塔特—錫比烏[126]—大錫比烏郊區（最後一個名字當然是伊斯特萬所使用的）時，他大聲哀號。前一天在塞凱伊人首府時，我們已經把要去看泰雷基圖書館這件事忘得一乾二淨；現在，在這個古老的薩克森城鎮裡，根本就更沒有時間去看任何東西。許多教堂出現了，還有很多寓言般美好的古老建築在招手；最重要的是，有一座布魯肯撒爾宮博物館[127]，圖書館裡滿滿都是手稿和古版書；還有一間又一間荷蘭、佛拉芒[128]和義大利畫家作品的畫廊。伊斯特萬戲弄般地誇大這些輝煌的作品：「梅姆林[129]、弗蘭斯・哈爾斯[130]、魯本斯[131]……」他的手離開方向盤在空中輕快地揮舞著。

安葛拉說：「你不過都是從書裡讀來的。」

「……提香[132]、馬格納斯科[133]、洛倫佐・洛托[134]……」他繼續說道；然後他描述了客棧的魅力、當地薩克森料理的美妙，他們培育豬隻、鴨子和鱒魚的技巧，嘆了口氣說：「沒時間！沒有時間！」接著就開車沿著鵝卵石車道而下，穿過市場和具有高標記性的廣場。我們彷彿置身在奧地利或巴伐利亞。再一次，商店上的名字都是薩克森風，動物和紋章的旅館標誌，從大量陰涼的拱廊支柱上懸掛而下，我們周遭的巴洛克式建築也全無質樸風的妨礙。以

鉸鏈控制的百葉高大豎窗升起；有著三角形和弓形山形牆的房屋，塗上了黃色、赭色、深黃

126 Sibiu，羅馬尼亞錫比烏郡首府，位於外西凡尼亞南部，橫跨奧爾特河支流奇濱河。

127 Bruckenthal Palace，位於羅馬尼亞錫比烏，一七九〇年左右，由霍布斯堡王朝的外西凡尼亞總督塞繆爾．馮．布魯肯撒爾在其府邸內設立。一八一七年藏品正式對大眾開放，是今日羅馬尼亞境內最古老的博物館。

128 Flemish，日耳曼民族之一，屬歐羅巴人種，使用佛拉芒荷蘭語，居住在現今的法蘭德斯地區，為比利時兩大主要民族之一，另一民族為使用法語的瓦隆人。佛拉芒人的族源與荷蘭人基本上相同。歷史上，於中世紀時所有居住在佛蘭德伯國的人，不論使用何種語言，都稱為佛拉芒人。

129 全名Hans Memling（約一四三〇～一四九四年），德裔早期尼德蘭畫家。

130 Frans Hals（約一五八〇～一六六六年），荷蘭黃金時代肖像畫家，以大膽流暢的筆觸和打破傳統的鮮明畫風聞名於世。

131 全稱謂為Sir Peter Paul Rubens（一五七七～一六四〇年），法蘭德斯畫家，巴洛克畫派早期的代表人物。他的畫具有濃厚的巴洛克風格，強調運動、顏色和感官，以反宗教改革的祭壇畫、肖像畫、風景畫、以及有關神話和寓言的歷史畫聞名。

132 全名Tiziano Vecellio（一四八八／一四九〇～一五七六年），義大利文藝復興後期威尼斯畫派的代表畫家。提香在當時被稱為「群星中的太陽」，是義大利最有才華的畫家之一，對色彩的運用不僅影響了文藝復興時代的義大利畫家，更對西方藝術產生了深遠的影響。

133 全名Alessandro Magnasco（一六六七～一七四九年），義大利巴洛克晚期畫家，主要活躍在米蘭和熱那亞，以幻想風格或風景畫聞名。

134 Lorenzo Lotto（約一四八〇～一五五六／七年），義大利畫家、繪圖員和插畫家，傳統上將他歸為威尼斯學派。

色、綠色、桃色和淡紫色，而在鋸齒狀屋頂的兩端，階梯形山牆特別精製成橢圓形；並且開著裝飾繁複和渦卷的弦月窗，密集突出的屋頂窗則外突於玫瑰色瓦片的陡峭面。這是村裡質樸石屋的完美城市對應版本。半木材結構的建築物出現了，畫著棒狀線條的堅固塔樓裝上了鍍金數字的鐘盤，頂上是覆瓦或硫綠銅的洋蔥圓頂，最後再裝上有三角旗的風信雞。所有的上層樓層都浮在一波波未經修剪的桑樹和板栗樹樹梢之上。安葛拉從來沒去過那裡，我們的興奮和挫折變得更深；隨著汽車穿過迷宮般的攤位和拉馬車的馬匹之間，一個新浮現的念頭刺痛了心：以截至目前為止的旅程而言，這些房屋、街道和塔樓，將是我要永久離開的建築世界的最後一個前哨站。

讀者或許會認為我在這幾頁上逗留了太久。我也是這麼想的，同時很清楚箇中緣由：等一、兩個小時後抵達目的地時，我們就已經繞了整整一圈。不僅是建築的世界，而是幾個月來在這迷人的外西凡尼亞的整段延伸旅程也將告一段落。我即將轉向南行，離開所有的朋友，逐漸不復得聞馬札爾的揚抑抑格口音。還有伊斯特萬；我會很想念他；而失去安葛拉——她絕對不僅僅是在字裡行間猛烈發光的幻影——是一個我幾乎光是想到便難以忍受的決裂；因此就算只是為了推遲那必然到來的離別時刻，我也不禁要再多寫一、兩段文字。

～

總之，我不得不如此。不自量力的抗拒了錫比烏誘惑之旅後，我們發現自己還抽得出一點時間，於是停下來伸展雙腿，躺在草地上抽了幾根菸。我故意粗魯地告訴他們法蘭西斯・德瑞克爵士[135]和碗的游戲，逗得他們哈哈大笑。只不過一進入馬洛須河畔的舊高速道路，就在離阿普隆—阿普魯—巴爾格拉德—魏森堡—卡爾堡—白城久洛—阿爾巴尤列亞岔路以南幾公里處，命運便開始干擾我們的路線。兩天前才通過的那個地方，新來了一支不合時宜、插著紅旗的蒸汽滾筒車路隊，用繩子圍起了多年來始終沒有維修的坑坑洞洞。因受挫而暴怒的伊斯特萬終於抄近路繞出一個顯眼的半圓形，橫過殘株田地，打臉他們。接下來，我們又被一群拖著巨大脫殼機的夢遊水牛給堵住了，牠們沿著一邊林木、另一邊是險降到水牧草地的路段龜步爬行；最後，就在距離我們目的地之前的最後一站才剩一哩、甚或不到一哩處，車子竟然爆胎，這已經是當天第二次爆胎了；可能是一個月前某個打呼的乾草工人留在殘株間的破瓶子所造成的吧。我們趕緊行動，就在要拴緊剛剛修補好的備胎上最後一顆螺絲時，火車的汽笛聲從後面傳了過來。然後，我們便看到了熟悉的羽狀煙霧沿著山谷出現，也聽到了喘息和噹啷聲，火車來了；就在我們正要把舊車輪丟到後面時，它開過我們身旁，轉個彎沉著地消失了。我們趕緊像消防員一樣敏捷地爬上車，伊斯特萬緊抓住方向盤。

汲水井、玉米田和煙草田落在後面，灰塵在我們四周擴大成煙雲。車子的擋風玻璃是那

135 Sir Francis Drake（一五四〇～一五九六年），英國著名的私掠船長、探險家和航海家，據知他是在麥哲倫之後、第二位完成環球航海的探險家。

種老式縱長分隔的，所以伊斯特萬一扭側面銑製的黃銅圓球把，玻璃的下邊緣上半部便向外提高，風即隨著車子的前進吹拂而過。突然，我們穿過成千上萬朵向日葵；然後終於看到最後一節的警衛車廂出現在遠遠的前方。火車正要減速進入錫梅尼亞，那是我們目的地之前的最後一個停靠站；而在它再次出發時，我們也終於趕上，試圖並排前進，即便它加速，我們亦隨之並駕齊驅；旅客驚訝地往外看，讓我們感覺自己就像是切羅基印地安人或是北美最初的原住民阿西尼博因人，戴著羽毛和美洲野牛號角，騎馬繞著草原火車奔跑：我們應該用密密的簇絨箭射他們，他們則用溫徹斯特步槍反擊……伊斯特萬高踞在方向盤上，捲起襯衫袖子，凶猛的咧嘴大笑，就像一個穿著黑色麥金托什外套、眼睛灰黑的飆速惡魔；等到我們終於搶先時，他發出了一聲快樂的嚎叫；我們也樂得加入，火車則彷彿投降般高鳴汽笛。安葛拉環抱自己，興奮到肩膀抖動、雙唇微張地露出牙齒，頭髮在氣流中直平飛散。然後，隨著火車進一步的落後，我們駛入了熟悉的領土。覆蓋著堡壘廢墟的德瓦高丘，飽受古老傳說中遭磚塊堵住的受害者鬼魂糾纏，與在那之後維達胡雅德城堡所在的哈采格山脈，齊齊映入眼簾。馬洛斯河在一片楊樹霧影中蜿蜒向下游而去，流向古拉薩達和未知的村落薩福塔與伊利納，以及薛妮雅的扎姆，接下來會繼續流到薩沃爾欣、杰納伯爵和婷卡的卡波爾尼斯；柯諾琵和拉德納瑪利亞教堂；以及伊莎居住的阿拉德；還有在這北面，流到庇護喬治娜和雅許，克萊拉、蒂爾博和梨亞的屋子所分散的山谷和山丘之間。

到德瓦車站時，火車正巧再度開進我們眼簾。我們抓住了安葛拉的包包，開跑跳過軌道。站長揮手要我們停下來，然後，他認出了伊斯特萬，便把手勢轉成了敬禮；等到火車停住，我們已經靜靜地站在金合歡樹下等待它，那樹如同站長帽子的三個金圈和鮮紅頂，都成為羅馬尼亞月台亙古不變的一部分。安葛拉從車廂窗口探出身子，抽出那束花中的玫瑰和金針花，別在我們的襯衫扣眼上，留下一抹紅。我們終需一別，卻依然感覺得到她光滑臉頰上的灰塵。哨音吹起，火車啟動的時候，她持續揮著手，然後拿下了繫在脖子上的領巾，代替纖纖玉手揮舞著，我們也瘋狂地揮手回應。隨著速度加快，長領巾飄了起來，直到火車襯著樹林斜坡漸行漸遠漸小而消失不見；然後，它就成了馬洛須河樹叢中的一股煙霧。安葛拉即將走過所有我們之前流連之處，以及我這段似乎已經是半輩子以前特定旅程的處處踏腳石，穿越庫爾蒂奇和勒克什哈佐的邊界。在那之後，穿越匈牙利大平原，恰好跟馬列克與我的行程反方向的那列火車，將在午夜前一個小時，讓她在布達佩斯東站下車。

第七章

喀爾巴阡山脈的高地

拉普什尼克！我終於找到了這個遺忘的地名，在日記最後部分的一頁上，用鉛筆匆匆寫下的模糊字跡；現在又見到了，細長彎曲像蜘蛛似的蠅頭小字，褪色到幾乎難以辨認，迷失在由等高線和交叉陰影組成、宛若千足蟲的窩中，再加上我那張破損不堪的一九二〇年外西凡尼亞地圖上的其中一道摺痕汙損：它距離德瓦三十多公里，位於一條小支流旁，支流從林木濃密的懸崖間流過，流向穆列什河的南岸；不久前和伊斯特萬（他現在住在布達佩斯）通信之後，就三倍確定了。這個地方就是當年我們把車交回給車主之處，而重新發現這個地名也猶如提供了一個地標和起點。在那段貪圖逸樂的幾星期裡，大多數時候我放棄了寫日記，出發之後，有些關鍵日子裡也沒恢復寫日記；幸好還有幾個草草寫下以及還記得的地名，加上一連串清晰的腦海畫面補充，有了這些以及地圖，旅程接下來的階段就有條不紊了——雖然其中有一、兩處就像放映盒中未標明日期的幻燈片，可能會有點前後脫序。

這棟房子兼這輛車的主人拉札爾是杰納伯爵和伊斯特萬的朋友，這位伯爵滿肚子都是他的有趣冒險故事。他在美國當過牛仔，在阿根廷當過牧人，缺現金時還到馬戲團去表演騎野馬，而他的頰髯、炯炯有神的眼睛，以及英俊、飽經風霜的臉孔，也完全適合這個角色。他家就在伊斯特萬家南面十幾哩外，第四位客人則是另一位鄰居，來自穆列什伊亞，也是位於河的北岸，他名叫伊斯特萬．赫爾瓦特，老是因為天真無邪的觀察而受到別人親切的打趣。晚餐是在一棵椴樹下舉行的單身漢派對，主人家的廚娘兼管家，是宛如歌劇裡喜劇小花旦般漂亮的士瓦本人，不時在傳遞菜盤時興高采烈地加入談話，顯然沖淡了此宅的單身漢氣氛。

我記得他們在燈光照映中的臉孔，以及後來伊斯特萬彈奏琴鍵的輕快樂聲。我們在那裡又多待了一天，我寫了信給安葛拉，然後伊斯特萬和我終於分道揚鑣，各自帶著淡淡的宿醉朝相反方向而去；我又是自己一個人了。

片刻間，遺忘籠罩了一切；但接著，那條路徑就細節分明地浮現了出來。它從一條溪流蜿蜒到另一條，及至陡峭無陽光的峽谷，經過生長在滴水岩石下的柔軟苔蘚和簇生蕨類植物。陰濕的小村落和更換茅草中的屋頂，像一叢叢傘菌般擠在山坡的皺褶中。套著木軛的水牛和黃牛沉鬱踉蹌地爬上山，木軛是用鋼釘固定在一條軸上的，而在那些爬滿長春藤的磨坊還沒進入視野之前，早就可聽到間歇的喀噠聲；那些家畜在那裡停下來喝水，運貨馬車的車夫們則忙著卸下一包包麻袋。一天只除了幾分鐘的時間，其他時候陽光都照射不到這山中深處。許多皮膚蒼白、身體很差的村民都受到甲狀腺腫的侵襲，這些莊稼人的失調症讓我想起匈牙利人提過的一切有關邊界以東性病猖獗的警告；聽起來簡直像是痘疹就匿伏於岩石和樹籬之中，會猶如霹靂般撲向旅人[1]。當我跟伊斯特萬說起時，他大笑。這裡也沒比其他地方壞到哪裡去，他說：在羅馬尼亞，這稱之為「世俗疾病」——*boale lumeşti*。（非婚生孩子

1 作者註：在《泰爾親王佩利克爾斯》（*Pericles, Prince of Tyre*）一劇的米提利尼妓院一幕中，正好相反：
龐達：這個可憐的外西凡尼亞人已經死了，跟那個小包袱擺在一起。
布爾特：哎，她一下子就把他搞垮了。

稱為「花的孩子」——*un copil din flori*——這比我們的用語客氣得多。）我還正在沉思著這些警告時，卻猛然停了下來。那把可悲的自動手槍呢？我把它忘在伊斯特萬家一間臥室的抽屜最裡面了。過了一會兒，我心想：真叫人鬆口氣！萬一在保加利亞或土耳其荒野的一場搜查中被人發現這把槍，只會成為尷尬又累贅的事，甚至還可能有危險。但是話說回來——鑲有珍珠貝母的槍柄、閃亮的鎳槍身、優美的真皮槍匣！我會請伊斯特萬照顧它的。

左邊的喀爾巴阡山脈太龐大了，迫使我要把路線轉向西南。山腳的峽谷開了口，但我在夜幕低垂抵達托麥士提時，嶙峋的高處依然圈住了一片天空，我在托麥士提的侯貝・馮・溫克勒先生家的屋頂下，找到了另一處事先安排好的避風港；他是位又高又瘦的讀書人，獨自跟他的書本和槍枝住在森林的陡峭邊緣處。他和他的書房是相關知識的寶庫，上床睡覺所經過的樓梯則掛滿了獸角、鹿角、霰彈槍、以及捕狼夾子。樓梯平台上有兩張巨大的狼皮，牆上掛了一個山貓標本，我的臥室地板上有一排野豬獠牙和一張熊皮；在吹熄蠟燭之前，我記得的最後一點是熊皮的玻璃眼珠上反映出的雙重燭蕊影像。從喇叭形的窗孔可以看出牆壁的厚度，龐大磁磚壁爐旁邊的木柴堆疊到天花板，道出了這裡的冬天有多冷，在夏日的月光中，實在難以想像寒風順著峽谷猛烈襲來，冰柱以及掩蓋一切的寂靜雪花會把這些建築全都圍困住的情景。

外西凡尼亞、蒂米什瓦拉的巴納特、匈牙利大平原、塔特拉山脈[2]、布科維納、加利西亞、波多里亞[3]、羅都美利亞、摩拉維亞[4]、波西米亞[5]、瓦拉幾亞、摩爾達維亞、比薩拉比亞，以及最重要的喀爾巴阡山脈本身——地理上的奧匈帝國及其鄰國是多麼貼近早幾代之前所虛構的世界啊！格勞斯塔克、魯里坦尼亞、波都利亞、希爾達維亞[6]、以及二十幾個虛構的王國遭暴君篡位，因爭奪王位的鬥爭而分崩離析，接連躍入了腦海中：陰謀詭計、背信忘義、囚禁繼承人、以及比比皆是的宮廷黨派，連同他們一起的，還有猙獰如魔、戴單眼鏡片的劍客，塔內孤獨的王后們，陡峭山脈，濃密森林，到處有半野生馬匹的平原，吉普賽流浪族從城堡內拐帶兒童，用胡桃汁將他們染色，或匿伏在城垛下面，用琴弦融化城堡女主人的心。有瘋狂的貴族及騷亂的農民暴動；還有強盜，半掠奪者半俠盜，手持沉重棍棒攔在路上。我曾在講匈牙利大平原的書裡讀過關於十九世紀的攔路土匪，如今則是法外之徒與殘暴士兵開始橫行。頭戴皮草帽，配戴著串串珍珠，羅馬尼亞那些公國的偉大波雅爾[7]們在這分

2 the Tatra mountains，喀爾巴阡山脈中的最高山脈，是斯洛伐克與波蘭的邊界山脈。
3 Podolia，歷史上歐洲的一個地區，位於今烏克蘭中西部和西南部。
4 Moravia，捷克東部一地區，得名於起源該地區的摩拉瓦河。
5 Bohemia，古中歐地名，占據了古捷克地區西部三分之二的區域，位於包括布拉格在內的捷克共和國中西部地區。
6 以上皆為歷險小說中的虛構國名。
7 boyar，封建時代保加利亞帝國、莫斯科大公國、基輔羅斯、瓦拉幾亞和摩爾達維亞的一個僅次於大公的貴族頭銜。

水嶺的另一邊湧現；幽靈般的領主們帶著他們那些近乎杜撰的公主們，頭戴高冠冕，現身在堡壘隱修院壁畫的遊行行列中；他們的遠處，北面是伸展的冰封河流，以及乾草原和沼澤，那裡有成群駝鹿蹣跚小跑地移動著，曾經有一段時期還有過很出色的原牛，如今已絕種了，只能在盾形紋章上看到；曠野向東北展開，一直延伸到反覆無常的哥薩克人部隊聲稱是他們土地之處，或韃靼人具破壞性的聚落；更遠處，乘雪橇的波蘭人後裔的王國隱退到陰影中，然後是個雪花飄飄的地區，那裡的條頓武士們在天寒地凍的波羅的海把立陶宛的異教徒碎屍萬段，仍倖存在傷痕累累的東普魯士世界裡，在他們更遠處，是莫斯科大公國以及俄羅斯人……然而南邊，比這些地方更近，而且隨著我每一步也變得更近的，是多瑙河的山谷與樹林，曾經成為基督教王國和伊斯蘭重大戰役上演之處：蘇丹的大軍持綠旗、纏著荒謬可笑的頭巾，向上游挺進，而諸王、司令官和紅衣主教們（他們的主教權杖可挫傷人，可保他們免於流血），以及西方所有的戰士們——他們的格雷伊獵犬在身邊騰躍，陽光捕捉到他們鴕鳥毛下面的金色鑲物，以及長矛上的螺旋紋與條紋，宛如烏切洛[8]在《聖羅馬諾的戰役》（Battle of San Romano）畫中所描繪的——滿懷輕鬆地朝下游慢跑而去，迎向他們的浩劫。

我很迷薩基[9]，出發前還重看了他的作品。書中很多頁都出現「維也納森林與黑海之間的那些神祕地區」，如今我身在此處，就想盡可能深入到迷宮般的森林與峽谷裡。窗外的原木林斜坡，雪和冬至的想法，將這些故事帶回了我的腦海，尤其是跟狼有關的，東歐冬天裡的壞蛋兼頭號惡魔。在《闖入者們》（*The Interlopers*）最後那段用單音節詞語寫成的段落中，描寫的狼群到來之處，很可能就發生在離此幾公里外的地方；另一部作品《塞納格拉斯的狼群》（*The Wolves of Czernogratz*）裡，所描寫的同一恐怖怪物越來越高亢的狼嚎，則召喚出北面和西面成千座城堡；而我也一直為《不堪忍受的巴辛頓》（*The Unbearable Bassington*）中的絕望旅人感到震撼，「一個被狼群嗅到的人。」伊斯特萬是一個，我的主人家是第二個，K伯爵是第三個；外西凡尼亞到處都是像他們這樣的人。所有的城堡都鬧鬼，人間的狼群到了天黑之後就搖身一變成了獨居的狼人；吸血鬼也出來活動；巫婆則出動並飛上了天；十幾個國家的傳說和童話堆積在一起，於是這個地區就充滿了哥德告訴美洲新大陸最好不要有的一切東西：「無用的回憶和虛榮的爭辯……騎士、強盜和鬼故事……」結果我待了三個晚上，聽狼群以及森林的故事，在書房裡閱讀，其中有些必然已深入民心。赫里歐先生對這類情況留下了令人安慰的信息：「文化，就是一切都遺忘之後所留下來的東西。」

攀緣過山谷與山腳，朝著西南方走以避開通往盧戈日的路，有一晚睡在橡樹下，把我累得要死。翌日天黑很久之後，我待在通往卡蘭塞貝什路上的一座磚窯裡，月亮剛升起，我就蜷縮著睡著了。

8　Uccello（一三九七～一四七五年），義大利中世紀末期至文藝復興初期的畫家。他最著名的作品是描繪聖羅馬諾之戰的三聯畫。

9　赫克托・休・芒羅（Hector Hugh Munro，一八七〇～一九一六年），筆名薩基（Saki），英國小說家。

像這樣的旅行，是身心感到健康、精神感到振奮的時候。這個，加上再度前進的歡欣鼓舞心情，有助於療癒跟伊斯特萬分手以及結束與安葛拉共度的神奇日子後的寂寞心情。

本來我還擔心獨自上路的本事生疏了，但一切都很順利，而我的旅行裝備也似乎好得跟自荷蘭出發的第一天一樣。我在倫敦河岸街米雷茲戶外用品店買的軍用靴，儘管防滑鞋釘頭有點磨損了，但卻依然完好，可以再走上無限里路。穿過又洗過很多次的舊馬褲很柔軟，每一針都完整無缺；只有灰色的綁腿有點破損，但我把受到雪和雨水侵蝕以致破爛的邊緣修剪掉之後，就一點也看不出來了。加上一件袖子捲起的灰襯衫，我的行軍裝備就完整無缺了。（我的皮膚曬成了柚木櫥櫃的色調，頭髮卻被陽光漂白了。）我感謝福星高照，第一個背包有很複雜的結構和綁帶，沉重的防水睡袋以及以防萬一的額外裝備，卻在慕尼黑被偷了；我的波羅的海俄羅斯朋友們送我的那個背包比較小，但卻有我所需的一切，也就是內含：一對深色絨布袋和另一對淺色帆布袋；一件看來體面的粗花呢薄夾克；幾件襯衫；兩條領帶、運動鞋、很多雙襪子和運動衫、睡衣，安葛拉送我的一段彩辮織物；十幾條新手帕（我們都知道是怎麼來的），還有一個盥洗用品袋、一個指南針、一把折刀、兩根蠟燭、火柴、一根菸斗——已經廢棄不用——菸草、香菸，以及——這是個新成就——捲菸用的紙，一個隨身酒瓶，因國而異輪番換上不同的酒：英國威士忌、荷蘭波爾斯香甜酒、德國水果烈酒、匈牙利杏子白蘭地、羅馬尼亞李子烈酒、巴爾幹半島的黑梅白蘭地、中東茴香酒、希臘酒渣白蘭地。其中一邊口袋裡有個五先令硬幣。只要我記得拿出來上發條，那隻英格索爾手錶就保證走得很準時。唯一彆扭的東西是那件軍用大衣；我幾個月都沒穿過，但又捨不得丟掉。（幸好，睡在戶外時非常合用，而且把它捲緊如香腸並綁在背包頂端時，幾乎看不出來。）我仍然帶著那根匈牙利手杖，精心雕刻成中世紀的牧杖，這是我第二支代替品，用來代替當初在倫敦斯隆廣場菸草店花九便士買的榿木手杖。除了素描簿、鉛筆和破破爛爛的地圖之外，還有我的日誌筆記本和護照。（摺角已翻爛且褪了色，這兩樣倖存下來的東西，此刻都在我伸手可及之處。）還有《自學匈牙利語和羅馬尼亞語》（*Hungarian and Rumanian Self-Taught*）（其中一種小有進步，另一種還在起步的猶豫不決中）；我正在重讀《滑稽的環舞》（*Antic Hay*）；還有一本拿到德文翻譯獎的《哈姆雷特》，是我在科隆買的；此外，送背包的善心人也送了我一本來自阿姆斯特丹的書，是十七世紀印行的十二開本賀拉斯文集，這本美麗的小書還精心包了封面。此書以草綠色硬皮裝訂，內文有印得長長的S字母，以及作品中提到的提布爾、盧奎提里斯的風景和班杜仙之泉的銅版畫，有猩紅色的絲帶書籤、致贈者的藏書票，以及來自此人的愛沙尼亞樹林裡的一片已乾枯的樹葉[10]。

10 作者註：這本小書後來帶去了戰場，六年後不見了。當時在伯羅奔尼薩東海岸，一枚空投魚雷炸沉了我們逃生的輕巧帆船，失去的裝備沉得太深，沒法潛水找回。位於雷翁尼地翁範圍內的魚群必然圍聚此書好一陣子，啃著書那天早上很難在雞啼過後很久才上路，因為那隻鳥就在九公尺之外的大木桶上拍著翅膀；於是我在臉上潑了些水就上路了。這會是很炎熱的一天。

「快活貓」——趕集家畜商人光顧的客棧，我在此駐足，並喝著裝在細頸玻璃瓶裡的李子酒——有成群飛旋的蒼蠅；一隻赤紅與橙色相間、非常大的大黃蜂正在拆解泥地上的一塊肉，屋外的山谷熱得像磚窯似的。等我走到再稍遠處比較合我意的地方時，已經滿身大汗、僕僕風塵。這地方是家咖啡館，又兼酒吧和食品雜貨店。「誰不愛美酒、女人和歌謠」，牆上用德文花體字寫著這話，「誰就一輩子是傻瓜！」我告訴客棧老闆我第一次在德國過夜，於戈赫初次與此對句邂逅的事。他是個開朗的阿拉德人，笑問我是否知道寫這句話的詩人是誰。「你不知道嗎？是馬丁・路德。」[11]我相當驚訝。不同於路德會的撒克遜人，士瓦本人都是信天主教的。

他滿肚子都是很有用的資料，我倆喝著大杯冰啤酒時，他就滔滔不絕講給我聽，然後我突然做出了個決定。他協助我準備補給品：切成兩半的義大利香腸，這回要放在陽光曬不到的地方；一些熟豬肉、一包黑麵包、幾條巧克力、乳酪、幾顆蘋果和兩條大麵包，麵包皮上令人不安地貼了幾張印花票。（「這是政府稅。」他說，小心翼翼地把它們揭下來。「印花票代表已經付過了。」）他在門口為我指路之後，就揮手祝我一路平安。

路旁右方的巴納特山脈，林木茂盛，氣勢宏偉，但是東面喀爾巴阡山脈陡峭嶙峋的高處森林，以及遠方超出我足跡所至的視野外，外西凡阿爾卑斯山一些最高山脊聳立在光禿又壯觀的尖峰之上。我心血來潮所做的決定是要往左去，遠離這座美麗的白熾山谷所散發出的熱氣和灰塵；然後，要是可以的話，就沿著涼爽的森林邊緣往東南方走。我趕快走到那裡，很快就來到了第一片枝葉之下。一條小路蜿蜒朝山上而去，陡峭地穿過樹幹之間，我馬上就投身期間並走上小徑[12]。

～

就像是走進了室內似的，在樹蔭中往山上爬，那座山谷彷彿立刻就很遙遠了，起初樹林很寂靜，直到聽力集中留意到了鳥鳴聲。

爬了一個小時之後，來到了一處斜坡田地邊緣，一批收割者正在那裡忙著高地的晚期收割：宛如《聖經》畫面，一身白衣的鄉下男女戴著寬大草帽，有的還把襁褓嬰兒揹在身上，萬一礙事，他們就把嬰兒掛在樹蔭下，舒適地綁在木槽裡。籃子、水罐、鐮刀和耙子堆成一大堆，五、六匹矮種馬正在放牧吃草，沿著樹木覆蓋的邊緣擺著一排排圓錐形的養蜂箱。就

頁，然後讓它散落並消融於愛琴海裡。

11　作者註：「誰不愛美酒、女人和歌謠，誰就一輩子是傻瓜！」我剛查過，客棧老闆的歸納相當對。

12　作者註：路左方的山也屬於巴納特山脈，遠至構成雷泰札特山脈西緣的峰頂線，仍是外西凡尼亞的部分。我不確定在接下來漂泊曲折的幾天裡是否越過了這條虛線，或是走了多遠，因為這段期間是我感到記憶裡的順序最混亂之時；但希望不是太嚴重。

在他們往前移動收割並收集作物、拾取落穗時，一名老婦高亢的顫聲帶頭唱出了相當肅穆又令人難忘的曲調，是連串沒有止境的韻文；其他人每到第二句時就加入。我曾在小平原上聽過；在我早已把這些收割者拋出視線之外良久後，依然還聽得到漸弱的歌聲飄來，等到終於聽不見了，卻還不時可在遠眺的縮小視野中瞥見他們在遠處下方一捆捆作物與禾垜間的身影，彷彿我是透過倒過來、不斷伸長的望遠鏡看著他們，看著他們此刻縮小成點，然後樹梢隱藏了他們。

下方的道路與山谷已經消失不見，另一邊的西面除了巴納特山脈之外，什麼也沒有，山脈也已經下沉。後來，二十幾條頸掛沉重牛鈴的乳牛，從更高處的牧場踩著笨重步伐下山來。我跟那位老牧人和他的兒子們互打招呼：我是從哪裡來的？英格蘭？他們從沒聽過，因此繼續走他們的路時滿臉困惑。這條山路似乎總是在岩石間或倒塌的樹木間看來前無去路了，但就像一道不規則的大自然階梯，總是能避過或是跨過去。

「就像是走進了室內……」，比我所想的還要真實；因為在那裡，一下子就有個宛如奇大無比房間的空間坐落眼前：一處長而封閉的林間空地，山毛櫸如巨柱般拔地而起，枝葉糾結成拱頂。光滑的樹幹在陰影中呈現灰色，夾雜著點點銀色，陽光透過無際的樹葉灑下來，在樹皮上以及如肌肉糾結般蔓延的樹根上撒落模糊的圓形光影；陽光在無阻地面上撒下的碎光則越來越稀疏、寥落。（難怪古羅馬詩人總是把「不透光」一詞跟「山毛櫸樹蔭」連在一起！）「不透光」，原來就是這麼回事。山毛櫸是有著「霸著茅坑不拉屎」特性的樹木，其程度到了樹下片草不生的地步，因此才有這種舞會大廳般的寬敞林下空地；但不透光只有在那層層小褶葉全都被鎖在陽光之下才算。樹下的空氣潮濕又靜止；近乎水底的光線。地面上四散的彈性果實會使得這裡成為豬的天堂。（下山途中，我就遇到黑黝黝的豬鬃鼻子在挖掘類似的山毛櫸大廳的地板，由沉思的養豬人看守著。）這些森林大房間，由一片交織的硬木樹的枝葉和林下草叢圍成，傾斜向山，然後在一團亂根中消失於視野。潺潺流水在半陰影中流動成河，從懸崖峭壁落下到潭中，大老遠就可聽到水聲，或者流過果殼和枯葉後湧現成溪。在較低處的樹林裡有兩隻戴勝鳥，還有蜂虎鳥，棲息在收割者空地附近的樹枝上，大概是看上了蜂窩；金黃色的黃鸝則因為黑黃色的羽毛以及堅持不斷的鳥囀而洩漏了蹤跡，在枝葉間飛躍著。但更不時有群看不見的林鴿將一切投入了昏昏欲睡的魔咒中，想要坐下來抽菸保持清醒實在很難；然後一陣腳步聲就會驚起幾百雙翅膀飛撲，使得牠們在森林其中一個舞會大廳裡的斑駁光線中盤旋，宛如水晶宮足球俱樂部的群眾在呼喚著威靈頓鷹球隊般。

～

這條山路下到一座小山谷裡，那裡有條溪流從山脈中心流出來，一潭往下流到另一潭，然後成為交錯糾結的淺流順著狹谷流著。

一群吉普賽人以他們一成不變的方式正設法把這森林一角轉為貧民窟，已經在此搭了帳篷，帶著狗和蹣跚跛行的馬定居下來；但是他們長相的狂野奔放卻讓他們的骯髒變得沒有那麼討人嫌了。他們像東印度人般蹲在溪邊，乍看之下像是在清洗；但這跟他們的本性不太合，所以我又看了看。原來他們正忙著把木製淺盤浸到下游盡頭用木板湊合搭成的導水渠的水流中，然後搓揉篩濾著泥土和砂礫，擰乾並搜尋濕漉漉的毛茸茸羊皮，那是他們之前很高明地放在所搭建的單薄水閘處的；他們全都俯身窺望，入迷得像紅隼一樣。我突然想起溫克勒先生跟我說過的事，知道他們是在幹什麼了。他們在回應我的招呼時愣了一下，但准我躺下來觀看。

他們是在淘金。金礦脈分布在這些山脈中的許多座山當中，還有銀礦，古羅馬人從前也常淘礦。金礦以薄層夾雜在岩石中，暴露在外以及侵蝕的碎礦粒則剝落下來，被磨成塵土狀混入泥土、砂土和砂礫中，或甚至滯留在草中，然後順著水流跟其他沖積土沖刷下來。這些碎礦極細小，因此才要搭水渠設羊皮去淘出它們[13]。我幾乎是順藤摸瓜地猜想「黃金」和「白銀」在羅馬尼亞語裡大概可能是「aur」和「argint」，果然如此。離我最近的淘金者，也是這群人的頭目，說他們什麼都沒淘到；但我捲了兩、三根菸跟他一起抽，客套一番之後——在我很粗淺的連串羅馬尼亞詞彙容許之下——他承認他們是淘到了一點點——不是在這裡淘到的，而是在名叫「波庫里亞」的地方，位在穆列什河另一邊的深山裡。我曉得他們在這條溪裡一無所獲，而且可能聽到的消息不正確而被誤導了。他很不情願地從腰上飾帶裡取出一個小皮袋，從袋中掏出一個更小的棉布包，解開繫繩，抖出幾粒東西到他纖細的手掌中。其中一、兩粒大概有微觀亮片大小，但大多數都不過是閃爍的微塵。他要把這包東西賣給我，而他說話時讓這些東西像金箔裝飾似地在他手掌上的智慧線和感情線之間舞來舞去；但他獅子大開口，於是我把馬褲口袋掏出來給他看作為回答，惹得他大笑。我們相處甚歡，這時有個女孩走過來，很盡職地以一種既像串通好又敷衍的低語乞討起來，他用羅姆語說了些話，於是女孩就帶著歉意的笑容中斷了乞討。我對他們用來淘金的淺木盤手工欣賞得不得了：直徑大約四十五公分，用胡桃木雕成，很輕而且打磨得很美麗，運氣好淘到的話，木盤中的金沙必然如夜空中的銀河般閃亮。這些吉普賽人是「勺子人」，精通各種鍛冶錫工和木雕。

他們是幾天前走另一條路線來到這裡的。前一天晚上，我在卡蘭塞貝什附近於黑暗中橫過一條路和一條小鐵軌時絆倒，兩者在地圖上都蜿蜒伸向東部，爬上北面幾公里外的比斯特拉河河谷，但這條路線多多少少都跟我自己那條不在地圖上且更陡峭的綿羊山徑平行。這些吉普賽人離了大路，走另一條南向的路來到這處吝嗇的寶山。與此同時，那條大路和鐵路向上攀升來到名為「鐵門」的隘口（許多隘口中的一個），然後曲折下降進到匈亞提領地胡內多阿拉，以及小鎮哈特茲哥。（這本是我該走的路線，但悔之已晚。）

把拉丁文尾部最後的音節去掉就可形成名詞，受此成功激勵之後，我對著水流做出曲折擺動的手勢並說：「p sc?」字尾發音成「sh」音；結果幾乎是對的（在語音上，「魚」是念

13 作者註：我想有些古典文學權威把這史前淘金技術和金羊毛的傳說聯想在一起了。外西凡尼亞是古典世界裡最古老的黃金來源所在，埃及古代寶藏可能就是在此開採或收集的，而且以其溫暖的「赤金」色調受到珍視。

「沛失蹄」（peshti））。「Sunt foarte multi,」那個吉普賽人說：「有很多。」然後我腦中一片空白，想不起來「trotta」和「trutta」哪個才是拉丁文的「鱒魚」，希望其中一個是[14]，但我從吃過的美味飯菜記得，匈牙利文稱鱒魚為「pisztráng」，發音跟羅馬尼亞文的「păstrăv」完全相呼應。（兩個民族都是從斯拉夫語根取得此字。南部斯拉夫人流傳的是「pastrmka」和「pastarva」，或類似發音的字，此字泛流到希臘變成「péstrofa」，到了北方的波蘭成為「pstrąs」：a字母下面的勾號代表朦朧的n字發音。這些斯拉夫語發音是何時何地沖淡了羅馬尼亞語中的拉丁文語言呢？達基亞語的「鱒魚」是怎麼說的？在斯拉夫語抹殺掉它前，這個流失的字是在哪條溪流旁最後一次說出的呢？但願我們知道就好了！）我的吉普賽新相識說起羅馬尼亞語和匈牙利語同樣都非常流利，雖然可能兩者都不是說得很好——許多漫畫故事都有賴於吉普賽的怪腔怪調和錯誤取材——跟他的同胞們交談則說羅姆語，所以他會說三種語言。在指著地圖上的地名時，我才發現他不識字，但這一點無損於他的聰明。

這些吉普賽人以及他們的寶山，很快就被我拋在遠處下方，就像較早前的那些收割者一樣。

~

像這類的樹林山坡似乎瀰漫著一種魔咒：驅使侵入者盲目地爬上山，讓他年齡減了十歲（把我減到了九歲），解除了一大堆不成熟又承傳已久的渴望，把他的念頭轉向了雪伍德森林[15]，長弓射箭的颼颼聲，劈斷的柳木杖，諾丁漢警長，吉斯本的蓋伊，還有米勒的兒子馬區；跳過大西洋，場景換成了帳篷、烽煙、屠鹿人、莫希干人[16]、戰伐前的塗臉畫身、和平菸斗、樺樹皮做成的獨木舟，以及透過楓樹枝椏間窺見的白人。有一次我在某處讀到過，約翰王[17]在位時，一隻松鼠可以從塞文河腳不落地跑到約克郡的亨伯，而不久前，樹木還曾一度遍覆整個外西凡尼亞。那時，森林必然是達基亞人的天然居所。古羅馬人顯然砍了樹成為通衢大道，並且築了道路；哥德人從他們生長著幾百萬株針葉樹的老家冒出來，在遷移到義大利和西班牙之前，待在多瑙河以北的幾世代人，大概會覺得這裡更有家鄉的感覺。（但是待在黑暗的北方，在這些達基亞的樹木中，汪達爾人能準備些什麼去換取迦太基的緞子和焚香呢？）愛流連於森林的倫巴底人在消滅林下草叢中的格皮德人之際，一定不會抱怨這裡的

14 作者註：古羅馬詩人奧索尼烏斯在作品《摩澤爾河之畔》（*Mosella*）中用的是fabio。但從波羅的海到馬其頓，斯拉夫語中的這個字大致相同——除了在俄國他們稱為forel，顯然是借自德文的forelle，或許是因為俄國本土缺乏山溪，因此也缺乏鱒魚……。很可能是一七七二年波蘭第一次分裂之後，他們通常是從喀爾巴阡山取得煙燻鱒魚的。否則，烏拉河和高加索山脈的山溪應該是離得最近的。

15 俠盜羅賓漢出沒的英國森林。

16 Mohicans，是一支使用東阿爾岡昆語的美洲原住民部族。

17 King John（一一六六～一二一六年），英格蘭國王，一一九九至一二一六年在位。亨利二世的第五子，幼王亨利、獅心王理查、布列塔尼公爵若弗魯瓦二世是他的兄長。

環境；等到斯拉夫人扼殺東歐時，他們必然就在這些樹林裡定居下來，不覺得有什麼改變。但是匈人呢？還有阿瓦爾人和沿著山谷湧入的保加爾人；說真的，以及馬札爾人本身；佩切涅格人和庫曼人呢？最後，最後那批突厥—韃靼侵略者，成吉思汗那群可怕的蒙古人，在一二四一年將這些地區化為焦土，他們又如何呢？除非南俄羅斯平原也同樣多林木，否則這些侵略者少有能見到許多樹木的；他們都是沙漠之子，屬於乾草原和苔原的民族。我可以想見拔都及其戰友挾其扁平箭匣、箭囊，身穿短鎧甲，還有靶子，以及配戴精緻馬銜與猩紅馬頸羽毛垂飾的矮種馬，在馬鞍上轉身以單眼皮眼睛彼此困惑地對望，說不定還是透過狼頭面罩；身穿多彩如鱗的盔甲，或者雙肩插有羽飾宛如鷹翅，這是根據他們的薩滿圖騰而來的；所有人都在這綿延百里的密林邊緣驚然停住。

在這樣的荒野中，他們怎能以人所傳聞的速度調兵前進，瓦解或夷平這三分之一大陸上的每座城鎮、教堂、城堡、宮殿、主教座堂、以及大修道院呢？畢竟這還是在十三世紀期間，金雀花王朝和瓦盧瓦時代，不是所有的一切都用易燃物建造的。他們只有一年時間去征服、屠殺、奴役、活捉俘虜、毀壞、然後清除——時間並不多，尤其到最後當成吉思汗在蒙古的繼承人去世，引發了蒙古王子們爭相火速趕回老家奪取王位：這是前往哈拉和林超過六千四百公里的路程。無可否認，他們讓成千俘虜死於他們的劍下；但如編年史家所說「帶著全體俘虜一起走」，必然會拖慢他們，而且在沒有炸藥的情況下摧毀建築需要時間，也需要比燧石和鋼鐵及幾根鐵撬更多的裝備，或許還得有一、兩架由水牛拖行的攻城器來拋大石搗毀。然而，據說他們卻摧毀了一切可破壞之物；而且，順便一提，還奇怪地縝密無誤，把之前千年歷史的證據也都抹滅得片瓦不存[18]。

有很多可想的。我一直在想這些蠻人究竟長得什麼模樣。以前我知道的是匈人習於穿白麻布服飾與姬鼠皮縫合而成的服裝，我還沒能從這認知中恢復過來……

來到一處長滿野草莓的河岸邊，我把伸手可採到的都吃了，然後換個好地點又開始採來吃。一個人大可整個夏天就帶個淘金木盤、篩子和釣竿，攢積黃金，靠吃鱒魚和野草莓維生，成為在喀爾巴阡山脈占據寶山奢侈逸樂的人。

更高處傳來的綿羊鈴鐺聲，打斷了這些思緒。一陣急促的亂蹄聲和狗吠聲響起，然後有個人斥責的聲音喊出了龍母詛咒：這是很普遍的羅馬尼亞誓言——在這前後關係中，是指魔鬼的母親——「Mama Dracului!」突然間，鈴鐺和亂蹄聲停了下來，我看到上方小路上有一隻公羊和十幾隻綿羊，因為我擋了牠們的路而愣然呆立不動。有一、兩隻站在右邊緣上，那裡通向深淵，於是我又喊又劈砍枝葉地擋住牠們的去路，把牠們趕進岩石一個角度的空間裡，羊群在這裡亂糟糟擠成一群，但卻都站定了。與此同時，兩隻很凶的白狗朝著羊群和我

18 作者註：我最近才曉得他們其實是開發出一種類似「希臘火」的武器去摧毀柵欄。反正結果都一樣。
譯註：希臘火是東羅馬帝國所利用的一種可以在水上燃燒的液態燃燒劑，為早期熱兵器，主要應用於海戰中。「希臘火」或「羅馬火」只是阿拉伯人對這種恐怖武器的稱呼。

狂吠不已，那個牧羊人則揮旋著牧羊杖，也用魔鬼老母威脅著牠們，穿過樹叢走下來。我們包抄了那些逃亡者，把牠們趕向山上。

幾分鐘後，我們把這群羊趕到了一處寬闊平緩的草坡上放牧。經過下方乾枯的禾桿之後，這裡綠得宛如四月的草地，成百隻羊在啃著草。陰影開始橫過坡度在草上出現，草地被啃得向草坪一樣，啃草的嚼聲不時被領頭羊的深沉鈴鐺聲打斷。即使母羊也長有彎曲的短角，小羊的羊角就更短了；但領頭羊和公羊則都武裝有沉重盤曲的羊角，簡直可以撞毀耶利哥的城牆。樹林仍然漫無止盡地向上延伸，但此時出現了一抹抹深色松樹，以其落葉樹幹和與橡樹、赤楊和角豆樹糾結的盤根奮力生長著，這時只能透過外緣樹冠掉落之處窺見較低處的山頂。西沉的太陽燃亮了遠方雲層，陰影填滿了穿插於山中的深谷。幾里格外巴特納較低處的山麓鑲了一圈光，宛如海洋生物的半淺灘般。

牧羊人拉杜和家人把我當盟友般接待。兩、三棟蓋得技術很高明的房子，櫛次鱗比的木造屋頂已經褪成了銀灰色，集中在林中空地的一端，一道有頂柵門通往以木樁圍起的院子；屋後有橢圓形的羊圈，吱嘎作響的槓桿汲水井旁是飲水槽，以對劈開的樹幹挖空鑿成。拉杜和兩個兄弟又吹哨子又喊叫的，再加上五、六隻狗的幫忙，才把這群羊趕了進去，然後拴上木柵。他們關上羊圈是免得羊跑出去嗎？我想知道。為了確定，我拍了拍一根木柵問拉杜：「為什麼？」——「Dece?」——他的回答：「Lupii」（狼群），則一語道盡。

房子周圍有寬闊的凸沿，連同內壁都粉刷過。房間內有壁爐，其上是半圓錐形的煙囪；

金黃色玉米棒很對稱地堆積成蜂窩狀，剝下來的玉米外殼葉子用來當引燃物，堆積在一個角落裡。對於一個只有在這時節才使用的地方而言，算是保持得很乾淨整潔，因為在冬天，白雪就覆蓋了一切。牆上唯一的裝飾是盞懸掛的油燈，掛在聖母聖嬰肖像前，肖像有著鍍金褶邊暈輪。

這些兄弟是很親切、害羞、自力更生的男人，滿臉大汗，棕綠色的眼睛因習慣了半瞇著盯著太陽和風看，以致眼角的皺紋以白色小扇形狀擴張到曬得黝黑的雙頰上。他們穿著鹿皮軟鞋和白色土布束腰外衣，寬大的皮帶一束，下襬就成了及膝短裙般的幅度。他們的父親面目也和外衣一樣，只除了他是一頭白髮，還穿了無袖羊毛短上衣，戴了圓錐形的羊毛帽。他坐在凸沿上，雙手交叉放在一把斧柄上。拉杜妻子的臉孔在休息養神時流露出悲傷，在行動時則露出歡樂，而且美麗得驚人；他們忙著幹活兒時，她和另一位婦女則紡羊毛線。她們的拉線棒磨損嚴重、雕刻富麗，捆在黑辮狀的飾帶中。她們的裝束呈現出精緻細節和素淨色彩：褪色的藍白色頭巾和圍裙，下身是褶裙，寬大衣袖上有褪了色的精緻平行橢圓形圖案。她們的身軀裹在看來很瀟灑的軟皮胸甲中，因為磨損而發亮，一側有繫帶綁緊。當其中一人開始紡一條新的線時，拉杜的妻子就舔一下拇指和食指尖，像個銀行出納員般，從她另一手中越扯越細的線上拉出一些羊毛捻成線，並旋轉著她的紡錘把羊毛線纏在上面；整個過程就像編織動作般無意識。她在院子裡走動時，就唱著當地民歌，每句歌詞開頭都是「Foaie verde!」（綠葉），或者「Frunze verde!」（綠葉叢）。這些綠葉祝禱詞總讓我感到像是對某種林地的禮讚，是在對山毛櫸、白蠟樹、橡樹、松樹和荊棘叢致敬，彷彿這些樹木及其葉叢具有某種神祕又利於人的力量。

除了水之外，沒有別的可喝，因此我們都從一個長頸瓶中喝了一大口水，並坐在壁架旁的凳子上，而我則是第一次吃到*mamaliga*——玉米糊粥或麥糊粥那類，是用磨碎的玉米做成的，是這地區鄉下人的主食；已經有人警告過我說很難吃，但相反的，我倒覺得挺不錯的。拉杜指著掛在牆上的槍說，要是我多留一天，我們可以有野兔當晚餐。結果後來晚餐吃的是羊乳酪：院子裡有一股凝乳和乳清的濃烈氣味，滴著水的棉口袋掛在樹蔭枝椏上，像雪白的南瓜。那個老人一手捧著、一手緊握著，正忙著做某種活兒：金屬碰撞聲之後，接著是一陣燒毛布的氣味，這是他用燧石頂著一片乾菌，用磁鐵狀的鋼鐵打擊引燃造成的；然後他吹著悶燃的碎片，把它放到一根古早蘆葦管菸斗裡揉碎的菸草上。這還是我首次見到這種原始裝置，再往南去，他們稱此為「tchakmak」。

要是我多懂一些這種語言的話，就會收集到大量有關狼的當地傳說：這房子周圍有過兩、三次狼襲。牠們通常會抓走小羊和綿羊，但目前沒有什麼可害怕的；牠們都和狼崽子待在樹林深處，到了冬天飢寒交加時，才會驅使牠們下山到谷裡來，那才是危險時節。大部分靠著比手畫腳，他告訴我前一年有一群狼在雪中攻擊了一些吉普賽人，結果除了靴子和一些碎骨之外，什麼也沒留下來。牠們聽起來是怎樣的？他把頭往後一仰，發出充滿神祕怪誕的威脅長嘯，而且也很悲楚（他也模仿了雄鹿發情時的叫聲，再過兩、三個月就會開始：那是一種深沉、原始的喉音，第二年我在摩爾達維亞高地的山溝裡聽到了：古代克里特島人必然就是在迷宮入口處聽到像這樣的聲音而嚇得要死）。狐狸、山貓、野貓、野豬、還有棕熊，則是這些樹林裡的其他主要居民。

天色晚了，每個人都開始打起呵欠，於是我穿戴好身上衣物躺到屋外的一棵樹下。拉杜拿了一條厚重的繡花毯子來給我，是他太太的嫁妝之一，說夜深後會冷。被聖體燈照亮的屋內，他太太在胸前從右往左依東正教方式畫了幾次十字架，拇指、食指和中指指尖相連，代表三位一體，然後吻了聖像畫中有光環的臉孔，道了晚安。

~

但這些牧人並非東正教徒，雖然他們的禮拜儀式以及差不多所有教義都緣於東方基督教王國的拜占庭大分支，但他們卻屬於聯合東方天主教徒——「希臘禮—天主教徒」，當地人這樣稱呼他們——他們的祖先歸順於一項聯合法案，因此有「聯合東方天主教徒」之稱，所以已不再屬於君士坦丁堡牧首或羅馬尼亞牧首的靈性子民，而是教宗的。從各地進入到基督教史的羅馬尼亞人，都是以東正教或東方教會的成員身分；但我們也知道，中世紀時期的外西凡尼亞人是匈牙利王室的臣民。在十六和十七世紀期間，土耳其人的戰爭使得匈牙利東部國土縮減成為這個著名的外西凡尼亞附屬公國。拉科齊大公們急於要把他們的東正教子民和山另一邊的同宗教親屬們分開來——一方面也是受到新教徒白話文熱情所驅——他們用盡各種手段終於成功了，使其子民不再採用斯拉夫彌撒禮（這是保加利亞人早期精神統治時期留給羅馬尼亞人的），並強制用一套羅馬尼亞語譯文；這倒不是要鼓勵民粹主義——事實上，剛好相反——而是要加深他們羅馬尼亞子民宗教儀式及其東方同宗教親屬斯拉夫（最近則換成了希臘的）宗教儀式之間的鴻溝；他們希望進一步消除斯拉夫人與希臘人的東正教世界。半個世紀之後，當土耳其的擴張朝向了與霍布斯堡爭霸天下時，新教消而天主教長；到了一六九九年，皇帝利奧波德的耶穌會憑著精明，軟硬兼施，在東方為反宗教改革取得了大勝利：也就是說，教會在外西凡尼亞對許多羅馬東正教會有了主權。透過接受聯合，新手（或叛教者）得要接受四個重點：教義中的「聖靈是由聖父和聖子而出」之句；聖餐儀式用薄餅片而不用麵包；煉獄說（這就跟靈薄獄[19]一樣，在東方完全不為人所知）；最重要的則是教皇的至高無上。其他所有不同之處：教士可結婚、神職人員留大鬍子、聖像崇拜、不同的法衣、儀式、以及做法，都維持不變。這聯盟法斷絕了外西凡尼亞層級與瓦拉幾亞和摩爾達維亞層級之間的正式關聯；但聯合東方天主教徒普通成員之間卻縈繞著不信任，結果將近一個世紀裡，許多村莊的神父都溜走了，自行去找東正教的主教們任命他們。

但最終，這些變化卻產生了與預期相反的效果。新的彌撒燃起了一股對羅馬尼亞語突然產生的興趣，還有羅馬尼亞字母及其起源。在外西凡尼亞出版的白話文宗教書籍，本是那些大公們為權宜之計而培養出來的，結果卻跟山那邊的書籍競爭起來，並形成了知性的紐帶。還有，在聯合之後，外西凡尼亞聯合東方天主教徒家中天資好的兒子就送去羅馬留學，在那裡，圖拉真圓柱迴旋而上的雕刻——羅馬士兵與達基亞戰士交手，而達基亞戰士的穿著就跟現代的羅馬尼亞山民差不多——使得他們充滿了興奮的信念，因為他們是羅馬人和達基亞人的聯合後裔，而這一切又給了長久以來一直如雲似霧存在的傳統一個具體形象。成千上萬的羅馬尼亞兒童都命名為圖拉真和奧勒良，這是統治過他們的第一位和最後一位皇帝的名字，而關於達基亞人後裔的信念也就此根深柢固。這些理念在山兩邊的羅馬尼亞人之中傳開來，培養出民族精神以及民族統一的訴求，在過去幾百年中都充分得到授予。羅馬尼亞的民族大業要歸功於聯合東方天主教會，至於虧欠的，則已因國家的廢除以及強迫回歸到東正教圈中而償還了，這些理由的世俗性和當初成立聯合教會不相上下。根本就不是出於宗教熱情的決定。

想到這一切時，我的心又回到了在杰納伯爵家書房裡，在書籍與顯微鏡陪伴下的那些個快樂早晨，《聖靈的雙出》（*The Double Procession of the Holy Ghost*）……！這根造成基督教王國劈裂的大頭釘，正是激起伯爵對歷史好奇的東西。我們曾經談起過，拜占庭東方教會認為聖靈只從聖父而來（「老實跟你說，我也不太懂他們的意思。」伯爵坦承說），與此同時，西方的天主教會則認為聖靈是從聖父和聖子而來——ex Patre *Filioque* procedit。西方這項條

19 Limbo，解作「地獄的邊緣」。根據一些羅馬天主教神學家解釋，靈薄獄是用來安置耶穌基督出生前逝去的好人，以及耶穌基督出生後從未接觸過福音之逝者。另外，靈薄獄也安置了未受洗禮而夭折的嬰兒靈魂。

文——還先不提頭七次的大公會議（只在東方有效的會議）——最初是何時冒出來的？參考書很快就在書房桌上堆積如山。「找到了！」過了一會兒，伯爵就喊道，然後念出來：「這句話是在西元五八九年於托雷多（從沒聽過這地方！）舉行的第三次大公會議上插入教義中的，當時阿拉貢國王雷卡雷德放棄了阿里烏教派的異端信仰！」伯爵興奮地抬起頭來：「托雷多！國王雷卡雷德！他是個哥德人！說不定是來自於這些地區，我的意思是，他的祖上——一群像烏爾菲拉斯那樣的人[20]去了西歐！」他以順口溜方式跳讀著一頁頁內容……「這項條文還沒在羅馬通過……從教義中的手稿省略掉……可能是一位謄寫員誤將其包括進來的，唔……西元八百年，阿奎萊亞的保利努斯在佛里烏利舉行的世界主教會議擁護此項條文，對，對，對……但只有法蘭克人採用了此項條文……有了，在這裡！『法蘭克僧侶在耶路撒冷吟誦聖靈是由聖父和聖子而出！東方僧侶們的憤怒與騷動！』」他停下來搓著兩手。「但願我也在現場！」他把眼鏡推回去片刻後又繼續念。「教皇利奧三世努力要壓制這項附加進來的條文，不管查理大帝的堅持——當然，他是個法蘭克人！——但卻同意此說。唔，聽起來像是臨陣退縮了……但是下一任教皇採用了……這時已經到了九世紀。然後就到了佛提烏[21]，這位偉大的東方普世牧首以及普遍的憤怒，東西方教會彼此將對方逐出教會，最後到了一〇五四年終於絕裂……。」他抬起頭來。「我一直想知道這件事，以前一直不成，一直不成，」他說，然後闔上書，「現在成了。」

他翻閱著他太太的聯合東方天主教彌撒用書，翻到了該教禮儀說明之前的指示：「『彌撒中，關於聖靈來自聖子與道，不包括在這教義中。一四三九年於佛羅倫斯舉行的大公會議中，教會絕不要求東方教友在禮儀中加入此句，只要求他們信奉此信仰的這個信條。』信奉就好，但不要說出來！」他大聲說：「心照不宣的教條！」我說這聽起來像是隱晦式的忠貞。「請記住，」伯爵嚴肅地說：「你是在談聖靈。」

處於東正教教徒之中，聯合東方天主教徒一直背負著模糊的逃兵印記；而處於外西凡尼亞一般的天主教徒之中，他們又多少有點——而且頗不公平的——非驢非馬的不倫不類。忠誠的轉變當然是政治理由多於精神上的信念所促成：一方面是反宗教改革與宗教熱情，另一方面則是從嚴酷的壓迫形式逃離到稍微沒有那麼嚴酷的機會。後代子孫以農鄉的頑強韌性堅守其信仰，在烏克蘭仍然如此，他們的故事縈繞著高尚與感傷。

然而，所有聯合東方天主教徒之中的第一批人，卻非外西凡尼亞人，也非盧森尼人，而是帕里奧洛格斯王朝後來的成員：邁克爾八世[22]，為時很短暫，最後，是東羅馬帝國的最後兩位皇帝。我們的思緒必須飛回到拜占庭最後那些年裡，當時突厥人已經逼近到最後一幕

20 Ulfilas（約三一一～三八二年），哥德人主教兼基督教傳教士。他是《聖經》譯者，也是哥德字母的創造者。

21 Photios（八一〇～八九一年），也稱聖佛提烏、大佛提烏、佛提烏一世、佛西要、聖弗蒂烏斯，中世紀前期基督教君士坦丁堡普世牧首、學者。

22 Michael VIII（一二二三～一二八二年），東羅馬帝國皇帝。他是帕里奧洛格斯王朝的奠基人，這個王朝一直統治到一四五三年君士坦丁堡陷落。

了。為了希望西歐能加以營救，才使得該王朝的約翰八世帶著廷臣與神職人員踏上不同尋常的旅程，前往佛羅倫斯，經過情形已由戈佐理[23]繪在梅迪奇府邸牆上壁畫中以為紀念。在至尊聖母教堂裡商討過程中，兩位東方的高級教士被授予紅衣主教之冠；但在國內，主要是由「聖靈是由聖父和聖子而出」之論引起的騷動也正在醞釀中。儘管如此，不管願不願意，而且是在東正教的抗議之下，皇帝還是接受了西方的要求。史學家吉朋[24]描述這高潮時刻來臨時，皇帝坐在主教座堂一邊的寶座上，教皇坐在另一邊。「我差點忘了，」他寫道：「另一個深得民心的東正教抗議者：一條受寵的獵犬，通常都安靜地躺在皇帝寶座下的地毯上；但是在宣讀聯合法案的時候，這條狗狂吠不已，皇帝隨從也沒有出面哄牠或鞭打牠要牠安靜下來。」然後皇帝就得回去面對他的拜占庭子民對他喝倒采。但是，除了一些英勇的熱那亞人之外，沒有救兵前來，而約翰的兄弟君士坦丁十一世，他仍然是個聯合東方天主教徒——不過看起來並不情願——則在突厥人攻打並占領該城的混戰中陣亡。「君士坦丁堡最後的苦難和陷落，」吉朋說：「比拜占庭諸帝王長期的繁榮時期更加輝煌。」

但卻是吉朋引述的第一部分讓杰納伯爵發火了。「想想看！一條狗在教堂裡！不知道這條狗叫什麼名字？是什麼品種的狗？我敢打賭，是阿拉伯賽狗的一種……」稍停片刻之後，他說：「這讓我想起一個類似的場合：一八七〇年為教皇無誤論而召開的梵諦岡大公會議！無休止的一個個會議以及遊說，你知道的，結果除了瞎鬧，一事無成——施瓦岑貝格、杜旁魯普、曼寧、以及其他那些人。但他們硬是完成了。當此論行禮如儀地在聖彼得大教堂裡宣讀時，爆發了一場可怕的暴風雨——烏雲黑如煤灰！閃電如叉！大雨、冰雹和雷聲，根本一個字都聽不到！」杰納伯爵是個隨和又很虔誠的天主教徒，置身在他那些蛾以及昆蟲標本盒間露出燦爛笑容。他很愛這類事情。「一個字都聽不到！比皇帝的狗狂吠還糟糕！而且，第二天普法戰爭就爆發了，法德兩國所有的紅衣主教都上了新築的鐵路趕回北方——當然是坐不同的頭等車廂——中途在多莫多索拉下車，在月台上抽菸、伸伸腿時，彼此視若無睹……」

嗯，因為這一切，結果拉杜及其家人，在羅馬教會管轄兩個半世紀之後，又成為東正教教會的成員：也許，也挺讓人困惑的。

～

從樹木間伸出了峭壁以及岩石帶，有時樹林會缺了口，讓路給坍方的山坡與滾落的巨石和遍地卵石的山坡。空氣中瀰漫著一股松針和腐爛的氣味，老樹幹因腐爛而倒了下來，樹苗的淺色葉子取代了它們，以各種光散布在這片大地上，並將之分解為成百的絲絲陽光。一條可能只有野獸才使用的山路，遲疑地前進；樹葉、毬果、松針、橡實、櫟樹癭、山毛櫸果實、以及栗子裂開後的外殼，長久以來必然不停堆積，鋪成了厚厚的地毯。有一株倒塌的松

23 Benozzo Gozzoli（一四二〇～一四九七年），文藝復興時代大師。

24 愛德華．吉朋（Edward Gibbon，一七三七～一七九四年），英國歷史學家，《羅馬帝國衰亡史》的作者。

樹糾纏在爬藤中，當我四肢並用地爬過樹下生長的毛地黃和蕨叢時，一手在樹葉中摸到了某樣東西，那是有五個角尖的公鹿角；很不平凡的東西，從底座皺褶的冠狀到頂端尖角都硬如象牙。看起來這麼多皺紋又多瘤粗糙的東西，怎會有如此快速生長又如此短暫的生命呢？它們在春天宛如雙生的思緒從腦中破殼而出似的，從一隻公鹿的額頭上穿刺生長出來，然後以植物的流暢發芽、分枝，在成長過程中不斷骨化；每年都長得更大，尖刺變得更厲害，然後，天鵝絨般的外層茸皮就要抵著樹幹和樹枝，磨成如碎布條般，直到這隻公鹿已用鹿角武裝好，可以去清除樹林裡的對手；只不過到了冬末，鹿角就會如換羽般再度脫落。這支鹿角大約四十五公分長，有著完美的平衡度，我覺得自己好比獵人赫恩[25]般穿過蕨叢動身上路。把鹿角留在當處是不可能的，就算我沒法一路把它帶到君士坦丁堡，也要帶走它。

未幾，我就碰到了四隻母鹿，每隻都帶著一隻小鹿在吃草，或者咬扯著環繞林邊空地周圍的樹枝。我一定是站在了下風；因為當我走到相當近時，牠們只是抬了一下頭。牠們慌張地轉過身，朝向樹下草叢以大弧度往山下奔去，直到白色臀部相繼消失；就在牠們飛奔而去時，那時才見到有隻棕紅色的公鹿抬起頭，鹿角一掃，那鹿角比我手上這支要寬多了；就在那些母鹿騰躍經過時，公鹿的角由側面轉向正面，就像把雙燭台分開的宗教儀式似的。牠寬大的雙眼嚴峻但不聚焦，背上黃褐色的皮毛上點綴著白點，鹿蹄整潔而有光澤。牠轉過身來，先踩了一、兩步穩重又趾高氣昂的步伐，揚起頭及其上的鹿角快步走幾下，然後就一躍而下了山坡跟著母鹿跑了。那雙鹿角隨著每一步的跳躍而起伏著；接著牠飛躍穿過一道枝椏屏障，就像一匹馬穿過一個大箍圈般，然後那些枝葉就在牠身後合攏，牠就衝落下山，跑出了聽得到的範圍內。

我幾乎不敢相信幾秒前牠們全都還在這裡。我這支鹿角以前是否屬於牠，是幾年前脫落的呢？說不定到現在牠都還沒完全長好角，雖然已經是八月初了，我卻沒見到磨破的鹿茸皮層……總之，我手上的寶貝也很可能已有幾世紀之久了。

一點一點的，裸岩的肩胛開始惡意地侵占起較高大樹木的立足地來了，而我正前進穿過矮小的冷杉和礦渣般的碎石地，碎石地上長滿了亂七八糟的薊草。右邊冒起了一道蒼白的礦嶺；左邊突起一座更加高得多的嶙峋山嶺，再過去的遠方還有另一座，又皺又灰白而且沒有陰影，就像正午發出的強烈陽光。我正沿著滿是灰白岩石與巨石的空谷走著，小冷杉如羽毛般很無趣地點綴其間，到最後連這些也逐漸消失不見。山地曲折使我誤入歧途，我不確定是否真的在自己所以為的地方，或者是應該在的地方。這是個有著埋骨之地慘白的荒涼之所，一陣風吹起，更加有荒涼感。潮濕的霧氣沿著低谷往前飄，起初是薄薄的一縷縷，接著是比較濃的一團團，摸起來潮呼呼的濕氣，直到變成幾公尺外什麼都很難看到。我一定是位於雲霧的中心點，也就是平原上的人遠眺山脈時所見到妝點山脈的那些雲彩其中一處。當霧氣化為牛毛細雨時，我摸索著往這道山脊的一側爬上去，這道山脊已經偷偷地在我以及跟隨著走

25 Herne the Hunter，傳說中出沒於英國伯克郡溫莎森林和溫莎大公園的幽靈，頭上長著鹿角。

了兩天的山坡之間堆了出來。最後，我在這山脊上找到了一個裂口，陡峭地從霧氣中爬了出來，然後往下再度經過那些巨石以及一片片不穩定的碎石地險灘，穿越過薊草地帶與矮杉林，把來時的上山過程倒著又走一遍，直到走回到蕨叢與庇蔭的硬植木和松樹之中。在山上荒無人煙的地方七手八腳爬過一番之後，我失去了方向感；等我找到了一條綿羊踏出的小徑痕跡時——除非是鹿踏出來的——就沿著它微斜的路徑走去，希望會左轉，結果只是徒勞；直到傍晚時分，我聽到遠處傳來了狗吠聲，不時夾雜著鈴鐺聲，到最後，是我聽不出地點的清亮流動的音樂聲。但是等到樹林豁然開朗時，眼前的草坡、遠處盡頭的木瓦屋頂、以及放牧吃草的綿羊看來都挺眼熟的。是拉杜的林間空地；我繞了一大圈又走回來了。

懊惱只持續了片刻。我還以為再也見不到這地方了呢！

音符是出自拉度的兄弟米海之手，他正坐在一塊綠色岩石上，身旁是他的牧杖，他在一株青苔遍覆枝椏的巨橡樹下，吹奏著九十公分長的六孔木管。那是一種令人著迷的聲音，有時流動而清亮，有時吹到低音符時，變得尖利而蒼涼。二分音符和八分音符縈繞盤旋，在每一段結尾下沉到全音符，然後再攀升繼續前進。山谷對面，太陽已經落到較低山脊後面，雲朵打破落日陽光，將之化為一道道綿長的光束。它們爬到我們的窗沿上，撫摸著樹葉底面，照亮了綿羊身上的羊毛。橡樹枝、浮雲、以及曲折穿過樹幹的幽暗苔蘚，都突然被落日的光輻射中。鳥兒四散於空中及樹枝最頂端，有幾分鐘的時間，所有樹幹都被晚霞染成色如血橙的猩紅。此情此景大有可能就是阿卡迪亞[26]或天堂裡的桃花源，而我們踩著草地前行，伴隨著鹿角及笛聲，還有五條狗組成的班子，就像謎樣寓言或失去來龍去脈的神話中的演員般。其他人既驚訝又歡迎我，感覺就像回家一樣。拉杜大為不解：我幹麼帶著那支鹿角到處走？前一晚說要打野兔加菜的想法可沒忘掉——事實上，我這趟回來可能是注定的——因為他的獵槍正靠著一棵樹，院子裡飄著一股混雜著洋蔥、大蒜、匈牙利紅椒、以及月桂葉的濃烈氣味。

第二天早上我幫他們一些人畫了些素描肖像送給他們之後，就又上路了，由米海帶路走了三、四百公尺，他給了我很多指示，但我聽得似懂非懂。

～

從拉札爾南下之前那些日子裡的東奔西跑與隨興，把我腦子裡的認真計畫都趕得一乾二淨。離了馬洛須河之後，妥善的做法是沿著它的支流切爾納河[27]走，再度經過匈亞提城堡，然後走到美麗的哈采格山谷，在此，我大可留宿於古怪的K伯爵家——他騎馬時用個袋子套住馬首（此君名氣廣為流傳；一提到他，牧羊人都泛出笑意）。然後，我大可攀越過森林去到壯觀的雷泰札特山地，伊斯特萬就曾提議過我們或許可在這裡獵到羚羊。等到我歷經這些

26 Arcadia，古希臘一山區。原文意指躲避災難的意思，引申為「世外桃源」之意。

27 作者註：警告：後來又有一條像這樣的同名河流。這地區到處都是這種令人混淆的重複名稱。

山區裡的日子，再度抵達文明地區之後，悔不當初地了解到已經錯過了什麼：也許包括羚羊；深沉寂靜的山谷；一種玫瑰紅的特別石南花，嗅起來像肉桂，並以布魯肯塞爾伯爵命名；幾百條溪流；宛如金字塔般高聳直入天空的山峰，又筆直地墜入深淵；亂石間的瀑布流水；幾十個高山湖泊⋯⋯。然而，讓我為之一驚的是，我幾乎沒少看過奇景。昨天遠遠瞥見的會不會就是雷泰札特峰頂呢？也許不是。我當時不知道，現在我還是不知道[28]。

其餘的奇景都隱藏在那些如迷宮般的山谷中。深藏於山谷中心的則是薩爾米澤傑圖薩遺址，這是達基亞人的首都，也是國王德切巴魯斯的據點。等到他減少了羅馬帝國的錢幣而改為一種達基亞錢幣來付給達基亞人時，德切巴魯斯及其王國已成了對抗羅馬帝國空前最大的勢力；他是個偉大又崇高的人物，當羅馬皇帝哈德良入侵他的山區時，簡直就是勢均力敵。歷經了一場慘酷又艱苦的戰事，動用了羅馬帝國一切戰術與圍城工藝去制服他：總之，德切巴魯斯對這些技能都是半吊子；到最後，與其投降被綁著由人牽著凱旋示眾，這位國王寧取羅馬人自刎的高尚方式了斷。薩爾米澤傑圖薩變成了烏皮亞特拉亞納，古羅馬第十三雙子軍團的據點，至今此地仍可見到凌亂的雕刻片段，讓人憶起第十三雙子軍團，此名稱聽起來像是個有雙倍兵力的軍團。只要這個行省持續下去，它的老鷹標誌就會在這裡坐鎮。壯觀的城牆以及一座圓形劇場的廢墟，都顯示出此城的重要性；破碎的神像與帝王石雕，以及粗鑿的神廟大石塊散落於該地區；倒塌的聖壇訴說著伊西斯女神[29]與密特拉神[30]，腳下有裂紋的馬賽克在古老的飯廳裡展開了神話故事地板。

要讓自己努力保持走在這山嶺的西坡上，最困難的部分是要避免喪失高度感，以及這些山的紋理想要強加諸我的方式；但是隆起的高低不平地勢、岩石地帶、沖積錐、以及坍方，卻讓我很難做到；問題通常是先要曲折下到山溝底，然後再爬上到另一邊去，要不就是猛然一個轉向進到一處差點讓我走錯路的腹地。我兩者都做了；但是，藉由看太陽方位以及我那復活的手錶和指南針（到目前為止，只有在匈牙利最後一天時用過），我總算設法讓自己沒一失足成千古恨的走丟。

我整天都沒見到一個人影；卻見到一些紅松鼠，還有幾隻黑的，以及無數的鳥類；但是唯一比較大的生物就只有鷹，而且通常都成雙成對，慢悠悠高傲地在岩石堡壘周圍盤旋滑翔，此外還有金雕。有時候在往下走鑽進樹林裡時，我在高處望著那一片宛如闊碗的樹頂；其他時候，則大步踏過鞍形山的草地或攀爬過那些遼闊的空間，從下方看來，這些地方像是光禿一片；但大多數時候我是沿著我能拆解出的昏暗林間山路走；不時要中斷繞道而行，迴避那些討厭的層層而下的頁岩，然後再走回樹枝下方的山路。像往常一樣，處於綿延的孤獨

28 作者註：唯一的解決方法就是去那裡爬它。

29 Isis，古埃及宗教信仰中的一位女神，對她的崇拜傳遍了整個希臘—羅馬世界。她被敬奉為理想的母親和妻子、自然和魔法的守護神。

30 Mithras，太陽神、光明神或戰神，一至三世紀在羅馬帝國受到崇拜。

之中時，詩詞與歌曲就成了救星，有時也會開始製造回音。我還有很多食物，又有十幾條小溪可以喝到水，有很多溪中還長了茂密的水田芥，當我像傍晚時分的公鹿俯身在溪邊時，我想到自己是多麼開心，在這特殊的一刻，不是安心乖乖地站在桑赫斯特皇家軍事學院的閱兵場上。牛津大學會更好，但此時此地卻是最好。

我找到過夜的凸岩，三面有樹木遮蔭，第四面則可見到松樹梢延伸往深處。火燒天般的晚霞餘暉消逝，倦鳥歸林的亂哄哄也平靜下來後，我裹著毯子，點燃一根蠟燭，掏出我的書來讀上幾頁，追看西奧多．金布利的歷險故事。繁星密集得令人難以置信，凝望上空讓人變成了千萬富翁，更棒的是英仙座流星雨依然如煙火般落下。我已經走了很遠的路，所以很快就睡著了，但到了深更半夜，寒意讓我醒來，我又穿了件球衣，喝掉了隨身酒瓶裡剩下的酒，發現遲遲升起的月亮已經熄滅了許多星星，就像古希臘女詩人莎孚說的。這輪下弦月照得樹林呈現出景觀和深度，月光也照亮了岩石。

早上動身不久之後，我在懸崖上的草地停下腳步綁緊鞋帶，這時聽到半吱嘎半窸窣的聲音。望向下方約十四公尺處一個類似的凸岩，發現自己正窺看一隻非常大的鳥的駝肩，黃褐色羽毛與淺栗色調的羽毛交接處：這些羽毛長在牠的頭頂及頸背上，而牠正用飛揚跋扈的彎鉤鳥喙清理著胸部與肩上的羽毛。這鳥跳了小步，移位到凸岩稍遠處，這時才吱嘎叫了一聲，左翼完全張開，開始搜尋腋下，我這才認清了牠體型之巨大。牠近得足以顯現出每一細部：馬褲狀的淺黃羽毛蓋住了四分之三有鱗細腿，爪上的黃與黑色，尾羽端呈方形，上半部喙底有黃色條紋。從腋下轉移到主翼羽，牠開始梳理整齊，彷彿夜晚弄亂了牠的羽毛。牠不慌不忙地把翅膀收起來，然後張開另一邊的翅膀，那個動作有一下子看來差點讓牠失去了平衡，然後同樣用心地梳理打扮。

我小心得連眼皮都不眨，必然看了有整整二十分鐘之久。等到兩邊翅膀都收好了，牠熟練地窺看著周圍，不時聳聳肩、彎彎背，半張開翅膀然後又收起來，有一次則像打呵欠似的，鳥喙上下顎伸展得大大的，直到那長度突然一衝動，吱嘎一聲，全身一震，雙翅全張至最大幅度，搖晃了一下，彷彿平衡不穩；跳了兩、三下，像穿了馬褲的腿緩緩躍起，就已經到了空中，當牠雙翅拍向下時，所有的主翼羽都一根根張開如扇，羽端昂起，接著就又朝上飛揚。拍了幾下翅膀之後，兩邊翅膀就都暫停休息，形成一線，這時所有的主翼羽都朝上捲，使得牠讓無形的氣流帶著牠上下浮沉遠去，在飛越過深淵時用難以察覺的動作調整著平衡。片刻之後，響亮但無形的拍翅聲從一處扶壁彼端傳來，只見第二隻大鳥幾乎毫無聲響地追隨著牠。牠們輕輕搖擺著，彼此之間隔著很寬的空間，就像船隻位於緩慢起伏的海面上。接著，牠們飛越過斜邊陰影，這片陰影從喀爾巴阡山脈的天際線延伸到巴納特山脈的山側，這時，晨曦照亮了牠們的翅膀，讓牠們倆都顯現出了威武鷹揚的本色。俯覽著這鷹王與鷹后，超然相伴在空中滑翔，為我帶來了很長一段時刻的喜悅。想想看！吉爾吉斯人用金雕來狩獵呢！他們騎馬帶著金雕，看似不可能的壯舉，然後在乾草原上拿掉金雕的頭罩，讓牠們凌空翱翔，偵查羚羊、狐狸和狼的蹤跡，之後飛撲向牠們的獵物。拉杜也曾經提過，在這一帶，牠們有時會跟狼競相掠奪羊群，後來我才知道，在洛多皮山脈[31]的游牧族薩拉卡察尼人的綿羊和山羊群，以及拉杜的親戚，班都斯山[32]的庫佐弗拉赫人的羊群，都難逃牠們的魔爪。牠們在羊圈上空盤旋，選好目標，然後像標槍般俯衝而下，抓著哀號的羔羊飛上天空。

不知道這兩隻是否早上兜完風降落在此，還是牠們的巢在附近。最好別看！（我腦中突然浮現一幕情景，《週日快報》〔*Domenica del Corriere*〕令人毛骨悚然的頭版，用鈷製的深藍色、橙色和墨黑印成：一名守門員在嚇壞的球隊眾目睽睽下被一條巨蟒壓死：「越位！杜林[33]發生一宗意外」；三隻犀牛追著一名加爾默羅修會[34]修女跑過一處亂哄哄的亞平寧市集：「一次不幸的相遇」；又或者，在這情況下，「去拯救孩子們！」——一窩小鷹還有兩隻鷹正在把一名來襲者撕得粉碎，這人則拚命用一支鹿角打牠們……）

隨著往南走，我可以跟隨牠們沒有動作的翱翔以及悠然的盤旋，走上很長一段時間。這次邂逅，離那次與鹿角的短暫如阿爾特多費[35]幻象般畫面的邂逅，不到二十四小時，幾乎有點讓我吃不消了。不知道我走過的路徑曾離野豬有多近，又或者可能會走得多近；還有離狼或熊有多近；據說一年之中的這段時期，牠們都離人類遠遠的。我還沒見過牠們任何一隻；但說不定在我跌跌撞撞走過時，牠們見到過我。熊對蜂蜜出了名的熱愛，以及那些收割者的蜂巢又怎樣了呢？我渴望瞥見牠們其中之一用O型腿緩步經過中等距離，或者踮著腳走過去，遭到蜜蜂攻擊滋擾，為了找一個蜂巢而進入空心樹幹中。夜裡的樹枝上有過像是不安之靈的動靜；比松鼠要大，有聲響：可能是隻野貓還是山貓？說不定是隻松貂。

黎明開始，天黑結束，只有淺眠將兩者分開，在山區裡的每一天過得都像是平地的一週，二十四小時會自行拉長得像是一輩子，而山上稀薄的空氣、敏銳了的官能、堆積的細節、以及萬花筒般的場景變化，似乎都把連串的事物變成了一種永恆。我感到自己深深投入了這令人目眩神馳的幽靜孤獨中，每分鐘都越來越不想再下山去而準備永遠這樣走下去。謝天謝地，我心想，一面沿著一座長滿松樹的幽暗峽谷攀爬著，眼前看來還不像是會結束。但是突然間，遠處微微傳來一把斧頭砍下的聲音；接著是兩、三下。不管是從多遠處傳來的，這聲音敲響了可惡的通知；它說到了山下世界裡的人，以及自從離了牧羊人之後兩天的與世隔絕，已經在我心中植入不容挑戰的擁有感，而我擁有一切所見或所聞的事物。

~

那些斧頭都在辛苦工作。橡樹、山毛櫸和赤楊矗立在人跡罕至之處，位於亂七八糟砍殘了的樹樁、圈圈木碎、以及砍倒的松樹之間。這些樹是用雙柄鋸先鋸到快斷的程度，再用斧

31 Rhodope mountains，地處歐洲東南，其面積百分之八十三以上在保加利亞南部，其餘部分在希臘。
32 Pindus，希臘北部山脈，延伸至阿爾巴尼亞南部。
33 Torino，義大利北部的重要城市。
34 Carmelite，創建於巴勒斯坦的加爾默羅山（又譯「迦密山」），會規嚴格，包括守齋、苦行、緘默不語、與世隔絕。
35 Albrecht Altdorfer（一四八〇～一五三八年），文藝復興時期歐洲神聖羅馬帝國日耳曼畫家、建築師，專長是風景畫。

頭、大木槌、楔子將之斲斷，甚至就在我觀望時，這些樵夫正在把楔子敲進當天最後一株受害樹木中。只有在舉起大木槌要敲下一次時，前一次的撞聲才傳到我這裡；很快地，隨著劈裂與轟隆聲，那棵樹就倒下來了，然後他們就上前去用鋸子、斧頭、柴刀除掉枝葉，修剪倒塌在地的樹幹。等剝治好的原木材累積夠了之後，就召來一支馬隊，帶著抓勾和牽引裝置，把這些樹幹拖到林間空地邊緣，然後傾倒出來展開一場陡峭之旅：原木一路亂七八糟地壓過草地，向下滾到載貨車可以裝運它們的地點。這讓我想起在奧地利多瑙河一帶的森林中見過的一道道積雪，以及松木樹幹像散落的火柴盒般從積雪上滾下：全部等著鋸成交易用的木板，或一起放到木筏上漂流到下游去。

我是靠德語而曉得這一切細節的，告訴我細節的是個身穿紅格法蘭絨襯衫的魁梧男人，戴了像某部電影裡一名記者所戴的賽璐珞遮光帽片。離了樵夫隊伍後，他就帶著我同行，來到了一棟鐵皮瓦楞屋頂的原木屋，屋裡桌旁格格不入地坐了一位身穿黑西裝的大鬍子男人，頭戴翻邊黑色河狸帽，正在翻閱一本很大、幾乎翻爛了的書，眼鏡都快貼到印刷文字上了。再過幾年，他就會跟霍爾曼．亨特[36]作品《聖殿中的長老們》（The Temple by Holman）裡的其中一位長老一模一樣，而且他也正是一位長老。兩名跟我差不多年紀的兒子，也都穿了黑衣服，分別坐在他兩旁，跟他一樣陶醉其中。他們也明顯是宗教之人：你可以從他們兩鬢垂下的捲髮綹，以及遮掩住了如蠟的兩頰、從未修剪過的大鬍子看出來。跟穿格子襯衫的男人真是太不相同了；他是這位猶太教拉比的弟弟，面容特徵大有可能是位不懷好意的漫畫作家筆下的作品。他是這項特許伐木權的工頭，來自薩圖馬雷——匈牙利王國時的薩特馬爾——外西凡尼亞西北部馬札爾地帶的城鎮。拉比及其兩名兒子來這裡跟他一起待兩星期，那些伐木工人則都是來自這同一地區的山民。

當工頭領著我走到桌旁這群人身邊時，他們頗疑慮地抬頭望著；幾乎是一臉警覺。給了我一把椅子後，我們還是很心虛、不自在。「您從事哪個行業？」工頭倒是一點也不怕羞，一臉直率困惑的問我。「您是生意人嗎？」我是不是小販？我對此一問有點不高興，但有此一問也完全合理。沒有人像我這樣遊蕩的，而且我猜想會在這一帶行走的陌生人，如果不是乞丐或不折不扣的壞蛋，那就一定是小販，雖然我從來沒遇到過上述任何一種人。（但是一個陌生人出現在像這樣的地方，顯然是需要解釋的。那些牧羊人和吉普賽人起初見到我時，都流露過一絲疑慮：荒野中來歷不明的人都是不好的預兆。在從前，這些人往往是為了來圍捕沒去盡封建服役義務的慣犯；現如今，則多半是來徵稅、人口普查編纂、敲詐放牧費、搜捕罪犯、逃兵、或者到了該入伍而潛逃的役男——各種惱人之事干擾了森林的自由。）當我竭力解釋我的理由或不待在家的原因時，我的對談者們看來都很困惑。我為什麼在旅途上？因為要看看這個世界，要學習，要學語言？我自己其實也不太清楚。對，是有部分這些因素，但最主要的——起初我想不出怎麼說，然後等我想到了——「為了好玩」，聽起來卻不

36 Holman Hunt（一八二七～一九一〇），十九世紀英國畫家，是前拉斐爾派的創始人之一。

太對勁，於是他們的眉頭仍然緊皺著。「所以，你到處閒逛是為了好玩？」工頭聳了聳肩露出笑容，用意第緒語對其他人說了些話；他們都大笑起來，我問他們笑什麼？「這是種外邦人的享樂！」他們說。「外邦人的享樂」，他們解釋說，是某種猶太人以外的外邦人所喜愛、但猶太人卻無動於衷的東西；可以是任何非理性或異乎尋常的執念，一種外邦人的樂趣或非猶太人做得津津有味的事。這話似乎一語中的。

這些山區裡的其他住民，初見面時的保留態度並未持續很久；此處也一樣：不過這些猶太人卻有別的理由保持戒心。幾世紀以來對他們的迫害並未結束；上個世紀末在匈牙利還有過禮拜儀式謀殺案審判[37]，近代在烏克蘭還有更多這類冤案，在羅馬尼亞有激烈的行為，在比薩拉比亞以及整個俄羅斯西特區[38]都有過種族大屠殺。誹謗的假語村言大量出現，而像「錫安長老會紀要」（Elders of Zion）[39]那類反猶太的黑心謠言才剛在十五年前活動起來。與此同時，可怕的徵兆正在德國聚集起來，但究竟有多可怕，我們沒人知道。這些都進入了我們的談話中——現在看來似乎很不可思議——我們當時竟然談到了希特勒和納粹，彷彿他們只是代表了歷史上一個暴烈階段，一種可能很快就會消失的短暫失常或噩夢，就像雲消霧散或噩夢過後了無痕。在英國的猶太人——一個比較開心的主題——接著出現：他們知道的比我多得多，這點倒不難；還談到巴勒斯坦。談話之間夾雜著嘆息和認命的幽默感。

提到經卷時，一切就來了個大轉變。拉比面前的那本書是《妥拉》（*Torah*）[40]，或至少是此經的一部分，用密密麻麻的黑色希伯來字母印成，對一個熱愛字母的人而言，簡直難以抗拒；尤其這些特殊的字母還散發著魔法光環。我很費力地靠語音學來解讀出某些比較簡單的字音，當然一點也不懂它們的意義，而這為我對符號的興趣增添了樂趣。我把之前在布拉提斯拉瓦的商店以及咖啡館裡的猶太報紙上抄寫下來的某些文字給他們看，這些文字的意思我已經忘了，結果使得他們大笑；原來那些《舊約聖經》使用過的符號是在推薦一個修傘的攤子，或者「丹尼爾・基什，出售猶太香腸與乾肉腸」[41]。《米利暗頌歌》（Song of Miriam）原本聽起來是怎樣的？還有《底波拉之歌》（Song of Deborah）；大衛王為押沙龍[42]唱的哀歌；還有沙崙的玫瑰以及谷中的百合花呢？透過我蹩腳的德文翻譯出我想要講的是哪幾段，他們一弄清楚之後，拉比就馬上朗誦起來，兩個兒子還不時伴著他朗誦。我們的眼睛都亮起來了；簡直就像是一場奇妙的遊戲。下一段是巴比倫河邊，琴掛在那裡的柳樹上；他們異口同聲朗誦出來，及至朗誦到「耶路撒冷啊！我若忘記你」時，那一刻真是莊嚴極了。我的日

37 此指猶太人遭基督徒排擠迫害，誣告他們綁架拐帶基督徒幼童用來在禮拜時殺害獻祭，造成許多冤案。

38 Russian Pale，俄羅斯帝國時代西部某一特定範圍，准許猶太人永久居住。

39 一九〇三年在沙俄首度出版的關於反猶太主題的書，原始語言為俄語，作者不詳，其內容描述所謂「猶太人征服世界」陰謀的具體計畫。

40 為猶太教的核心。其意義廣泛，可以指《塔納赫》二十四部經中的前五部，也就是一般常稱的《摩西五經》。

41 作者註：參見《時光的禮物》，頁三〇八～三一〇。

42 Absolom，押沙龍在《聖經》中是大衛王的第三個兒子，以色列國王。他被認為是全國最英俊的人。

記後面還有拉比親自用希伯來文題的幾行字；因為用的是草體字，我是一點也看不懂；我在這段文字下面拼寫出了他朗誦這段話的發音。

Hatzvì Yisroël al bomowsèycho cholol:
Eych nophlòo ghibowrim!
Al taghìdoo b'Gath,
Al t'vashròo b'chootzòws Ashk'lon;
Pen tismàchnoh b'nows P'lishtim,
Pen ta'alòwznoh b'nows ho'arèylim.
Horèy va Gilboa al-tal, v'al motòr aleychem . . .

朗誦到此處，他的聲音消失了一下，接著又繼續下去：

Oosodèy s'roomòws . . .

有幾個字聽來像是專有名詞，透露了這句必然是：「不要在迦特報告」，也就是說，「不要在亞實基倫街上傳揚；免得非利士的女子歡樂，免得未受割禮之人的女子矜誇。」接下來那句沒念完的必然就是「基利波山哪，願你那裡沒有雨露……」。到此時，超凡脫俗的拉比和他的兒子們以及我都興奮無比，熱情高漲。這些在英格蘭如此有名的《聖經》段落，對他們而言更有雙重意義，而他們的感情也充滿感染力。他們似乎嚇了一跳——也很感動——他們部落的詩歌竟然在外面的世界享有如此榮耀與深情；完全與世隔絕，我想他們並沒有這意思。一股非常溫馨又喜悅的感覺冒了出來，拉比不斷擦拭著眼鏡，倒不是因為要用，而是出於歡欣緊張的關係，而他的弟弟以和藹、覺得有趣的態度觀察著我們。就在我們坐在桌旁時，天已經黑了，等到他拿掉煤油玻璃燈罩點亮燈時，三副眼鏡閃亮著。要是換了星期五晚上，拉比說，他們就會請我來點燈；他解釋關於「安息日的外邦人」的事。這是家境好的猶太人——「不像我們」——在安息日雇用外邦人來幫他們家裡生火、點燈，打結、解結，或做其他許多律法不容在第七天做的雜務。我說很遺憾那天才不過是星期四（安息日是從星期五日落算起），不然我就可以派上用場了。我們大笑著互道晚安。

～

我在一株倖存的橡樹下舒展身子，興奮之情洋溢。我還以為自己永遠沒法跟這類看來無懈可擊的人相處融洽呢！我常瞥見類似的人物，上次是在進入羅馬尼亞國境時，於夜晚月光照亮的月台上見到的；他們看來完全與人隔絕又遙遠，難以接近；我寧可去跟緘口苦修的特拉斯比會女修道院院長借火。

我想著「安息日的外邦人」，畢竟我始終並非不可或缺。不遠處，伐木工人圍著他們自己的小火堆，安靜地唱著匈牙利歌曲，聽起來跟羅馬尼亞歌曲有點不同，但同樣令人入迷又憂傷。

第二天早上道別之後，比較年輕的那個男孩頭戴猶太人頭蓋帽，拿著兩端有黑條紋的白色祈禱披肩，在我上路離開時，走回了屋內加入其他兩人，我聽得到他們以難受的哀嘆聲祈禱著，與此同時，一點宗教熱情也沒有的工頭則向伐木工人指示出一個新的伐木場地。

~

對於喀爾巴阡山脈一個偏遠角落而言，這可真是場意外的邂逅。是什麼路線把他們從迦南和耶路撒冷以及巴比倫帶到這裡來的？少數已經在亞速海及黑海一代定居的猶太教卡拉派離心份子，一路來到了東歐，但從此就很少聽到他們的消息；還有很少數的猶太人——如果非血統上的猶太人，就是信了猶太教的人——可能是跟著馬札爾人來的；如果，也就是說，在同種的可薩族中屬於菁英的好戰卡巴爾部族改信了猶太教者：因為有三個卡巴爾部族伴隨著馬札爾人西遷，最後落腳於大平原，他們必然在其餘人都改信教時也擁抱了基督教。我的主人家最可能有過的祖先——總之，起碼是部分——看來似乎會是在羅馬帝國早期時沿著萊茵河定居的猶太人，在巴比倫驅散他們之前，就已先經由義大利去到萊茵河；說不定還早在聖殿毀滅之前。

早期，當所有的宗教都是多神教時，大家都互相分享或交換神明，神明從一處萬神殿漫遊到另一處萬神殿，而且到處受到歡迎。摩尼教更可說是把祆教化為了兩個勢均力敵的對手：這是一種危險傾向，誠如其後代異端所證明的。但是猶太人卻叩拜一位孤獨的神，此神既不容忍對手，而且也無形可見、不得雕成偶像，甚至還不能提到其名，一開始就跟左鄰右國都不和諧。（有時看來一神論脫離不了爭吵衝突，就跟老虎脫離不了斑紋一樣。）眾神的世俗榮耀時期過去了；苦日子跟著來臨；等到猶太教誕生出了基督教，後來又誕生了伊斯蘭教，猶太教的處境就跟李爾王一樣，被大女兒高納里爾和二女兒里根搞得噩夢纏身，但這劇本卻沒寫到三女兒寇蒂莉亞，或有誰來演這角色——除非，有一、兩個世紀裡，由可薩帝國扮演了這角色。基督教從躲在地下墓穴裡宣揚的宗教，發展成為西方國家的國教，使得猶太人的孤獨地位更加無法挽回。從此一項對耶穌釘十字架的僵化報復計畫開始上路，隨後的所有世紀裡對猶太人的剝奪公權以及羞辱，引起了至今仍然活躍的魔鬼學與祕法儀式說。中世紀期間，猶太人不但被指責為殺害神的人，更把西方所遭受到的每場災害都歸咎於他們，特別是黑死病以及蒙古人的入侵：這些都是猶太十二個部族的惡魔化身，從東方跑出來，為他們在歐洲猶太同胞的邪惡計畫增援……。在日耳曼的國土上，十字軍東征的熱情在一連串慘烈的屠殺猶太人中爆發出來。這些事使得很多猶太人再度遷移，落腳在波蘭。（由於他們曾在日耳曼長期棲身，形成了一種中世紀的日耳曼方言，主要屬於法蘭克語，這是在東歐通行的意第緒語的基礎。）王國起初歡迎他們，於是他們就安頓下來並生養眾多；但隨著時間推移，情況就開始變了。神職人員譴責國王的保護政策，到了十四、十五世紀之交，迫害就開始了：道明會的教士敲詐他們一年的罰款，指控的罪名通常重複，不外是褻瀆主人家以及殺人獻祭等……。儘管如此，這仍可算是猶太人學術與神學的鼎盛時期。他們人口太多了，因此一旦有新險境困擾他們時，反而沒法立即遷移；其中最惡劣的險境是十七世紀時的哥薩克人對他們的大屠殺，之後是波蘭的分裂、俄羅斯對他們的迫害，以及俄羅斯西特區的猶太滅族屠殺，造成了成千上萬的猶太人又再度上路。（拉比和他的兄弟並不太確定，不過他們認為有些祖先可能是四、五代之前來自於那些地區；另一個最有可能的源地則是加利西亞。）儘管反猶太情緒在匈牙利盛行，猶太人卻在這個國家的生活中扮演了相當可觀的角色——對他們來說，比待在俄羅斯或羅馬尼亞都要好。我這幾位同伴們對匈牙利充滿愛國感情，他們說：他們彼此之間都寧願以匈牙利語交談而非意第緒語，並對最近公民身分的改變叫苦連天。

無數種族在這個大陸上完全改變或甚至消失得無影無蹤，然而，猶太人不管受到怎樣的打擊和艱難困苦，卻改變得最少。除了宗教之外，很多事都讓他們與眾不同，身在此山中更是帶有都市人與室內人的印記，跟周遭的鄉巴佬格格不入。服裝、飲食、風度舉止、手勢動作、膚色和說話腔調——詆毀他們的人最不厭其煩模仿的那種陰森鼻音——更加寬了鴻溝。（看著兩個男孩的螺旋捲髮綹時，就忍不住但願他們沒有，然後又馬上覺得這念頭很罪過。）除了外邦人強加諸的難受侮辱之外，更有一系列自我強加己身的毛病，似乎都是故意設計來動搖外界的美學觀念，必要的話，還可用來讓人退避三舍，不敢接近。（當然，這些事也就是任何想尋求同化的人——就像我，在瞬間的罪惡感升起時，想到應該這樣做的——會最急於拋棄掉的。）但是對於那些視同化為離經叛道的人而言，就完全是另一回事了。他們堅守古風一如以往；但異國的猶太聚落所留下的印記，即使稱不上是殉道象徵，起碼也是艱難時期團結的寶貴象徵，因為藉由叛道而可結束迫害的時刻，並非遙不可及的；只要說幾句話加上受洗灑些水，他們的麻煩日子就結束了。但他們卻選擇了寧死不屈和遷徙流離，也不願背棄信仰。也難怪，一旦待在室內並遠離這一切，他們就避諱再跟外面壞透了的世界接觸，而且，要是他們的外表生活看來很異類又討人厭，那就更好了；把他們排除在外正合他們的心意。處於艱難重重的世界裡，身懷技能和才能，提供了生存、繁榮和取得輝煌成就的機會；但在我靈光一現的洞察中驚然發現，在像我的同伴這類虔信者之中，上述這一切只是幻象。拉比和他的兩個兒子所專心致志的——黑色字母欄目，夾雜著注解和注腳以及欄目標題，記載的是兩、三千年的東西，代表了生存真諦；這是要拴上窗板、躲在屋裡祕密追求並熱愛的東西：他們的經卷、詩歌、哲學、歷史、以及律法。這些是指引他們熱情的北極星，當他們重新探索其宗教的神祕，追溯其律法的精微，或者闡明永恆造物主與宇宙之間的關係和《光明篇》[43]

43《光明篇》又稱《光輝之書》，是卡巴拉思想中最長且最重要的文獻，書中探討了上帝的本質、宇宙的起源和結構、靈魂的本質、贖罪等。

兩者的意義，又或者衡量哈西德猶太教派的信條以及「維爾紐斯聖者」的駁議，外界浩瀚煩惱必然都因此遠退而去；還有，當他們重讀約書亞和大衛以及馬加比家族的作為時，外面巷子裡那些無聊的口號也必然逐漸消失。

～

「基利波山哪，願你那裡沒有雨露……」，接下來的那些鐘頭裡，這些話一直浮現，尤其是第二天早上，當我醒來時乾得像塊枯骨似的，就想起了在維謝格拉德附近養豬人茅舍中的潮濕復活。前一天傍晚曾有過一、兩片高積雲如魚鱗般的天空，而且這是我一星期以來第一次睡在有遮蔽的地方。一個適時發現的山洞，洞口有部分用石塊堆牆圍起一處羊圈，夜幕來臨時，看來特別誘人；但洞裡卻到處是跳躍的昆蟲，於是我就離開此洞去另找了一個比較小的、大約只有歌劇院的包廂大小，我只能稍睡一會兒，後來就被液體蕩漾聲吵醒了，那並不是水。山洞下方，星光照耀可見之處，有一大群綿羊正在移動，幾百隻小分蹄羊腳正踏地而過，牧羊人和牧羊狗則緘默地經過，彷彿這些家畜正在颯颯作響；我一直望著牠們，直到全部消失不見，第二天感覺牠們似乎像是夢中見到的綿羊。

沒有露水，但霧氣繚繞著懸崖和溝壑。遠處的山嘴聳立，兩側輪廓只有靠它們峰頂細如髮絲的線條呈現出來，襯托在其旁氤氳嶙峋的山地中，每一座山嘴在霧氣後退時都是淺藍色的，曲折往下的山谷中則昏暗地堆滿原木。

山上充滿回音，小小的坍方會如謠言般散播開來，八度音裡的四個主音符只要唱得夠大聲，就會如火箭般發射到遠處五、六次，每次和音之間又有第二次或兩次的回音加入，而且向下分支到山谷中，在每次的重複之後就變得微弱一點。這些山區作為那種一百八十公分或三百公分長的西藏式號角的禮堂會很完美。（幾乎可確定羅馬尼亞文的「bucium」，是從古羅馬文的「buccina」而來的，也就是挾其掠奪來的猶太會幕與燭台的羅馬軍團，在凱旋門鼓起雙頰吹奏的那種長銅管。）在這分水嶺的另一邊，當薩爾米澤傑圖薩被攻陷時，圖拉真部隊的響亮喇叭聲必然讓大混戰鬆了綁。（除了羅馬尼亞人那些巨型號角之外，在歐洲這部分地區可以聽到的其他巨型號角就是賀蘇人的了，這是說斯拉夫語的聯合教派東斯拉夫民族之一，生性怕羞，住在喀爾巴阡山北部外緣地區北北西兩百多公里外的地方，一個充滿魔咒和傳奇的世界，緊鄰布科維納。）

我碰到幾群羊，有位牧羊人在吹小骨笛：我很快就了解到，像這類東西跟牧人是分不開的，就像拉線棒和紡錘跟他們的妻子分不開一樣，我但願自己有仔細一點看過它：骨笛是深受希臘北部游牧族薩拉卡察尼人鍾愛的樂器，我是後來才認識這個游牧族的；他們的骨笛是用鷹翅的長骨頭做成的。眼前我看到的這支骨笛可能是用綿羊的脛骨做的。事實上，是脛骨。

但是一年後，另一個原因卻讓我但願那時有更去注意就好了。這次旅程後來的部分把我帶到了羅馬尼亞東部，第二年我又回到那裡；在那次與大戰爆發之間，我花了很多時間待在摩爾達維亞偏遠鄉間的一棟房子裡，房子就像《美麗的約定》（*Le Grand Meaulnes*）[44]書中那類村屋，離現在的俄羅斯邊界不遠。那是段純然幸福的時光：我深深敬愛那裡的居民；待在那裡的時候，我學會了說一口流利但很破的羅馬尼亞語，現在只記得一點點。

就像其他許多人一樣，未幾，我就被這語言中最古老的詩歌迷住了。這首詩歌叫《妙利薩》（*Mioritza*），在整個羅馬尼亞語通行的地區裡，已經流傳了幾百年，卻是直到上個世紀才寫了下來印刷成文，因此必然稱之為民間詩歌，但這分類法卻和那些奇怪的詩句頗牛頭不對馬嘴。許多人都仔細研讀過這些詩句晦澀難懂的象徵主義，有的說它們表現出鄉間的羅馬尼亞人所深懷的宿命論痕跡，有的則發現剛好相反：他們推斷出一種正好就是針對這種命運詮釋的神祕勝利。或許應該從基督教時代之前去追溯其根源，因為這首詩歌無疑就是萌芽於深奧又複雜的根。但對我來說，這首詩歌的魔力就在於它把直接性和悲劇感連結在一起，它捕捉到包圍著牧羊人的孤獨感，以及在陡峭牧地與森林中那種揮之不去的荒涼加深感；而這一切，藉由魅力以及對神祕事物一知半解的挫折感加強了。尤其是，在我的情況而言，這首詩歌讓我想起了第一次在這些山區旅行時，最初瞥見的牧羊人生活；一半環境背景因此是棟喀爾巴阡山區高處的牧羊人臨時棲身小屋，另一半則是零落分布的羊圈，這是後來經過摩爾達維亞的谷地時所見的。

這首詩歌每句五個音節，包括有一百二十三組押韻對句（偶爾也出現三句一組的），陰性詞尾通常加長；韻律是每行兩、三個音節一頓；我忍不住摘譯了幾處關鍵片段，雖然譯得

很差，但卻相當直譯，

「從高高的高地」，詩歌如此開首，「靠近天上大門處，／沿著一條陡峭小徑／進入那谷中／來了三群羊／三個年輕牧羊人看守著，／第一個是摩爾達維亞人，／第二個是弗朗恰人，／而第三個，外西凡尼亞人……」（為了追求押韻——如果真的想要掌握住那首詩歌的感覺，就必須追求——結果就不知不覺用上了半詩意的措辭，只模糊傳達了原作簡陋粗鄙、用字節儉的概念；我但願能傳達出它那種幾近原始粗獷的簡潔就好了。當三個牧羊人相遇之後，場景馬上黑暗起來，就在日落時，外西凡尼亞人和弗朗恰人密謀要殺害年輕的摩爾達維亞人。他比他們英勇；他的綿羊更壯、羊角更長，他的馬養得更馴，他的狗更凶。但他們卻不知道他也有一隻小母羊「妙利薩」，也就是這首詩歌的名字，這隻羔羊有天眼。這隻小母羊無意中聽到悄語的陰謀，就停止了吃草，不停拚命悲鳴了三天以示警告；當年輕的牧羊人問牠究竟哪裡不舒服時，牠口吐人言），「好年輕人啊，」牠說，「趕著你的羊群／去溪邊的樹林！／那裡有樹蔭給你／也有青草給我們／主人，主人啊！／加快趕牠去！／召喚狗，召喚／一隻又壯又高，／所有狗中最堅定的！／當太陽離開天空／他們說你就得死／——那個牧羊人，弗朗恰人，／還有那個外西凡尼亞人！」

牧羊人說，「小母羊，一切都是自發的／你道出隱瞞的事！／要是我命該絕／於此石楠

44 法國作家亞蘭・傅尼葉（Alain Fournier）最著名的作品，一九一三年出版，被認為是法國文學經典。

荒原上／告訴那外西凡尼亞人／以及另一個，弗朗恰人／他們應該葬我於附近／葬在羊圈裡，就在此／如此我可安眠／在你們之中，我的羊兒們，／在黑暗中我的羊圈裡／並聽得到我的狗吠！」他給了小母羊更進一步的指示：「這點也一定要說：／把它們放在我的頭部／一支山毛櫸小笛子／——笛子訴說的只有愛——／還有一支小骨笛／它哀悼著漫長與孤寂，／以及一支接骨木小笛／——音符更快更狂野——／因此當風吹過它時／它也跟它們吹奏，／讓我的綿羊挨在一起／大聲為我哀悼／並流下血淚！」至此，情感明顯大改。「但至於謀殺，」他說，「一個字都別跟牠們提！／就直接告訴牠們說／我今晚結婚了／新娘是國王的女兒／是這個世界的，也是其驕傲。／講在我婚禮上／一顆星如何殞落，／婚宴上的賓客／都是楓樹和冷杉，／高山是祭司，／鳥兒是歌手樂師，／千隻小鳥兒，／還有我們的蠟燭都是星星。」

「但是，」他接下去說，「要是你經過／跑過青草地／身披羊毛披肩／眼裡充滿淚水，／一個乾癟的小老太婆／走錯了路又孤獨，／她問每個人：／「你看到我兒子了嗎？」／一個年輕牧羊男孩／英俊又修長／彷彿通過指環畫出來的？他額上的白色，／宛如乳牛擠出的牛奶泡沫？／他的鬍鬚俐落如／兩根新生的麥穗？／還有濃密捲髮長得／像烏鴉的羽毛？／以及兩隻漂亮眼睛／宛如野黑莓？／那麼，小母羊，」年輕牧人結論說：

你也可憐她一下，
把這些話帶給她：
「我在高處結了婚
在天空的大門口
跟國王的孩子成親。」
但卻別提一個字
說我是怎麼完婚的——
（哦！小羊，絕不要提！）
一顆星如何殞落，
還有太陽和月亮
扶著我們的王冠，
我婚宴上的賓客
是楓樹和冷杉，
高山是祭司，
鳥兒是歌手樂師，
千隻小鳥兒，
蠟燭都是星星。

但這一切，一個仍然未知的羅馬尼亞輪廓，卻位於遙遠的前方。與此同時，有個變化卻在進行中。關於狼的想法已經消退，山路下方的羊圈此時也換成了單薄的一環環蒿柳與矮林。有時從半島上掉落的斷層塊落入到空洞處；總算有這樣一次山嶺造成的偏差是幫助多過於成為假誘餌，而在這片內陸地區的最後巡行，引領我走到了高處一座鞍形山口以及一座龐大山谷邊緣。

一邊是座峽谷，深深插入東北山脈中，那山脈是過去幾天裡我繞行而過的，山脈攀附進入到喀爾巴阡山脈，直抵灰白大山峰的腳下。另一邊，則鑽進了西南一座通往低地的峽谷中，最後，去到日常世界裡：但現在還看不出跡象。除了水聲和偶爾一塊掉落的石頭形成的回音之外，這個斷層很寂靜。但就在我凝望之際，山溝頂上的雲層正鬆散開來，在凸岩和裂口上投下皺巴巴的陰影；接著就在一場突如其來的高地暴風雨中遮天蔽日。風先瞄準了吹來幾陣，颯颯雨滴接踵而來。我在一處懸岩下躲避風雨，看著雨變成了樟腦丸大小的冰雹：幾百萬顆冰雹亂蹦散落著往山下滾去；不到半小時，就只剩下了白色的漂流。洗過的岩石宛如新切割過，萬里無雲，一陣微風帶來了蕨類和濕泥土的氣息，使得空氣免於凝滯。

即使是從一處凸岩跳到另一處，再加上藉著潮濕松針層滑下坡，這段下山的路程還是花了幾個小時。碎石坡拖慢了腳步，光滑如冰川板或多尖刺如鬣蜥的岩石扶壁，更添了轉彎的艱苦。懸崖彼端閃爍的亮光透露出遠處有道道流水；走近前去時，卻見一道道流水曲折奔流於樹幹之間，因為這座森林邊緣往下直落。當硬木樹開始以眾取勝時，針葉樹就退位了；山溝快速加深，哄著那些樹越來越往高處長，直到橡樹披滿了一身常春藤，長著宛如鹿角的分叉枯枝以及一簇簇槲寄生，長成了巨人。山毛櫸的林間空地開放了它們的森林房間，蕨叢讓路給馬尾草、毒芹、以及零落的松蘿。濕氣以苔蘚覆蓋了一切，以爬藤纏繞枝椏，把裂縫和頂上分叉處都裝飾成了羽狀，用毛茸茸的青苔覆蓋剝落的樹皮，宛如銅綠斑斑的脛甲護住了樹幹，以舞台燈光般灰綠光線填補了其下的傾斜世界……。這座樹林已經變成了橡實、山毛櫸堅果和呻吟林鴿的圓頂地下墓室；水聲越來越響；不一會兒，夾雜著斑駁樹葉陰影，鶺鴒與鴝鳥飛翔其上，冰冷的切爾納河終於從枝椏之下奔流而過。這條神祕的河流在岩石邊緣分流然後又匯流，滑過平岩層，平岩層將之梳理成對稱的瀑布流，奔流四濺，往下方峽谷衝去。然後我來到下游比較安靜的地方，成群的鱒魚棲息在接骨木花的倒影中，或溜到新的隱蔽處，深藏在陰涼處，只有水面的幾絲波紋略為透露出了暗流，還有為這條河帶來了陰暗斯拉夫名字的黑色岩石，阻礙了它的深度。

~

沿著河岸的小路上，一群婦女正從市集回來——懷著戒心，五官姣好，挺怕羞的老百姓——帶著她們的捆紮之物，正坐在一株胡桃樹下。打過招呼後，有一名滿臉有著蛛網般有趣皺紋的土著老婦，拍拍她身旁的地方，所以我就加入了她們，坐在草地上。

除了棕色的圍裙之外，她的穿著就跟羊圈的那些婦女一樣：低調和諧的深藍與白色，辮狀黑飾帶，衣袖上繡了大量的長方形，還有耐人尋味的皮製護胸衣，胸衣側邊綁有繫帶；她們穿著白色褶裙、黑襪子和鹿皮軟鞋，而且她們身上沒有一條線——剪羊毛、清理羊毛、紡毛線、織羊毛布、染羊毛布、裁剪和縫紉——不是來自身後那些羊群的。

老婦從草地上撿起了那支鹿角，問了我一些我聽不懂的話。等到她看出我懂得的羅馬尼亞語非常之少時，就用手指和拇指捏著她扁平的結婚銀戒指兩邊，來回玩弄著，然後詢問地指著我：我結婚了嗎？沒有？她喃喃地向其他人說了些什麼，使得她們全都忍不住大笑，而且隨著她們的交談越變越歡鬧，我也開始有點悟出了幾項謔而不虐的詮釋。不久，她們站起身來，拿起條紋編織袋放到頭頂上。老婦把鹿角交還給我，祝我旅途愉快，在鎮上順利。然後仍然一邊交換著笑話，一邊動身往她們的高山羊圈出發了。其中一個走時還轉了一下身，沒多久，山上就響起了一首綠葉之歌，然後逐漸消失在聽得到的範圍之外。

第八章

中歐的盡頭

突然間，一座華麗又突兀的溫泉療養院「赫丘力士浴場」，毫無預警地從荒野山谷深處冒了出來。十九世紀末風格的灰泥，簡直就像是直接從糖衣噴管噴出來的；還有赤陶欄杆、蒲葵樹、種在及腰大甕中的龍舌蘭、蛋形圓拱頂、魚脊上長有鉛灰色魚鱗的刺魚，透過玻璃雙開門即可瞥見華麗樓梯兩旁的繡球花，樓梯通往療養院大廳，那裡有水龍頭和噴泉，湧出具有療效的水。由於對諸多內外疾病極具療效，使得此地在古羅馬時代就已馳名；使節、百夫長、以及軍隊護民官等都在此水中浸淫、啜飲，赫丘力士以及五、六位小神明的雕像則坐鎮於此守護著他們，這位剝獅皮、肌肉發達的彪形大漢勝利者雕像赫然矗立在此鎮中心，顯示古代榮耀已回來了。東歐有病痛的中產階級男女，穿著撐起的大蓬裙，戴著煙囪形禮帽，還有佩囊和高頂軍帽，或窄袖口的大蓬袖和平頂草帽，在過去一個多世紀以來，都來到這個復甦的溫泉療養地流連。

這地方以一種省分方式集「溫泉療養地」、「賭場」和「鄉居」等詞於一身。環形與心形的花壇種滿了美人蕉、秋海棠，像工業地毯般從碎石礫中爆發出來；黃、猩紅、橙、紫、淡藍與紅磚色，對比得如此刺眼，極有可能全部都是人造花，草地則是銘綠色厚粗毯。一個更有見識的旅人或許捕捉得到一絲奧芬巴赫[1]和梅耶貝爾[2]的風情，一點史尼茲勒[3]的聯想，奧匈帝國最遠邊疆的回響，近年來更精心製作了飾有交替螺旋形的粗壯白色石膏柱，巨大的模壓拱門和寬大的屋簷：這是羅馬尼亞新拜占庭風格，源自於摩爾達維亞修院，以及十七世紀瓦拉幾亞國君士坦丁・布蘭科沃在位期間所建王宮的風格。

這時正是午休過後的散步時刻，圍了褶邊的表演台上有樂隊正在演奏，來自布加勒斯特和克拉約瓦的群眾正蜿蜒地沿著大街緩步著，經過花園，走過切爾納橋，然後又慢慢折回去。他們低聲細語講著蜚短流長，忙著認出度假時結識的人，跟他們打招呼。這些散步的人都打扮得很出鋒頭：鞋跟高得令人頭昏，香氣襲人，濃妝豔抹，護花使者梳著范倫鐵諾式的油亮髮型，穿著相襯的漆皮皮鞋。一群零落出現的軍官穿著釘有馬刺的高筒靴——來自塞維林堡，我想——他們鮮豔的帽帶以及袍服飾面為這多采多姿的場景更添了繽紛。

風塵僕僕，可能還散發出羊圈的惡臭，我就像是曾被硬推入了巴比倫、蘭普薩庫斯或五世紀的哥林多這些古城，而且就在我穿過這些時髦的散步者而前進時，原本的困惑感又增添了一層油然升起、自覺是土包子的焦慮感。謝天謝地，幸虧那支鹿角裹在背包中扭曲的大衣裡！

我咬緊牙關，硬是走進了一家飯店的玻璃旋轉門，向大廳搬行李的服務生詢問是否可借用電話。伊斯特萬的同學海恩斯・舒蘭就住在幾公里外，從另一頭被召喚而來；一切在我從

1 Jacques Offenbach（一八一九～一八八〇年），十九世紀出生於德國的法國作曲家，代表作為歌劇《霍夫曼的故事》。
2 Giacomo Meyerbeer（一七九一～一八六四年），十九世紀德國歌劇作曲家。
3 Arthur Schnitzler（一八六二～一九三一年），奧地利猶太裔醫師、小說家、劇作家。

拉普斯尼出發前，就事先用電話聯絡並安排好了。搬行李的服務生叫我在大廳等候，不到一刻鐘，伊斯特萬那位快活又紅光滿面的同學就從一輛光潔閃亮的賓士汽車裡跳出來，我們很快就疾馳出了鎮上，下行到山谷中；一旦那鎮出了視野之外，就又回到了山林與杏色岩石未受侵犯之美，在夜幕落下之際閃爍著銀灰色陰影。路上可以瞥見一座土耳其水道橋，然後就在燈光中抵達了一座舒適大宅，接著很快就陷入了奢侈逸樂中。我的東西四散在騰騰蒸氣外一塵不染的浴室裡，看起來是多麼格格不入啊！滿是灰塵的靴子、折角的紙張、一堆書、斷了筆心的鉛筆、髒內衣褲、亂成一團的綁腿、麵包屑、糾纏的細繩、空掉的隨身酒瓶、一支鹿角，背包底還有一顆我忘了吃而開始腐爛的蘋果；但是椅子上卻放有一件夾克和一條不算太皺的長褲，一件乾淨的襯衫，最後是沒有打鞋釘的運動鞋。我用腳趾推了推水龍頭，放更多熱水出來，然後在這豪華享受中翻滾著。

～

海恩斯繼承了家族的伐木生意，而且顯然很有成就。（我不知道札特馬的伐木隊伍跟他有沒有關係，但卻忘了問。）伐木工人在森林裡砍伐，巨大的樹幹不斷送達山谷裡的棚屋和鋸木廠；在那裡，隨著圓鋸的鏗鏘聲，木板有節奏地落了下來，在飛揚的鋸木屑中，由看不見的勞苦工人切割出來。海恩斯家族是十八世紀於巴納特定居的士瓦本人後代，因此是用德語交談，只除了跟海恩斯的父親交談時例外，他是奧匈帝國的退休海軍上將，說得一口流利不凡的老派英語，堪稱為比杰納伯爵還更早期的老版本。他是位精瘦、眼神銳利的鰥夫，成長於英語算是全球通行的海軍語言時代。提到霍爾蒂將軍時，他說：「我們在一起打鼾！挺像樣的人，不過嘛，說實在的，我從來不認為他腦袋裡有多少東西。」他回憶起在阜姆的那些舞會——「跟那些來訪的時髦女士們學跳兔子擁抱舞和蛋糕走路舞」——還有在東京和西貢停泊的快樂時光，「我們玩得好痛快，等到不得不逃走時，我們都難過得很。」傍晚待在可俯覽山谷的陽台上時，這些快樂回憶就會展開來。身為皇家海軍的崇拜者，他曾經以半外交身分借調到皇家海軍一段時期；他喜歡英國海軍的一般風格以及航海技術，永遠忘不了在愛德華七世誕辰那天，艦隊在前往普拉還是第里雅斯特的途中，張燈結綵、掛滿旗幟的情景。當查爾斯．貝雷斯福特勛爵擔任地中海艦隊統帥時，他對勛爵留下了別具好感的回憶：「你在一英里外就認得出他來！」（每當第里雅斯特人回憶起戰前日子時，總不免出現這位麻煩人物的大名。我逗留在布達佩斯時的主人家貝爾塔，就還記得很小時住在阜姆還曾被他抱在膝上，那時她的父親是總督。）

海恩斯滿肚子關於伊斯特萬在學校時的故事。他在校時大體上稱得是英雄好漢，儘管，或者該說是「因為」他無數次膽大妄為而獲寵——逃校到維也納去喝酒狂歡等等。海恩斯用在校時以伊斯特萬姓氏簡稱而形成的綽號稱他，「『古妻布斯』是個了不起的傢伙！」他說：「他就只有一個毛病：有點太過自豪於他那頂五角冠了。」（「Er war ein bisschen zu stolz auf seine fünfzackige Krone.」）我大笑說：「我敢打賭他是這樣！」突然間，強烈想念起他來。「你也許會笑，」海恩斯繼續說：「但你猜當年我在特蕾沙寄宿學校上學時，有多少同學不是貴族出身的？兩個！」馬札爾語中相等於德文「馮」（von）的這個字，顯示在語言上的那種方式，一直是我未能完全掌握其意思的；但是當一個匈牙利貴族西進越過萊塔河進入奧地利，把自己馬札爾文的教名和姓氏次序倒過來[4]，他馬上就插入了「馮」這個日耳曼語的前綴詞，後來越過萊茵河進入法國時，又代以「德」（de）字。但貴族身分並非僅止於紋章這類東西，或者稱呼形式而已：它意味著擁有法律上分開的一種系統成員資格，具有一整套的特權。這些不平等現象老早已經消除了，但是仍有道鴻溝張著口，古人的超脫和威嚴依然縈繞於國家朝代的後裔身上，其家族紋章也甚少有看不見的時候。像伊斯特萬這類沒有頭銜的貴族擁有五顆珍珠的開口飾環冠，男爵有七顆，伯爵則有九顆——只除了卡洛伊家族，因為某種理由而有十一顆——王子們則有合口的漂亮王冠襯著一圈白貂皮；這些紋章散見於住宅、馬車、男僕制服、馬具、床單、枕頭、桌布、餐巾等，還有菸盒，無處不有。戰爭災難、家道中落、改朝換代、房地產的失去，使得這種時招怨恨、時有感情的支配地位，竟然難以置信地完整無缺，從睡豪華大床到牛棚之間，上窮碧落下黃泉的旅途上，讓我對昔日舊況有了相當持平的概念，尤其是在鄉下地方，而不僅是在奧地利、匈牙利和外西凡尼亞。我想在波西米亞、摩拉維亞、普魯士、波蘭和俄羅斯也都差不多，事實上，戰前和戰後的羅馬尼亞也是。

八月是野餐的好藉口，我們在巴納特山區的廢墟、草地和鐘乳石山洞裡，以及切爾納河及其支流貝拉河——黑河與白河——沿岸的樹林裡宴飲。有一晚，我們還開車去赫丘力士溫泉療養院參加賭場的一個盛會[5]。

小鎮此時看來完全不同了，很有一種輕歌劇的喜劇和迷人魅力：繽紛色彩與活躍氣氛流露在鎮上嬌客以及擁擠的桌上，賭場餐廳裡擠滿了伴奏樂隊和舞客，活力四射，生氣勃勃。加上羅馬尼亞烈酒和葡萄酒、跳舞助興，這一晚就化成了一片金色霧靄。門旁一張大桌散發出華麗又略帶戲劇性的氛圍，很快就讓人明白了原因。原來在跳舞中間休息時，那些吉普賽人已經開始從一桌走到另一桌，在留意他們的客人群面前佇足，來一場所謂的「進餐客人耳邊」的演奏；本來是相當謹慎又降低音量的，但是當他們來到我們旁邊那桌時，卻突然來個很具挑戰的音量飆高，震得水晶吊燈的垂飾叮噹作響。一位三十歲左右、紅潤英俊的男人放下刀叉，以中氣十足的男中音引吭高歌起來；人人都停止了交談，接著那桌其他人也以很專業的唱法適時回應了他，直到歌聲打成一片。海恩斯說他們是布加勒斯特歌劇團在做夏季巡

4 匈牙利是西方國家中，唯一將姓氏置於名字之前的國家，故進入他國時，姓與名就要調轉次序。

5 作者註：Băile Herculane，當地名稱為 Herculesbad 和 Herkules Fürdő。

迴演出，但這場突如其來的演唱完全是自發的；他們是出於純粹高昂的精神而投入唱出《塞維爾的理髮師》（*The Barber of Seville*）[6]中的詠嘆調和大合唱，最後的全體大合唱更是贏得如雷掌聲和「太棒了！」及「安可！」的喝采。當所有點唱都得償所願之後，跳舞又開始了，我們大家的桌子也很快就都合併在一起了。

我發現自己的舞伴——隨著《睡在麥稈堆裡》（*Couchés dans le foin*）的曲調，然後是《您無視於我而經過我身邊》（*Vous qui passez sans me voir*）——是個在布加勒斯特學英文的女孩；在跳舞的人群中是一個字也聽不到的。等我們再度坐下來之後，她說：「我很喜歡英文書。威爾斯、高爾斯華綏、摩根、瓦維克．狄品、狄更斯。還有拜倫的詩，要是……」她停了下來，若有所思地露出笑容。我等著聽下文，不知道會聽到她講出什麼保留之語，過了幾秒的沉默之後，我不揣冒昧問她：「要是什麼？」「要是，」她說：「你周圍的人都失去了鎮靜而且怪罪於你時，你還能保持鎮靜的話。」

~

第二天，我穿著運動鞋跑步時，一腳踩在從一塊木板上凸出來的釘子上，那是從柴棚拆除下來的，釘子刺進了我的腳底。只有一點點痛，並沒有流很多血，但走起路來就痛，所以我就躺在樹下的躺椅上看書，然後靠著手杖蹣跚而行。三天內傷口就好了，於是第四天我就動身上路。

過去幾個月裡，馬洛須河占了主導地位，現在則是切爾納河取代了它，而且幾天之前，就在天亮前，我還騎馬回到上游看了它最後一眼。如羊毛的樹葉覆蓋到分水嶺上，其下方坐落著沉鬱的山谷，仍然在微光之中；這是一片荒野，到處是青苔和灰色爬藤，沿著河岸坐落著一座座爬滿長春藤的朽壞磨坊，溪水翻騰流經陰影處；接著，檸檬黃的光線射了下來，穿過樹幹之間，射入了盤旋在溪床上的霧氣，射入了枝椏間。我簡直就像是走過了宇宙洪荒的世界。

但我今天是循著一段下游走，離開它的深淵往南行去，此河銜接一處寬廣的河槽，在兩片很大的斷層岩地塊之間向北流去，地塊逐漸收窄，直到那條路抵達山口；接著，很多里格之外，它在另一邊驟然落下到蒂米什河谷中，再沿著河谷往前去，就來到了兩星期前我對喀爾巴阡山脈發動私人進攻的起點。

南行時，我循著樹林裡背風處的一條綿羊小徑走著，尋思著自從古羅馬時代以來，不知道這座山谷改變了多少。我抬頭望著那些鷹以及懸垂的森林，心想：幾乎沒怎麼變過。

蜿蜒的柳林與一條道路和一條鐵路共享這座山谷，這三股鬆鬆的辮子會散開來，然後又不經意地湊在一起。水牛群在蘆葦叢中掙扎前進，一陣風吹來，吹歪了吉普賽人的火苗，他們的馬則置身於羊群之中，在森林邊緣吃著草。有很多收割過後剩下殘梗的田地，還有數以

6　法國作家博馬舍於一七七五年所寫的劇本。

百計的向日葵，深色花心周圍綻放著耀眼的黃色；玉米淺綠色的外衣，早已枯成了紙般的灰色。連串的貨車正空車回上游去，或者載滿原木材吃力地南行，這些原木材將會綑綁在一起，然後順著多瑙河漂流而下；當雙方車輛擦身而過時，兩邊方向就會拖起道道越來越長的飛塵，把道路及其乘客都裹在一團浮塵中；塵埃落在有時林立於路旁綿延兩百多公尺的果樹上，這些果樹結滿了藍色李子，卻沒有人摘取，任其散落在路旁，成了吸引黃蜂的活動圈。

小路一再和該河交叉，經過一座座木橋，越過河流。陽光透過樹葉篩濾撒了下來，不時可見小激流在紅與綠的岩石間打轉，美人魚般的水草則順著水流漂動著。（我一定是在不知不覺間儲存了幾乎像是照相般的記憶，記下了這片美麗的山谷，因為二十年後我又沿著它旅行，這回是搭乘小火車，遺忘的地標不斷重現，直到我開始想起一大片萎垂的樹葉，長有一叢柳樹的沙洲，一處林藪，一株被雷擊過的橡樹，或者在一、兩分鐘後才真正出現的孤零零小禮拜堂；因為突然間，行經此河的一個親切的河彎，就都看見了，原本淹沒在二十年歲月深處，但靠著一條影像之鏈的拯救，就一個個都浮現出來，猶如收復的財產似的。）

桑樹下有個老人問我要去哪裡，當我說「君士坦丁堡」時，他和善地點點頭就沒再問下去，彷彿我說的地點是下一個村莊似的。一隻我從沒見過、很豔麗的鳥兒飛到了附近的樹枝上，大小跟烏鴉差不多，在空中飛翔時，一身鮮豔的淺藍色。「Dumbrăveancă」，老人這樣稱它：「愛橡樹林者。」（那是三寶鳥。）因為希望再度捕捉到牠那美妙的色彩，於是我拍了拍手，牠就從剛剛棲息之處飛到空中，宛如梅特林克[7]筆下虛構的東西。

老人從草地上拾起一顆掉落的桑椹，比手畫腳，彎曲食指成勾狀，做出把桑椹嵌入狀，然後佯裝把線投入河中。他的意思是指用桑椹做魚餌嗎？該不會是用來釣鱒魚吧？不，不，他搖頭說了另一個名稱，用手比畫出大得多的魚，直到雙手張開的距離宛若拉六角手風琴師所能拉開的最大距離。說不定是條來自多瑙河的小鱘魚。多瑙河離這裡不遠。

結果比我所以為的還要近得多，因為突然間，山谷豁然開朗，露出了奧爾紹瓦鎮的塔樓和樹木，然後是多瑙河黃中夾藍灰的滾滾濁流，以及遠方如柵欄的塞爾維亞山脈。這景象既充滿戲劇性又來得突然，寬廣的河面從西面陡峭的層山疊翠間橫掃而出上了舞台，接著，分流經過一座羽狀小島後再度匯流，往毫不遜色的下游出口繼續奔流而去。

~

我趕忙進鎮，衝到郵局的存局候領處領了一疊信件——而且剛好趕上時間。我帶著信件到碼頭邊的咖啡館坐下來，其中一封來自我父親，信裡都是些地質學方面的建議，是兩個月前從印度西姆拉寄出的：「因為天氣熱，大家都搬到這裡來了，」他寫道：「從我的窗口可以望見喜馬拉雅山中帶，以及西藏的許多座雪峰。跟加爾各答比起來，實在是太美好的轉

7 Maurice Maeterlinck（一八六二～一九四九年），比利時象徵主義劇作家，一九一一年以《青鳥》獲得諾貝爾文學獎，其作品主題主要關於死亡與生命的意義。

變……」

母親的信則是回覆我寫給她的信，我本希望我寫的信是關於我這次「米蟲暑假」的有趣描述；我一星期左右都會給她寫進展報告，一半是為了好玩，一半則是為了以後可以補充我的日記之不足[8]。「……我明白你對《海綿先生的體育之旅》（*Mr. Sponge's Sporting Tour*）的看法，」她寫道：「你是要沿著多瑙河走嗎？你會來到一個名叫魯塞[9]的地方——我剛在世界地圖集上查過它，」她繼續寫道：「你猜有誰是在那裡出生的？」結果是麥克．阿倫[10]。（還有埃利亞斯．卡內蒂[11]，雖然那時我還沒聽說過他。）她總是有很多這類資料，通常不太正確，但卻很有趣。她很熱中剪報，而且留存有一大堆剪報，都是關於倫敦的動態，很快就堆得滿桌都是。

此外還有其他幾封信以及一封用藍粉筆打了叉的信封，裡面有上個月的生活費四英鎊鈔票；也是來得及時！但是最讓我興奮而首先拆開的信，卻是安葛拉狂野筆跡所寫的法文信，是她到了布達佩斯後第二天早上寄出的。我們所有的陰謀詭計都得逞了！厚厚一疊信紙的要旨充滿深情又好笑的事，而且沉浸在我們的三重神遊樂趣中。我把其他信件和剪報、書籍推到一邊，馬上回信給她；然後回信到倫敦和西姆拉，等到回完信，太陽也下山了，在河面上留下一層淡淡的鉛灰色。一輪新月有氣無力地亮相了一個小時後，就落到對面山裡了。

我把安葛拉的信看了又看。我們的感情——無論如何，起碼是我的——比我們所承認的要深得多，只要這感情持續下去，投入就是整個的：以闊氣的手法淋漓盡致地表露情意和興奮；難怪我們都飄飄然的：高昂的精神和冒險，以及喜劇感，已經把一切都定調成為輕鬆愉快、無憂無慮的調調，而我則很肯定這是為了要抵擋日後的悲傷，這悲傷是安葛拉很技巧性地讓它留在一邊的。我們在一起的短暫時光充滿了開朗的歡樂——分道揚鑣並非我倆的錯，而且我們除了感謝之外，其他什麼理由也沒有，說不定我們甚至比自己所知的還要幸運。但是緊接著安葛拉帶來的振奮之後，卻是一陣令人椎心的沮喪感。

此外還有另一個比較小的沮喪來源：多瑙河對岸再也沒有城堡了。自從離了奧地利邊境之後，這些避難所斷續零落地出現在我的旅途上，它們的居民此時更顯得加倍可貴，我以思鄉之情懷念著那些盛宴、書房和馬廄，以及在燈光燭影中談不完的話；而這一切又引得我回想起我們匆忙穿越過赫曼市[12]的拱廊和山牆之後，我初時的心情。此地是西方建築的最後一

8 作者註：我回家後，她把我的信都還給我了。但是在大戰期間，這些信隨著一口行李箱的遺失而下落不明，現在我苦苦想念它們。

9 Rustchuk，位於保加利亞北部、多瑙河南岸，與對岸羅馬尼亞的久爾久相望。

10 Michael Arlen（一八九五～一九五六年），亞美尼亞散文家、短篇故事作家、小說家、劇作家、編劇。

11 Elias Canetti（一九〇五～一九九四年），保加利亞出生的塞法迪猶太人小說家、評論家、社會學家和劇作家，一九八一年諾貝爾文學獎得主，以德語寫作。

12 作者註：在這上下文中若稱它為「錫比烏」，就不太妥當了。

個前哨。我想到羅曼式建築[13]，在過渡到尖拱和尖塔以及飛扶壁之後，帶動了這些宗教改革的喀爾巴阡山脈堅實稜堡興起；到最後，又興起了反宗教改革派的華麗和鋪張。它也會成為耶穌會的最後之作，以及所有他們的作品：輪流扮演著英雄、惡徒、以及聖人。他們是我讀過的所有衝突與勝利的中心，中歐的反宗教改革的惡魔與三十年戰爭的先驅。我從未結識任何一名耶穌會的人，但即使到現在，他們仍留存著黑暗魅力；我心想，這些男人就是弄得滿天都是螺旋狀聖像、扭柱、缺口三角楣、穹窿圓頂的人，還讓成千上萬人在一百個巴洛克天花板的假象畫虛飾下方仰頭欣賞。

他們留下了何等的印記！（起碼我這樣認為。）*Sint ut sunt aut non sint!*（讓它們保持原狀，要不就乾脆不要！）即使在這河邊小鎮上，要是耶穌會不曾存在的話，鐘聲敲出時數的音符、建築的渦卷形和螺旋形裝飾，以及赭黃外牆都會有點不一樣的[14]。

出於某種已經消失的原因，我沒有乾脆就鑽進對面南斯拉夫的山脈裡，反而打算搭乘江輪繞行多瑙河兩個小河灣去保加利亞的城鎮維丁。

我挺驚訝的是，竟然沒碰到去過保加利亞的人。若說匈牙利人很厭惡越過喀爾巴阡山去到古羅馬尼亞的話，保加利亞就更不在話下；至於羅馬尼亞人，儘管從前跟君士坦丁堡有著聯繫，也同樣很不情願去保加利亞。這兩國都嚮往西方的維也納、柏林、倫敦和巴黎，而巴爾幹一些民智未開的地區也依然成為未知領域。他們只知道保加利亞曾經是鄂圖曼帝國的一個省分，直到六十年前為止，一直到一九一一年才終於正式擺脫這副枷鎖。誠如我們所知道的，匈牙利曾經長期臣服於土耳其人的統治，但那已經是將近三個世紀以前的事了，除了抽長管菸斗的習慣留下來之外，其他無跡可尋；外西凡尼亞和羅馬尼亞那些大公國以前是土耳其人的附庸國，但卻沒有遭他們占領；其歷史的連貫性保持得完整無缺，這才是重點。保加利亞有一段很不同的過去，一段巴爾幹半島的過去；它是第一個被土耳其人奴役、但幾乎是最後一個擺脫的國家，而且占領時期長達五個世紀，在生活於多瑙河之北的每個人眼中，它似乎是歐洲最黑暗、最落後又最不吸引人的國家，只除了阿爾巴尼亞之外——很不公允，我後來很快就曉得了。

那時在半個千年裡，這個國家一直是深入亞洲帝國的一個北方省分，君士坦丁堡一直是

---

13 romanesque，羅曼式建築為歐洲中世紀一種以半圓拱為特徵的建築風格，並從十二世紀開始逐漸過渡到以尖拱為特徵的哥德式建築。

14 作者註：R. F. 我那位在《時光的禮物》中成功發揮了博學角色的朋友，向我保證說其他修會——司鐸修會、普雷蒙特雷修會、本篤會和西多會——在匈牙利、外西凡尼亞和巴納特後期歷史上，扮演了更重要得多的角色；而且，非常值得注意的是方濟各會。這些人之中，最有名的是充滿激情的嘉庇當，匈亞提的盟友兼對抗突厥人的袍澤兄弟。耶穌會是在神聖羅馬帝國較廣義的中歐領域、在英格蘭、巴拉圭、印度、中國和日本最能盡情發揮。但是，就算我這簡潔的多瑙河隨筆沒有我以為的中肯，也還是有足夠的真實性，不該一筆勾銷的。

它的指路明燈和北極星；保加利亞人依然稱之為「Tzarigrad」，即「帝王之城」，儘管此城名字所紀念的君主其實是那些羅馬—希臘東正教的皇帝們，而非一四五三年取代他們的土耳其蘇丹。此稱也令人聯想起保加利亞人早期的輝煌，當時這些來自東歐大草原的野蠻侵略者洗劫了巴爾幹，建立了統治權，從黑海到亞得里亞海領域盡入其手。他們自己的皇帝統治了它——這些君主有時候幾乎就是東羅馬帝國皇帝本身的競爭對手。自從我出發以來，這個國家的氛圍發揮了磁鐵般的作用，但向中歐道別的沮喪則曾一度減弱了一下這種誘惑力。

我正垂頭喪氣地查看我那張奧地利舊地圖上的這地區時，有個聲音說：「我們能協助您嗎？我們幫得上您嗎？」說話的人是名很親切、來自布加勒斯特的土地測量師。我告訴他說我打算去看了鐵門峽之後，第二天渡河到另一邊去。他說：「先別為鐵門峽操心，喀山才是重點，但你永遠沒法來得及看到。」兩個朋友加入他，大家都勸我延期啟程，後天再去搭奧地利的江輪。他們是一個地形調查小組，正要前往上游一個名叫舊摩爾多瓦的地方做些工作，該地位於喀山的峽道再過去之處，要是我真的想看這不同凡響的地區，他們可以在適當的地點放我下來，然後我可以自行回到下游。他們開始討論安排，每個人都提出新建議，直到第一個說話的人說了些話，逗得其他人大笑起來：有句羅馬尼亞俗話，意思相當於英文的「太多廚子結果做壞了肉湯」——「太多接生婆結果孩子臍帶沒剪。」

我睡在他們下榻處的沙發上，天還沒亮我們就起來了，我在他們小卡車上的繩索、鐵鏈、三腳架、以及三公尺長的雙色長桿之間安頓下來，然後就出發上路了。在顛簸的車燈光線中，位於河流上方這條曲折的路，看來既美妙又神祕。這條路是從垂直的山側開鑿出來的，有時經由高大支撐牆從大水上方經過，有時又由連拱架高，有時則鑽進挖通高聳峽角而成的山洞裡。石窟和坑道在黑暗中一公里又一公里地展開來，猶如駛入一場癡迷夢境中心的通衢大道。陰影中的山體從下方波光粼粼的水面冒出，僅留下頭頂上一線天的星光，彷彿兩邊懸崖可能會併合似的。然後突然一彎，另一邊河岸瞬間如天堂航圖般的滿天星光悠盪拉遠，只在兩邊懸崖看似又要再碰撞時才縮近。這條神奇的路是在一八三〇年代修築的；是偉大的伊斯特凡·塞切尼[15]留下來的有形紀念物最重要者之一。看不見的山脈在黑暗中冒起又落下，車燈光照過簇擁著的小村落、聚攏成一片的黯淡獨木舟，然後它們遠去，樹林和裂口包圍了過來。末了，西方天空在最後的星星陣中擴大開來；它們開始變淡；有座村子已經半醒了，一艘燈光微亮的江輪船首朝著下游，正在拉起跳板。「魔鬼他娘！」司機大喊著，一面按著喇叭，掀起了一陣亂七八糟的迴響。拉到一半的跳板停了下來，猶豫著，接著又放回去搭到了碼頭上，在它還沒能改變主意之前，我已經跑過跳板，一面揮手回應我那些幽靈般

15 作者註：「史提反」或「史提芬」是荷蘭住屋所知對塞切尼的稱呼法，但我聽到他的大名多半是馬札爾語的稱法，因此很難採用其他稱法。他是「旅人會」最早期的成員之一。

的朋友們，這時船身也一晃而駛入了河流中。

～

當船直駛在航道上時，我們也得弄清自己的去向。

堅持走常見路線的旅人會沿著多瑙河南行，暢通無阻地越過匈牙利進入南斯拉夫，向東彎到貝爾格勒，然後沿著河北岸越過大平原的最南端。在這裡停下來，向東望去，在翻飛的蘆葦與幻景之外的遠方，他會見到山脈陡峭地從東邊平坦的地平線上升起，宛如一大群鯨魚。

這些山脈的北半部直落急下到多瑙河左岸，是喀爾巴阡山脈的終點；至於高聳於右岸的南半部，雖然比起北半部山脈算相當低矮，卻是巴爾幹半島的起點[16]：重大的毗鄰之處。這兩處山區，看似每往前走一步，其高度和體積就越加增長，看起來像堅實的一大塊；但其實有道看不見的深淵裂溝把它從山頂到山腳劈成了兩半，為歐洲最大的河流開鑿出了一條通道，使其奔流穿過。我已經從另一端抵達了這個地點；現在置身在這道裂縫的西面山顎處，再度往東而行，峽谷黑暗河彎遠處露出了曙光，破曉光芒逐漸在上空散布開來，宛如日本國旗般。

位於船右舷的地牢之島巴巴凱岩，此時仍淹沒在陰影中，從前有位帕夏曾將其逃家的妻子用鎖鏈困在這裡讓她餓死。然後太陽衝破了尖峰和矮林高掛在天空，並捕捉到了塞爾維亞的哥魯拜克城堡石工建築——這也是座監牢，這回換了個未指名的羅馬皇后——城牆串連著破損的圓柱形和多角形城垛，沿著岬角上到丘頂；隨著升高以及陡峭傾斜的懸崖峭壁，到這裡又是一片昏暗。樹林下，羅馬尼亞人和塞爾維亞的小漁村一個接一個坐落著，同時山壁則豎直逼近過來，直到河流沿著一條通道底部流去。

另外一位唯一的乘客是位博學的羅馬尼亞醫生，曾在維也納留過學，他要去塞維林堡。在接近暗流之際，他警告我說，多瑙河從流過維謝格拉德的大河彎之後，就不受高山阻礙，但是流到這裡卻經歷了劇烈的變化；泥濘的河床硬化成為狹窄河槽，跟石英、花崗岩和片岩的沉積沙洲交錯，而且它們之間有很深的裂縫槽。

與此同時，山壁悄悄逼近，有座扶壁狀的凸岩高達兩百四十公尺，延伸到中游：河水沖擊其側，驟然轉南，碰上一堵塞爾維亞山壁回擊，這座山壁垂直高達四百九十公尺，河寬則縮減到了一百二十公尺；在這兩座懸崖峭壁接近之下，更兼水面下暗礁與斷層之間的動盪水流，受挫與碰撞的河水再度向上游送出洶湧波濤，遠至貝爾格勒。此河洶湧憤怒地穿過那些狹窄河道，駕駛員則以熟練漂亮的手法扭轉著舵輪，迅速克服了它們。我們航入了空曠的水域，入口處變寬廣了，水流不再糾結，突然間只見寧靜的群山環繞著我們，而我們則置身在寬廣、清澈的幽谷水域中，這就是喀山的「大鍋」。伴隨我們的是沙鷗，以及宛若從儒勒·

16 作者註：實際上相對小巴爾幹半島的大巴爾幹山脈，是從另一邊的保加利亞——南斯拉夫那邊才開始的。

凡爾納[17]作品中摘出的一幅鋼板畫，我們在高大又無風的煙柱之下，悄悄橫越過這平靜的圓環水面。

等到船抵達更遠的那邊，它又滑行進入到山區裡，而這條走廊帶著我們經過一個又一個房間。此河不斷轉向進入光影傾斜的新景觀裡；每隔不久，懸岩峭壁的高度便下降到露出房舍和樹木，於是一座藍色或黃色的教堂就蜷縮在峭壁之間的裂縫中，其後方的草地則在山峰與坍方之間陡峭攀升，直到與深色捲曲的樹林會合。左岸上，曙光此時揭露出塞切尼路及其一切複雜性；更令人印象深刻的是，右岸上沿著峭壁面上，有條鑿得僅夠兩人並肩通過的斷續堤道。有時只能透過岩石上鑿出的開口追蹤到它的路線，這些開口在從前曾經插有櫟木支撐著河面上的一座連綿不絕的棧道。提庇留[18]開始修築此路（然後是維斯帕先[19]和多米提安[20]相繼施工），圖拉真完成了它。這條完成的道路懸於多瑙河上，把入侵的古羅馬軍團帶到下游十幾公里處的達基亞橋頭堡。在這條路上方的岩面上，嵌入了一塊長方形大石板：雕刻有海豚、有翅膀的精靈、以及帝國象徵之鷹，環繞著銘文，內容是慶祝此路完工，以及隨後於西元一〇三年的征戰。歲月已經將其磨損得模糊不清[21]。

又曲折拐了幾次彎之後，此峽豁然開朗來到了奧爾紹瓦的道路。

冒風險讓幾名測量師帶著我遠至無路可回（起碼，是無法一天之內走回來）的地點，報償是在舊摩爾多瓦找到了小江輪；於是早上十點多，我就又回到了起點奧爾紹瓦。感謝上帝賜我這幾位測量師！因為鐵門峽響亮的名聲讓我忘乎所以，差點就錯過了精采的喀山。這是我在中歐的最後一天；我決定再進一步碰碰運氣：江輪靠近碼頭時，我不上岸，而是繼續與這位醫生作伴到下一站去，然後盡可能從那裡回來。

這段河流所發生的事幾乎太多了。船才起錨後，醫生就指出北岸遠處一排樹木盡頭的多邊形禮拜堂，當年奧地利人在一八四八年匈牙利的起義中將東進的革命軍驅逐出去時，科蘇特[22]為了防止年輕的法蘭茲—約瑟夫一世登基，於是從布達的加冕教堂搶走了聖史蒂芬的王冠，連同整批王權象徵物，通通帶到了外西凡尼亞。革命軍打了敗仗後，首領們祕密地將王

17 Jules Verne（一八二八～一九〇五年），法國小說家、劇作家、詩人，是現代科幻小說的重要開創者之一。

18 Tiberius（西元前四十一～西元三十七年），羅馬帝國的第二任皇帝。

19 Vespasian（九～七十九年），羅馬帝國弗拉維王朝的第一位皇帝。

20 Domitian（五十一～九十六年），繼承父親維斯帕先與兄長提圖斯的帝位，為弗拉維王朝的最後一位羅馬皇帝。

21 作者註：我後來發現了銘文內容：「羅馬皇帝—神聖的涅爾瓦之子」，銘文是這樣寫的：「涅爾瓦．圖拉真．奧古斯都．日耳曼尼庫斯—大祭司暨第四次選出的保民官以及第四次選出的執政官—克服了山河之艱險而闢出此路。」（Imperator Caesar divi Nervae filius-Nerva Trajanus Augustus Germanicus – Pontifex Maximus tribunitae potestatis quartum – Pater patriae consul quartum – montis et fluviis anfractibus – superatis viam patefacit.）

22 Kossuth（一八二〇～一八九四年），匈牙利革命家、政治家，匈牙利民族英雄。一八四八年匈牙利革命領導人，擔任革命中獨立的匈牙利共和國元首。革命失敗後，被迫流亡海外。

冠埋在一處田野裡，然後渡過多瑙河逃往土耳其人的領土。匈牙利全民都哀悼此一損失，但這批寶藏適時被發現並挖掘了出來；皇帝到頭來還是加冕成王，而這座多邊形禮拜堂也就與建起來標示藏寶之處[23]。在簽訂《特里阿農條約》之前，有座位於同一邊河岸上的村子，曾是羅馬尼亞與匈牙利最西南的邊界驛站。我們離開了左舷這邊的綠蔭島嶼，就在醫生告訴我該地歷史時，一項新計畫也逐漸成形。

與此同時，河岸兩邊的山又再度靠攏過來，把河流束緊成了溫和版的喀山，突然間船周圍一陣騷動，表示我們已經真的來到了鐵門峽裡面。但在這裡，一切驚險都在水面下發生，嶙峋的河床則攪起了激烈又複雜的暗流。幾百年來，宛如龍齒般嶙峋的岩石使得這段河道會為生命帶來危險，因此只有在河水高漲時才能行船。到了上個世紀末，工程師們在靠近塞爾維亞那邊的河岸又是爆炸又是挖掘、疏濬，整治出一點六公里長的安全水道，然後又築壩圍堵住它。經歷這些險境時，我們從中了解到，上游的旅程緩慢又艱辛，下游則正好相反，迅速又輕快，然後很快就進入到比較平靜的地方，山脈開始逐漸退去，等到我們在塞維林堡上岸時，我正首次踏足羅馬尼亞王國，也就是在簽訂《特里阿農條約》之前的羅馬尼亞。

我們來此要看的是圖拉真所遺留下來驚人的古橋遺跡，這是羅馬帝國中最了不起的一座。建築者是大馬士革的阿波羅多洛斯，他是來自敘利亞的希臘人，當年他建的整排石工，還有兩座殘餘的宏偉橋柱仍矗立在羅馬尼亞這邊，第三座則位於河對面塞爾維亞的草地上。雨燕飛掠過水面，紅腳獵鷹在這二十個倖存的龐大橋墩周圍盤旋、俯衝。從前它們曾經向上逐漸尖細到很高的地步，支撐著超過一點六公里長的拱形木造上部結構：當年第十三軍團通過其上的橋樑往北去包圍薩爾米澤傑圖薩的達基亞國王德切巴魯斯時，軍團的騎兵馬蹄曾噠噠踏過，牛車吱嘎經過。如今現場只留下了這些殘存橋墩，但當年的場景卻以驚人的細緻，雕刻在羅馬的圖拉真圓柱上，當古羅馬廣場上的鴿子飛升到這螺旋而上的圓柱浮雕高處時，可以在高浮雕上望見這些橋墩：有欄杆的橋樑完整無缺地聳立著，身披戰袍的將軍等候在用以獻祭的公牛及燃燒的祭壇旁，與手捧頭盔的軍團聚攏在老鷹標誌的軍旗下。

這是大裂谷的終點處，此處東邊的喀爾巴阡山脈遠退而至東北部，多瑙河曲折向南再折向東，同時也界定了瓦拉幾亞平原的邊緣、保加利亞邊界、以及巴爾幹的邊緣。最終從一處三角洲流入黑海，三角洲上有幾千平方英里的蘆葦沙沙響著，還有幾百萬隻亂哄哄的鳥兒。就在我眺望下游之際，開始生出決心，要去探索羅馬尼亞東部。我渴望了解這些聽來神祕兮兮的君主們的棲息之地——「偉大的史蒂芬」和「勇者米哈伊」，還有「老米爾恰」；然後就我們所知還有「穿刺公弗拉德」，以及古代名門家族巴薩拉布；琪亞納公主、「耳環彼得」

23 作者註：它們必然是世上漫遊最廣的王權象徵物了，因為二次大戰後，它們被藏在美國很多年，幾年前才歸還。歸還後幾個月，我曾在國立博物館的展示中看過它們：著名的王冠本身，還有釘頭槌般的權杖，王位標誌上的寶球，臂釧以及御劍，等著要看上一眼的人——只能看幾秒鐘，人群實在太多了——大排長龍到街上百公尺之外，拖著腳步沉默敬畏地經過寶藏旁邊。它象徵了匈牙利所有的歷史及其對過去千年歷史的自豪。

和二十幾個名字很奇怪的統治者：「惡狼巴西爾」、「殘忍之人約翰」、「好人亞歷山大」、「壞人米尼亞」、「俊男拉杜」……。只除了一、兩位之外，例如謝爾班・坎塔庫濟諾、狄米垂・坎特米爾、以及康士坦丁・布蘭科萬，其他的我只知道他們的綽號。山谷、樹林以及乾草原在我的想像中浮現出來；平原上的龍捲風塵高達八百公尺，森林與峽谷以及彩繪的大修院；沼澤區住滿了奇怪的教派，無限的家畜群以及趕家畜的人和牧人，牧人帶著奇形怪狀的樂器；散布在樹林與麥田之間的莊園府邸，庇護著那些忙著閱讀普魯斯特和馬拉美[24]作品、過度斯文的貴族們。

我開始對這座從天還沒亮就開始探索、令人難以置信的大裂谷有點摸熟了，現在我又回頭去探索。這是整條多瑙河最寬廣之處，對於航行其上的領航員以及住在河岸上的居民而言，災害實在多到難以應付。其中為害最烈者是「科索沃風」，以悲劇地區科索沃命名，從前的塞爾維亞人、馬其頓人和阿爾巴尼亞人都曾在那裡行軍。這是很可怕的東南風暴，與季風以及地球的自轉息息相關，在某一刻突然興起而襲擊多瑙河的中下游。春分時，這種暴風以八、九十公里的時速吹襲，把此河變成了天搖地動的人間地獄，拆散船隻、砸爛窗玻璃、掀翻連串駁船。到了秋天，水位下降，宛如乾草原的鄉下，乾燥得像烤爐似的，颶風就變成了沙塵暴，以熱旋風蒙蔽了領航員的眼睛，把一邊河岸剝離得跟水平面齊平，有時更風蝕到造成河水溢出而淹水的地步；與此同時，又以驚人的速度在另一邊河岸上瞬間堆出沙丘、沙洲和沙堤，堵住河道，封閉了河床：季節性的災害得要花幾個月去挖掘、疏濬才能糾正過來。我一路聽下來，此河的特徵也就變得清晰起來：幾百條暗流如同無名氏捐贈者般餵養著這條河；夾雜著滾滾沙礫，來到某些流域時，可以聽到它們透過消聲的洪流唱著歌；幾百萬噸的沖積土一直不停在流動著；巨石沿著河槽和斷層翻滾，將水流吸入深處並在水面造成漩渦；爛泥的蠕動過程以及河底看不見的長階上的殘骸；此河沖入山中峽谷的重量和力道，無盡地沖刷出一條更深的通道，剝下巨大的岩石碎塊，然後在黑暗中滾動它們，逐漸將它們磨成卵石，然後成為礫石，再成為粗砂，最後變成沙子。在這窄峽谷東端盡頭，瓦拉幾亞南部平坦的地區，有一種從俄羅斯吹來、很可怕的冬風，人稱之為「布蘭」，到了羅馬尼亞稱為「克利瓦茲」，一颳起這風，氣溫就驟降到零度以下，四十八小時內，這條河就結了冰，堅實的冰面蓋住了此河，隨著冬天的進展而變得越來越厚。在此夏季氣候中，要去假想這一切還真得費一番努力——雪撬在灰色或閃亮的荒地上留下的軌跡，以及一片片浮冰就像幾百萬聚在一起的冰山，彼此推擠著漂浮向遠方。禍哉！不留神而陷於其中的船隻！當水結冰而膨脹時，船體就會像核桃般裂開來。「我們在駕駛艙裡放一桶水，當氣溫開始下降時，就不斷伸手浸到桶裡，」那位領航員曾這樣說：「以便在第一根冰針出現之前做好安全措施。」

---

24 Stéphane Mallarmé（一八四二～一八九八年），十九世紀法國詩人和文學評論家。

看過塞維林堡的古羅馬橋之後，醫生就前往克拉約瓦，我則搭上了回奧爾紹瓦的巴士。收拾好我的東西，買了一張第二天的船票，然後又往下游走了三、四公里路，找了一名漁夫，搖櫓送我去那座密林小島。自從我在多瑙河上航行以來，就看上了它。

最近幾週以來，常聽到人談起阿達卡雷島，也閱讀了所能找到的資料。其名在土耳其語中意謂「堡壘島」，大約有一點六公里長，形狀如梭，順著河水弧度而略為有點彎曲，坐落的地點比較靠近喀爾巴阡山而非巴爾幹河岸。該島曾被稱為「埃里提亞」、「魯沙伐」，然後又叫作「康堤努沙」。據羅德島的阿波羅尼奧斯[25]認為，阿爾戈號從科爾基斯歸來途中曾在此下錨停泊。傑森是怎樣航行過鐵門峽的呢？還有喀山？說不定是美狄亞[26]運用魔法為此船清除了重重障礙。有些人說阿爾戈號經由陸路搬運而抵達了亞得里亞海，另外一些人則說它越過了亞得里亞海並繼續溯波河而上，神祕地在北非結束航行。作家們曾姑妄言之說第一株種植在阿提卡的橄欖樹，就是來自這裡。但卻是後來的歷史造就了這個小島的名氣。

島上的居民是土耳其人，很可能是早期入侵巴爾幹半島的其中一名蘇丹手下士兵們的後裔，這位蘇丹說不定是穆拉德一世或是巴耶塞特一世。土耳其人撤退時卻讓這些士兵留守在島上沒有撤退，這個島就苟延殘喘地成為鄂圖曼帝國偏遠的零碎領土，直到一八七八年《柏林條約》為止，奧地利人因此對該島有些模糊的宗主權，但這個島似乎被人遺忘了，直到在

《凡爾賽條約》中劃給了羅馬尼亞，而羅馬尼亞人也就讓這些居民不受打擾地繼續過日子。

我一上岸之後，首先看到的是一家坐落於葡萄架下的鄉下咖啡館，盤腿而坐的老人圍成一圈，身旁散置著鐮刀、鋤頭和修枝刀。他們邀我加入時，我很興奮，彷彿突然間坐上了一張魔毯。他們穿著多褶的黑色與深藍色燈籠褲，束著三十公分寬的猩紅色厚飾帶。有些人穿了普通的西裝外套，有些則穿了海軍藍的短上衣，繡有黑色回紋圖案，頭戴褪色的深紫紅色土耳其氈帽，破舊的頭巾圍著氈帽鬆鬆地打個結；大家都是這樣打扮，只除了那位校長。他戴的是頂比較矮、沒有收得很窄的土耳其氈帽，雪白頭巾褶整齊纏著氈帽，中間露出短短一截。他們的眉毛線條、鼻子的弧度、以及耳朵突出的形狀等等，讓我感覺到他們跟我在旅途上所見過的人都不同。四、五百名島民都是幾世紀以來互相通婚的幾個家族後代，其中有一、兩個更有著迷茫、心不在焉的神情，飄忽的眼神，以及有時伴隨自古以來近親通婚而產生的古怪無常行徑。儘管他們穿的衣服破舊又打了補丁，但作風和儀態卻充滿尊嚴。邂逅一個陌生人時，他們用右手摸一下心口、嘴唇和眉毛，然後放在胸前，頭微微一點，喃喃道出

25 Apollonius Rhodius（西元前二九五～？），亞歷山大圖書館的圖書管理員，因其史詩《阿爾戈英雄紀》而聞名，記述了傑森和阿爾戈號英雄求取金羊毛的神話故事，是史詩史上的重要一筆。

26 Medea，希臘神話中的人物，也是神通廣大的女巫。美狄亞被愛神之箭射中，與率領阿爾戈號英雄前來尋找金羊毛的伊阿宋一見鍾情，便幫助伊阿宋盜取羊毛，並殺害了自己的親弟弟阿布緒爾托斯。

一套歡迎詞。這是極優雅的手勢，就像是沒落貴族拘泥形式行禮如儀般。感覺有一種史前倖存下來的氣氛，宛如這個島是某種早已絕種生物的避難所似的。

有幾個坐在我身旁的人用手指玩弄著念珠，但又不是在祈禱；他們只是很隨意地用手指撥弄開念珠，彷彿在衡量著他們無盡的閒暇；我很開心的是，竟然見到有位老人正獨自吞雲吐霧抽著長水煙。一百八十公分長的紅色菸管精心盤繞著，當他拉起琥珀菸嘴時，炭塊在一團產自伊斯法罕的潮濕菸草上燒著，那些水泡則奮力冒出水來，發出求偶牛蛙般的聲音，使得玻璃容器裡瀰漫著煙。有個男孩用小鉗子排放著剛燃好的炭塊，就在他做著此事時，那位老人指著我低聲說了些話；然後幾分鐘後男孩又回來，帶了一張十五公分高的圓桌，上面擺了一個托盤，托盤裡裝滿了東西。見到我困惑不知所措，旁邊有個人教我怎麼開始：首先，喝那小杯土耳其茴香酒；然後吃一口香甜的玫瑰花瓣醬，醬已經放在玻璃碟裡等著用湯匙舀來吃，接著再喝半杯水；最後喝那小杯濃郁滾燙的咖啡，咖啡小杯則套在一個掐絲的隔熱杯托裡。這套儀式要喝完那杯水並接受敬菸才算完成，在這場合，是一支島上做的芬芳手工香菸。過程中，老人微笑靜坐著，偶爾嘆息一下，不時對我說句很親切的話，聽起來像是很拙劣的羅馬尼亞語；醫生曾經說過，他們的口音和風格成了住在多瑙河岸上人的消遣。他們彼此之間則說土耳其語，這是我從沒聽過的語言：異乎尋常的連串音節伴著貫串其中的相似母音，以及隱隱讓人聯想起的馬札爾語感覺；所有的詞語都是不同的，但這兩種語言卻是烏拉爾—阿爾泰語系中的遠房親戚。據醫生說，這語言若非演變得遠離君士坦丁堡的大都會白話，就是一成不變仍然待在古時的語言模式裡，就像是一個長期困在某個角落裡的英國人社群，仍然說著喬叟[27]時代的中古英語。

要離去時，我不知道該怎麼做才好；我打算要付錢，但卻被老人的笑容和謎樣般微微地把頭向後一歪的動作阻止了。就像其他所有事一樣，這是我首次遇到黎凡特地區通行的否定方式；而且，又一次，也是用那迷人的傾身動作、手放在胸前。

所以，這些人就是從中國邊疆來的那些勝利游牧族最後的後代了！他們征服了大部分的亞洲，還有北非，直到直布羅陀海峽，奴役了半個基督教世界，攻破了維也納的城門；當年的勝利早已黯然，但是他們曾經興建的宣禮塔卻東一處、西一處宛如插在地面的長矛般，在他們的失土上紀念著往事。

清真寺周圍聚集著有陽台的房舍，還有生產土耳其軟糖和香菸的小工作坊，環繞這一切的則是一座龐大、傾毀的堡壘遺跡。卵石地面的巷子裡有蔓藤架，或偶爾出現的雨棚遮蔭。粉刷過的汽油桶內種了蜀葵、攀爬玫瑰、康乃馨，閃現其間的主婦們身影則從頭到肩都隱藏在深色的「菲芮潔」裡——這是一種面紗，固定在眉毛上方直線上，然後在鼻下方會合；她們穿白色窄腳褲，服裝讓她們看起來就像是黑白版的九柱戲球瓶。兒童穿著就像是大人的縮

27　Geoffrey Chaucer（一三四三～一四〇〇年），英國中世紀作家，被譽為英國中世紀最傑出的詩人，也是第一位葬在西敏寺詩人角的詩人。

影，只除了臉上沒有罩著面紗，小女孩看起來每個都可能是俄羅斯套裝娃娃最裡面的那個。在陽光下曬著的菸草葉，就像是一串串小鯡魚。婦女頭頂著捆捆柴枝，撒穀粒餵家禽，帶著鐮刀和大把燈心草從河岸邊回來。垂耳兔在小花園裡曬太陽或懶洋洋地蹦跳著，啃著成熟中甜瓜的葉子。成群鴨子在網子與獨木舟之間巡遊著，眾多的青蛙召喚來了屋頂上所有的鸛鳥。

匈亞提人興建了最初的防禦牆，但周圍的壁壘卻是歐根親王攻下貝爾格勒並將土耳其人趕到下游之後的空白時期興建的，島的東端看來彷彿不勝此堡壘的負荷而要下沉似的。射擊廊的拱頂以及龐大潮濕的彈藥庫都已經坍塌了。裂痕分裂了壁壘以及大塊的石工使之斷落，雜草叢生其中，山羊咬扯著斷瓦殘垣之間的樹葉。梨樹與桑樹間的一條蹊徑通往一處小墳場，角落裡有一塊雕有纏頭巾的歪斜墓碑，這裡葬著一位來自布哈拉的回教苦修派王子，他在漫遊世界之後在此結束一生，「貧如鼠」，尋找著人間最美麗的地方，以及最能庇護他不受傷害與不測之處。

天色漸晚，太陽已經離開了宣禮塔，然後是新月，略微沒有前一天那麼慘淡，恰好就在這時出現在碧藍色的天空中，旁邊伴著一顆星星，簡直就像是一位顎圖曼先鋒把它們釘在那裡似的。以同等的敏捷俐落，那位校長的上半身也出現在宣禮塔圓錐頂下的陽台上。他探身向暮色中，高舉雙手，於是拖長音高聲呼喚的宣禮詞就在空中傳開，每個句子都像間歇投入一池空氣中的小石，激起一圈圈漣漪蕩漾開來。當宣禮訊息已經結束，校長也必然正在黑暗中下了一半的螺旋梯時，我發現自己仍在屏息傾聽著。

在鴿子環繞之中，男人們毫不猶豫地在清真寺旁的清洗泉忙著洗淨自己，寺門外留下的一排拖鞋，很快又因為我的運動鞋而加長了。一進到寺內，土耳其人就在廣大的地毯上分列成一排，低垂著眼。裡面沒有裝飾，只除了面向麥加的壁龕以及講經壇，此外就只有牆上一句《古蘭經》金句黑色書法字體。準備儀式時的姿態是仔細又不慌不忙很一致地進行，直到氣勢凝聚的一刻，整排信徒如波浪般沉下身子；然後傾身向前直到額頭碰觸到地毯絨毛上，腳板全都毫無戒備地露出來；抽回身子之後，他們雙手攤膝坐著，手掌向上；一切都在死寂之中。每隔幾分鐘，坐在他們前面的校長就會以安靜的聲音喃喃道出：「Allah akbar!」接著又是另一陣很長的寂靜。在這毫無裝飾又噤聲的凹面空間裡，這幾個字的孤立音節聽起來竟是難以形容的莊嚴肅穆[28]。

28 作者註：這句阿拉伯語的意思是「神是偉大的」——較早前從宣禮塔喊出，現在則在室內喃喃道出——在土耳其已經用土耳其白話「Allah büyük」取代了；一如土耳其氈帽以及纏頭巾也被布扁帽篡奪了地位，通常這些虔誠的信徒是把扁帽前後顛倒過來戴在頭上，如扛煤炭的工人般，這是為了在祈禱時，額頭可以觸地而不受帽舌妨礙。除了校長之外，鑒於阿達卡雷島其他人也都識字，因此仍然採用古老的阿拉伯文經文，而不是用土耳其本國強迫採用的拉丁字母拼音版本。我後來發現，因為戰後條約而被困於保加利亞與希臘色雷斯半島的土耳其少數民族之間，對於變革都存有這種同樣的不信任。

我第一次嘗試睡在多瑙河畔，是在復活節滿月期間，在越過埃斯泰爾戈姆那座橋之前；現在我又來到中游，但卻是介於喀爾巴阡山脈和巴爾幹之間。新月已沉，在水面上留下珍珠般的光芒。我在靠近島上西海角一叢楊樹林裡安頓好，躺著傾聽蛙鳴。不時見到一顆流星劃過天空。幾星期前夜鶯已陷入沉寂，但島上卻到處有貓頭鷹。吠叫的狗得到塞爾維亞河岸那邊的狗回應，手拉車沿著河岸小路吱嘎響著。連串的駁船已經繫於上游三公里外的奧爾紹瓦碼頭，等著天亮後去對付鐵門峽。這個小港口在水面上投下曲折的燈光，樂器與歌聲也清楚到讓我聽得出曲調。偶爾傳來的水濺聲讓人想起所有正在游動的魚群，多瑙河有七十種不同的魚出沒其中。有些魚屬於聶伯河和頓河的魚族，是裏海和窩瓦河那些魚族的近親；牠們可以溯游千里上山，進入歐洲中心而沿途沒有一座水壩擋住去路……。我滿腦子都是景象和聲音而睡不著；最好就只是躺著，向上凝望並傾聽夜晚的聲音，並再點燃另一支芬芳的香菸，上面還蓋有異國風情的金色彎月印記。別把這短暫的夜晚浪費在睡眠上，或者沉思河流的永恆性以及流動中的無盡水量：

村夫期待河水流逝而去，
河水卻不斷流，並將永恆流動。

對，沒錯……有很多可想的。

較早前的章節裡，當我凝思這些地區的神話與歷史之間的關聯時，諸王、高級教士和騎士們突然間列隊遊走過該頁，朝向下游而去。實際上卻是兩場個別的征戰交疊在一起，兩者都是慘不忍睹。一場是發生在一三九六年的尼科波利斯戰役，當時的匈牙利國王西吉斯蒙德及其盟軍在此役中被擊潰；另一場則是在半個世紀之後的一四四四年，當時二十歲的波蘭國王弗拉迪斯拉夫、約翰·匈亞提[29]、以及紅衣主教切薩里尼向黑海進軍；聯軍在瓦爾納戰役中遭蘇丹穆拉德二世徹底摧毀。匈亞提活了下來後又再作戰，但紅衣主教卻在混戰中失蹤，年輕國王的腦袋則落得插在矛尖掛在布魯沙城門上的下場。這是基督教世界在土耳其人對君士坦丁堡致命圍城之前，所做的最後一次反攻努力。九年後，土耳其人攻占了君士坦丁堡。

但讓我沉思的卻是第一場征戰。我曾在泰雷基圖書館裡閱讀過所有相關資料，要是現在才想起來的話，那是因為就是發生在這裡，在奧爾紹瓦，十字軍的軍隊已經渡過多瑙河進入到蘇丹的領土；還有，就是當年此時此刻。

渡船過河始於八月初——可能就在五號——然後持續了大約八天；因此最後一名長槍手或隨軍商販大概已經在傍晚抵達了南岸，五百三十八年前的今天。有許多來自整個西歐的代

29　作者註：有些人認為匈亞提是西吉斯蒙德的私生子，有些人——或許該說大部分人——則認為他是匈牙利和羅馬尼亞的混血後裔。我毫無置喙餘地，但卻一直希望是後者，說不定有朝一日他會成為兩國和好的象徵，而非如兩狗搶爭的骨頭。

表團，以及來頭很大的領袖們：西吉斯蒙德，率領了他的匈牙利軍隊，以及瓦拉幾亞「老米爾恰」之下的封建諸侯；總管伯爵尤；「無畏的約翰」，他是勃艮第「膽識過人的菲利普」之子；元帥布希考特，「深受戰鬥狂喜的啟發」；特雷莫耶家族的居伊，維彥的約翰，拉瑪舒伯爵詹姆斯，巴爾的菲利普，萊茵帕拉汀伯爵魯珀特；更重要的是，還有庫西的昂蓋朗七世，英格蘭英明神武的女婿愛德華三世[30]。有些記述還提到黑王子的繼子（理查二世同父異母的兄弟）亨廷登伯爵手下的千名英格蘭重騎兵[31]。他們往下游挺進，包圍了土耳其人位於尼科波利斯的堡壘。

但是在獲悉入侵與圍城之後，蘇丹巴耶塞特就趕忙以符合其綽號「雷霆王」的速度越過了巴爾幹半島。一加入戰役，虛榮自負的法國人就迫不及待逞英勇魯莽發動攻擊，結果招來大難。西吉斯蒙德被醫院騎士團的艦隊救出，倖存下來，後來當上了皇帝；勃艮第的約翰成了俘虜，付出贖金而獲釋，幾年後在蒙特羅市的橋上被他的奧爾良對頭們碎屍萬段；布希考特也是靠贖金獲釋，但卻在英法百年戰爭中的阿金庫爾戰役被俘，死在約克郡的牢獄裡；庫西的昂蓋朗七世雖然也付了贖金而獲釋，但卻沒能來得及回國就死在布魯沙。有些雖然逃掉了，卻被當地居民殺掉；有些則因為盔甲太重而溺死在多瑙河中；帕拉汀伯爵衣衫襤褸抵達了家園，然後卻因一路上所吃的苦頭而體力不支死去；其他的大統帥，因為向下游挺進屠殺土耳其駐軍而遭到報復，與其追隨者在一處殺戮場遭斬首，處決時間從破曉一直持續到傍晚。三年後，這位勝利的蘇丹在安卡拉吃了敗仗，並成為帖木兒的俘虜：關在牢籠裡，置身於俘虜他的蒙古人之中，在悲痛與恥辱中死去。亨廷登——如果他真的有在場的話——則平安返國。但四年之後，在其同父異母兄弟理查被廢立並遭謀殺之後，他被問罪，指其武裝對抗博林布魯克：他的腦袋搬了家，置於艾塞克斯的一個菜市場示眾。他手下少數幾名姑且信其有的士兵，要是他們真的在那裡的話，就又可以在赫里福德郡練習打靶，或者在威河釣魚了。

我籠統想著這場災難性的十字軍東征——不是在這細節上，這細節是逛書櫃之後的成果——以及勃艮第的約翰及其隨從，還有隨從們所穿的綠色新制服，裝載了二十四車的綠緞帳篷……。每個代表團都競相以華麗旗幟、盔甲、馬具以及板甲去壓倒別人。我懶洋洋尋思著這支十字軍在集合地點布達會師之後的行軍路線，所有的編年史家都認同這條路線；而我則正接近於瞌睡邊緣，換成漫畫就是沉睡中的流浪漢腦袋上一群像蜜蜂一樣的Z字：「他們沿著多瑙河左岸行軍遠達奧爾紹瓦……」

30 作者註：參見芭芭拉．圖赫曼（Barbara Tuchman）所著《遙遠借鏡》（*A Distant Mirror*），對於其冒險事蹟有令人入迷的敘述。

31 作者註：亨廷登的母親是「肯特郡美少女」。有些權威不僅質疑涉及的人數，更質疑亨廷登及其手下是否真的在那裡；他們只允許曾登陸羅德島的醫院騎士團中一些英格蘭騎士到場。這些騎士搭乘一支四十四艘威尼斯船隻組成的艦隊，溯多瑙河而上，去為包圍尼科波利斯增援。其他令人想到的一支陸路特遣隊領袖則是布林布魯克本人以及約翰．博福特，歷史悠久的蘭卡斯特市之子。但不在場證明似乎讓他們都失去了資格；說不定，亨廷登也一樣……。法蘭西和勃艮第有十幾首關於十字軍悲劇的民謠哀歌，但要找一首英格蘭的哀悼之歌卻是白費力氣的事。

這群Z字一下子都不見了，我坐起身來，完全清醒過來。他們不可能走到這裡的！他們要踩著什麼走來呢？「想像一下，當我們談到馬兒時，你會看到牠們。／把自豪的馬蹄深踏入柔軟的土地裡」——圖拉真古道已經有一千多年沒用了，而且塞切尼路是在五個世紀之後才修築的，左岸的大部分就跟右岸一樣，坍塌落入水中如峽灣一般，而且一公里連著一公里都是如此。還有，雖然我當時並不知道那些參考書都是千篇一律：直到一八三〇年代塞切尼路籌建之前，多瑙河這段整個部分的兩岸根本是無法通行的。那些成千上萬的馬匹，滿載繽紛帳篷的運貨車，成千上萬袋麵粉以及運送乾草的馬車，還有大量的博訥產的葡萄酒，穿著新戰袍的先鋒，以及編年史家很不以為然地記錄下來的俗麗營妓——他們都得要走過北面三百二十公里，來到馬洛須河附近，然後經過盧戈日和卡蘭塞貝什，沿著蒂米什河山谷向南到梅哈迪亞，來到我自己往切爾納河口路線的最後一部分。繞這麼大一圈的路，會讓他們花上很多個星期的，不可能一點都沒記錄下來……。但卻沒有提到類似的事；更不用說右岸上那稍微比較實際一點的懸崖頂了。似乎沒人留意到歷史與地理的難解衝突之處。

那麼，他們究竟是怎麼辦到的呢？這裡可沒有美狄亞把他們舉到空中，像傑森與阿爾戈號那樣……。就此，加上睡意重新襲來，有個景象開始產生。十字軍漫長又蜿蜒的行進隊伍，飄揚著旗幟，有匈牙利的十字與橫條紋、瓦拉幾亞的黑渡鴉，然後是一大堆單頭或雙頭老鷹以及各種色調的直立獅子；帕拉汀的菱形圖案，尤其是法蘭西和勃艮第的百合花飾；而且可能（只是可能而已，嗚呼）就是金雀花王朝紋章上跟豹圖案四等分的百合是同一花飾；

所有這一切都沿著那條大裂谷前進，由魔法托住懸浮越過洶湧激流。除此之外，別無他法。

～

鳥兒以及島上公雞們的喧鬧聲讓我醒來，剛好趕上宣禮員的呼喚。楊樹葉間閃亮了一下，日出將此島的陰影拋到了上游遠處。水的誘惑實在難以抗拒；但在一叢草旁潛入水之後，我發現水流如此強勁，以致游了幾下之後就爬上岸了，免得被水流捲走。

回到咖啡館裡，那些老人家已經在他們的位子上了。沒多久我就啜著一個迷你小杯子，吃著麵餅裹白色山羊乳酪；那位上了長管水菸癮的老人，正在誘著第一波泡泡冒出水，然後像印地安人放煙霧信號般，噴出一口口的煙。嘎然一聲，一道陰影和一陣帶動的氣流從我們頭上經過：那是一隻鸛鳥，放棄了在屋頂上金雞獨立的姿勢，滑翔進了蘆葦叢中；收起了白翅膀，翼端醒目的黑條紋交疊，牠加入了三隻踩高蹺般以猩紅細長腳警戒踱步的同伴之中；這時，父母和子女難以區分了。其中一個老人做出飛翔手勢，然後指著東南的大概方向，說「非洲！非洲！」牠們很快就會離去了。什麼時候？一星期內，兩星期內；不會太久了……。那個傍晚我渡河進入匈牙利國境時曾見到牠們抵達，牠們在這裡求偶、築巢、下蛋、孵卵，雛鳥成長，準備遠走高飛了。

當我抵達奧爾紹瓦時，一艘艘滿載磚瓦和原木材的捷克斯洛伐克駁船正順流而下漸行漸遠。我跟前一天在碼頭認識的奧地利領航員碰了頭，他也看出了這些鸛鳥的躁動跡象。牠們會不會自行出發？不會，不會，他說；牠們會加入一群從西北部飛來的大群候鳥，也許是從波蘭來的。有些村姑經過，整理出玫瑰、百日菊、蜀葵、虎百合和萬壽菊；不是為了布置婚禮，而是為了裝飾祭壇。領航員說，東正教正在慶祝第二天的「聖母升天節」，也就是天主教的「聖母升天節」：只不過異曲同工；為了表明他自己的教義，領航員用食指做出旋轉上升的動作，畫出了明天那位戴星冠的主角上天堂的路線。我那本就快蓋上第七個邊界通關印（一九三四年八月十三日，奧爾紹瓦）的護照跟我的手杖一起放在桌上，旁邊椅子上則放了背包。好像還缺了什麼，但我想不起來。是那支鹿角！我一定是在島上捲收大衣時，把它給忘在草叢和荊棘叢裡了。一陣失望之後，很快就釋然了；這個紀念獎已經變得有點討厭了；總之，也沒時間回頭去找了。說不定將來某個古生物學家會以為這個島上從前到處都是鹿呢！

～

這個鐘頭在好些方面勾起了我心中那種似曾相識的結束與開始的心情，當時我站在這同一條河九百六十公里外上游的橋上：騷動不安的鸛鳥、戴花又拿花要去參加重要節慶的女孩、聚集在碼頭上的人，甚至有隻蒼鷺飛得如此之低，以致主翼羽在水面上留下瞬間漣漪。下游處，島嶼、蘆葦叢、以及樹梢和細長的宣禮塔等的倒影，在水流上顫動著。其中一個如辛巴達的大鬍子島民，戴著垮垮的土耳其氈帽，上面纏著斑點頭巾，拿著一串魚在販賣；另一個則提著一籃雞蛋，正在跟一名瓜農爭論，一大車巨大綠西瓜一直堆到瓜農的大腿處，瓜農一邊跟對方爭論，一邊很有節奏地把西瓜一個個拋給同伴，好像兩個在足球場上傳球的人，而第三人在接了西瓜之後就沿著石板路把瓜堆放得很誘人。一名吉普賽人哈腰對著一個一百二十公分長、笨重但正好可用肩帶掛在胸前的鍍銀容器，這容器形狀頗像個拉長的泰姬瑪哈陵，用金屬杯子互敲來引起顧客注意。他不時從容器水龍頭倒出一種東方軟飲料「不拉嘎」到杯子裡，主要都是口渴的鄉下人在牛飲。一些婦女穿著切爾納河谷的民俗服裝，身旁放著宰殺好、翅膀和腳扎緊的家禽，坐在碼頭繫纜柱之間講著蜚短流長，穿了鹿皮鞋的腳在水面上晃來晃去。就在鐘樓敲響到第十下時，上游峽谷入口處響起了汽笛的回聲。「挺準時的，」領航員說，「他們在十點二十分下錨停泊。」

船側著身從峽谷中現身，轉個方向從側面改為正面駛來，於是桅杆、煙囪、船首斜桅、以及船首全都縮在一起變成了一行；接著，迅速擴大，包圍在宛如五彩紙屑飄揚的沙鷗群中，這些沙鷗從維也納的多瑙河輪船公司碼頭起，就一路伴隨著此船，這船如泰山壓頂般朝著擠滿歡快人群的岸邊靠過來，槳葉弄皺了水面，出現不斷加寬的對稱箭頭浪痕。「這是土星號。」領航員說。留聲機上唱片播出的樂聲傳來：那是《維也納森林的故事》（*Tales from the Vienna Woods*）[32]。領航員大笑起來：「你等著瞧！等他們起錨時，他們會播《藍色多瑙

32　小約翰・史特勞斯於一八六八年創作的圓舞曲。這首曲子與《藍色多瑙河》一樣，是小約翰・史特勞斯的代表作品並深受大眾喜愛。

河》。」每個人都在收拾自己的東西，有個船夫在繫纜柱旁邊站定，官員們戴上有金飾帶的帽子，船逐漸靠近，逆槳攪起泡沫般的一堆浪花之後又恢復側面靠了岸。一名水手傾身靠著船欄杆，不一會兒，他手中的船纜就像套索一樣掠過了沙鷗群。

~故事待續~

附錄

在喀山與鐵門峽之間
一家咖啡館桌旁的感想

隨著進步和發展，如今已將這整片大地景觀都沉於水底了。旅人若坐在從前我在奧爾紹瓦碼頭所坐過的咖啡館桌旁的話，就會是透過有黃銅鉸鏈的圓形厚玻璃來窺看這片景色；這會構成既黑暗又一片爛泥的前景，因為他會穿著潛水員的鉛底潛水鞋，透過潛水頭盔窺視，頭盔連著一條三十公尺長的呼吸管，跟停泊在他頭頂上十八噚水面上的船隻相連。往下游行進三公里左右，他會摸索著來到浸了水的島，走在淹沒的土耳其房舍之間；要不，往上游去，輾轉於被雜草和碎石阻塞了的塞切尼伯爵修築的道路，視線越過黑暗深淵，望向另一邊的圖拉真殘跡；四周上下，黑暗深淵會豁開著大裂口，從前沖激流過的狹谷以及河岸與河岸之間驚心動魄的連串險灘，還有沿著令人暈眩的裂口峭壁曲折迴盪的回聲，都會沉入洪水的寂靜中。接著，也許，一道顫動的陽光可能照出了一座村子的殘骸；然後是另一殘骸，又另一個，全都埋沒在泥裡。

他大可在這冷冷清清的環境裡吃力地耗上很多天，因為羅馬尼亞和南斯拉夫攔起鐵門峽，興建了世上最大之一的鋼筋混凝土水壩以及水力發電廠。此舉把兩百一十公里長的多瑙河變成了一個浩瀚的水塘，使得河流積水腫脹，多瑙河的河道模糊得難以辨認。它使峽谷淹沒消失，把原本突出的峭壁化為緩坡山丘，水位上升淹到美麗的切爾納山谷，幾乎來到赫丘力士浴場。奧爾紹瓦成千上萬居民，以及河岸上的許多小村都得連根拔起，移植到他方。阿達卡雷島上的島民得遷居到下游另一個小島上，他們的老家全都消失在平靜的水面下，彷彿從來不曾存在過。且讓我們希望這水壩所產生的電力能夠讓兩岸廣為受益，讓羅馬尼亞和南斯拉夫的城鎮照得比以前任何時候都要明亮，因為除了經濟之外，其他所有方面的損失都是無法彌補的。也許，隨著歲月流逝與記憶淡忘，人們會忘記他們的損失程度。

其他人已經做了很多，或做得更糟；但肯定沒有其他什麼地方的歷史關聯、自然美、還有對野生動物的破壞有如此之大的。我的思緒飛回到我那位博學的奧地利朋友身上，以及他對那幾千公里無阻河流的看法，因為這樣的河流，很多種魚類得以來回游於克里米亞韃靼與黑森林之間；一九三四年，他是如何感嘆那項要在下奧地利佩爾森博伊格興建發電水壩的計畫，「一切都會消失！他們會把這條歐洲最野的河流，改造得跟市政府自來水廠一樣馴服。所有那些從東方來的魚！牠們再也回不去了。永遠回不去，永遠回不去，永遠回不去了！」

這座沒有特色的新湖已經帶走了所有航運上的風險，穿著潛水服的這個男人在清真寺的遺址上只會發現一個大坑：清真寺已經一塊塊拆下來搬運到那些土耳其人的新棲息地去重新組建起來，我相信那座主要的教堂也會步其後塵。這些為了補償巨大破壞而做出的努力雖值得稱道，但也剝奪掉了這些陰魂不散水域的最後一絲神祕感。想像力豐富或過度浪漫的旅人再也不會有這種危險，以為聽到水深處傳來召人祈禱的呼喚聲，他也可以省掉對淹沒教堂的鐘有所癡想，譬如像淹沒於布列塔尼海岸不遠處怡思鎮的「沉沒的主教座堂」；又譬如像窩瓦河中游附近的傳說之城基捷日[1]的鐘聲，下諾夫哥羅德州的人就聽到過。詩人和講古者都

1 Kitezh，傳說中的城市，位於俄羅斯中部下諾夫哥羅德州，斯韋特洛亞爾湖的湖底。

說此城是在拔都侵略時沉入地底消失的，後來淹沒在一座湖裡，有緣者有時可聽到淹沒鐘樓所傳出的鐘聲。

但這裡就沒有了：神話、失去的聲音、歷史和傳聞全都湮沒了，什麼都沒留下，只剩下這座陰影中的山谷。哥德有此忠告：「慎防強盜、騎士和鬼魂故事」，誠如字面意思，一切都已逃遁無蹤。

國家圖書館出版品預行編目資料

山與水之間：從多瑙河到喀爾巴阡山，跨越中歐大地的偉大壯遊／派翠克．弗莫（Patrick Leigh Fermor）著；黃芳田，胡洲賢譯. -- 初版. -- 臺北市：馬可孛羅文化出版：家庭傳媒城邦分公司發行，2018.12
面；　公分. --（當代名家旅行文學：MM1142）
譯自：Between the Woods and the Water : On Foot to Constantinople from the Hook of Holland: the Middle Danube to the Iron Gates
ISBN 978-957-8759-45-9（平裝）
1.徒步旅行　2.歐洲
740.9　　107019741

當代名家旅行文學

【當代名家旅行文學】MM1142

山與水之間：從多瑙河到喀爾巴阡山，跨越中歐大地的偉大壯遊
Between The Woods And The Water

作　　者❖派翠克．弗莫（Patrick Leigh Fermor）
譯　　者❖胡洲賢、黃芳田
封面設計❖兒日設計
內頁排版❖張彩梅
總 編 輯❖郭寶秀
責任編輯❖力宏勳
特約編輯❖劉芸蓁
行銷業務❖楊毓馨

發 行 人❖凃玉雲
出　　版❖馬可孛羅文化
10483台北市中山區民生東路二段141號5樓
電話：(886)2-25007696
發　　行❖英屬蓋曼群島商家庭傳媒股份有限公司城邦分公司
10483台北市中山區民生東路二段141號11樓
客服服務專線：(886)2-25007718；25007719
24小時傳真專線：(886)2-25001990；25001991
服務時間：週一至週五9:00～12:00；13:00～17:00
劃撥帳號：19863813　戶名：書虫股份有限公司
讀者服務信箱：service@readingclub.com.tw
香港發行所❖城邦（香港）出版集團有限公司
香港灣仔駱克道193號東超商業中心1樓
電話：(852)25086231　傳真：(852)25789337
E-mail：hkcite@biznetvigator.com
馬新發行所❖城邦（馬新）出版集團【Cite (M) Sdn. Bhd. (458372U)】
41, Jalan Radin Anum, Bandar Baru Seri Petaling, 57000 Kuala Lumpur, Malaysia
電話：(603)90578822　傳真：(603)90576622
E-mail：services@cite.com.my
輸出印刷❖中原造像股份有限公司
初版一刷❖2018年12月
定　　價❖499元

ISBN：978-957-8759-45-9（平裝）

城邦讀書花園
www.cite.com.tw